Hubert Blana

Prüfungsfragen für Medienkaufmann/ Medienkauffrau Digital und Print

4., komplett überarbeitete und aktualisierte Auflage

Die Deutsche Bibliothek – CIP-Einheitsaufnahme

Ein Titeldatensatz für diese Publikation ist bei
Der Deutschen Bibliothek erhältlich.

Lexika Verlag erscheint bei Robert Krick Verlag GmbH + Co. KG, Eibelstadt.

© 2010 Robert Krick Verlag GmbH + Co. KG
Druck: Schleunungdruck, Marktheidenfeld
Printed in Germany
ISBN 978-3-89694-448-1

VORWORT

2006 wurde das Berufsbild Verlagskaufmann/Verlagskauffrau vom Medienkaufmann/Medienkauffrau Digital und Print abgelöst. Das neue Berufsbild berücksichtigt die zunehmende Bedeutung der elektronischen Speichermedien und Online-Dienstleistungen im Verlagswesen. Medienkaufleuten eröffnen sich damit neue Bereiche der Produktplanung über die Herstellung bis zum Vertrieb unter Berücksichtigung der Prozesssteuerung und Kalkulation. Wie kaum in einer anderen Branche verändern sich die technischen und damit auch die kaufmännischen Bedingungen so rasant. Um in seinem Beruf in Buch-, Zeitschriften- und Zeitungsverlagen erfolgreich zu sein, muss daher jeder auch nach der Lehre oder Studienzeit weiterhin zum Lernen bereit sein.

Neben der Ausbildung im Ausbildungsbetrieb wurde auch im Rahmen des dualen Ausbildungssystems der Rahmenlehrplan der Berufsschule dem neuen Berufsbild angepasst. Dieses Buch bietet neben den Fragen aus dem gesamten Fachgebiet die einschlägigen rechtlichen Bestimmungen zum Ausbildungs- und Prüfungswesen und wichtige Vorschriften der Verlagsbranche, auf die in Prüfungen immer wieder Bezug genommen wird. Es empfiehlt sich daher, auch diese Teile sehr aufmerksam zu lesen.

Das Buch spricht in erster Linie die Auszubildenden an, die sich auf einen guten Lehrabschluss vorbereiten. Wer in einem Buchverlag lernt, wird die ihm weniger vertrauten Gebiete aus dem Zeitschriften- und Zeitungsverlag besonders aufmerksam durcharbeiten und umgekehrt. Das Buch bietet auch den Ausbildern und Fachkundelehrern Anregungen, mit ihren Auszubildenden die Prüfungsfelder erklärend zu besprechen. Sie sollen die vorgegebenen Lösungen im Fragenkatalog mit ihren Auszubildenden behandeln und gemeinsam nach weiteren Antworten suchen.

Darüber hinaus ist das Buch eine Lernhilfe für sog. Quereinsteiger, die sich ohne Berufsausbildung für Tätigkeiten im Verlagswesen schulen, die von unterschiedlichen Institutionen angeboten werden. Auch Lektoren und Redakteure finden mit diesem Buch Zugang zu den technischen und kaufmännischen Bereichen des Verlagswesens. Bei der Fülle des Stoffes ist es nicht auszuschließen, dass sich trotz großer Sorgfalt Unstimmigkeiten, bedingt vor allem durch den technischen Fortschritt, einschleichen können. Jeder Leserin und jede Leser wird deshalb herzlich gebeten, Anregungen und Verbesserungsvorschläge dem Verlag mitzuteilen (mueller@krick.com).

Ich freue mich, wenn dieses Buch jungen Kolleginnen und Kollegen zu einer guten Prüfung verhilft und damit den Weg in eine sichere berufliche Zukunft ebnet.

Leonberg, im November 2009, Hubert Blana

INHALTSVERZEICHNIS

Vorwort 5

I   ALLGEMEINER TEIL

1   **Einführung** 9
1.1   Zehn Regeln für verständiges Lernen. 9
1.2   Prüfungsangst – muss das sein? 12

2   **Rahmenbedingungen der Ausbildung** 13
2.1   Berufsbildungsgesetz 13
2.2   Verordnung über die Berufsausbildung zum
      Medienkaufmann/Medienkauffrau Digital und Print. 17
2.3   Rahmenlehrplan für den Ausbildungsberuf
      Medienkaufmann/Medienkauffrau Digital und Print. 29
2.4   Prüfungsordnung für die Durchführung von Abschlussprüfungen
      in anerkannten Ausbildungsberufen 33

3   **Die Gestaltung der Abschlussprüfung** 39
3.1   Allgemeine Hinweise. 39
3.2   Fallbezogenes Fachgespräch 39
3.2.1 Der Ablauf des Fachgesprächs. 40
3.2.2 Die Bewertung der Praktischen Übungen. 42

4   **Studium und Weiterbildungsmöglichkeiten für**
     Medienkaufleute Print und Digital 43

II   FRAGENKATALOG

1   **Das Medienwesen** 47
1.1   Grundlagen des Medienwesens 47
1.2   Verbände im Medienwesen 50
1.3   Gesetzliche Grundlagen des Medienwesens 53

2   **Programmplanung und Produktentwicklung**. 60
2.1   Programme und Profile 60
2.2   Redaktion und Lektorat 71
2.3   Rechte und Lizenzen 75
2.4   Bibliografie 94

3   **Das Vertriebswesen**. 96
3.1   Vertrieb von Zeitungen und Zeitschriften 96

3.2   Vertrieb von Büchern und digitalen Medien 102

4   **Marketing und Werbung**. 117

5   **Das Anzeigengeschäft** 133

6   **Beschaffung und Lagerung** 149

7   **Produktion** 156
7.1   Datenhandling. 156
7.2   Gestaltung von Print- und Digitalmedien. 164
7.3   Produktion von Print- und Digitalmedien 174
7.3.1   Bildreproduktion. 174
7.3.2   Papier 178
7.3.3   Druckverfahren. 185
7.3.4   Druckweiterverarbeitung. 190

8   **Rechnungswesen und Controlling**. 195

III   ANHANG

1   Normvertrag für den Abschluss von Verlagsverträgen. 209
2   Verkehrsordnung für den Buchhandel in
der Fassung vom 9. November 2006. 222
3   Wettbewerbsregeln des Börsenverein des Deutschen Buchhandels. 236
4   Preisbindungsgesetz Deutschland [Auszug] 240
5   Gesetz gegen Wettberwerbsbeschränkungen (GWB) 243
6   Wettbewerbsregeln für den Vertrieb abonnierbarer
Tages- und Wochenzeitungen 245
7   Publizistische Grundsätze – Pressekodex [Auszug]. 248
8   Deutscher Werberat. 259
9   Richtlinie für redationelle Hinweise in Zeitungen und
Zeitschriften 261
10   Richtlinien für redationell gestaltete Anzeigen. 266
11   Richtlinien für Geheimhaltungspflicht bei Anzeigenaufträgen 269
12   Allgemeine Geschäftsbedingungen für Anzeigen und
Fremdbeilagen in Zeitungen und Zeitschriften [Auszug] 271
13   Gesetz zur Regelung der Rahmenbedingungen für Informations-
und Kommunikationsdienste [Auszug] 276
14   Bundesdatenschutzgesetz (BDSG) 282
15   Recht am eigenen Bild. 288
Stichwortverzeichnis 290

I ALLGEMEINER TEIL

1 Einführung

Dieses Buch befasst sich mit den Kenntnissen und Fertigkeiten, die im Buch-, Zeitschriften- oder Zeitungsverlag zu beherrschen und auszuführen sind. Schwerpunkte sind die beiden Fächer Produktentwicklung und Vermarktung von Produkten und Dienstleistungen sowie Arbeitsorganisation und kaufmännische Steuerung und Kontrolle. Auf diese Fächer beziehen sich vor allem die Fragen und Antworten im Fragenkatalog. Für die Aneignung, Wiederholung und Vertiefung des Prüfungsstoffes ist der Fragenkatalog daher besonders wichtig.

In Klassenarbeiten gehen die Fachlehrer dazu über, ihre Fragen nach den Anforderungen der Abschlussprüfung gemäß den Vorgaben der Lernfelder (siehe S. 32) zu formulieren. Sie wollen wissen, ob der im Unterricht vermittelte Stoff verstanden und nicht nur auswendig gelernt wurde. Den Schülern dienen Klassenarbeiten zur Kontrolle des eigenen Wissens und zur Erprobung der Fähigkeit, dieses mit knappen und treffenden Worten wiederzugeben. Auch dafür ist dieses Buch geeignet.

Zudem gibt das Buch Ratschläge zum verständigen Lernen. Wer nur wortwörtlich auswendig zu lernen versucht, hat den Sinn des Buchs und damit das „vernünftige Lernen" nicht verstanden.

Man kann nur dann den aktuellen fachlichen Stand kennen lernen, wenn man Fachzeitschriften liest und Fachbücher besitzt, um darin Markierungen vorzunehmen, Eintragungen zu machen oder eigene Notizen beizulegen. Das Fotokopieren einzelner Buchseiten oder Ausdrucken von Internet-Recherchen kann den Besitz von Fachliteratur nicht ersetzen.

Lernen ist ein fortwährender Prozess, vor allem für Berufsanfänger. Dieses Buch soll dazu beitragen, sich Berufswissen anzueignen und gute Leistungen in allen Prüfungen zu erzielen. Und nicht zuletzt, es soll Freude am gewählten Beruf schenken.

1.1 Zehn Regeln für verständiges Lernen

Ich sage nichts Neues mit der Behauptung, dass Lernen zu lernen ist. Lesen Sie bitte diese Ratschläge in aller Ruhe durch, bevor Sie mit der Arbeit mit diesem Buch beginnen!

1. Decken Sie die Antwort im Fragenkatalog mit einem Blatt Papier ab und lesen Sie dann aufmerksam die Frage. Versuchen Sie ganz genau herauszufinden, worauf

die Fragestellung zielt. Schon viele Prüfungen wurden verpatzt, weil man zwar Richtiges zu schreiben wusste, dieses aber nicht gefragt war. Dann schreiben Sie die Antwort auf ein gesondertes Blatt und vergleichen diese mit dem Lösungsvorschlag. Weicht Ihre Antwort in wesentlichen Punkten ab, versuchen Sie herauszufinden, wo die Unterschiede liegen. Stilistische Abweichungen sind natürlich belanglos. Lassen Sie etwas Zeit verstreichen und versuchen Sie es dann nochmals. Lernen Sie aber auf keinen Fall die im Buch vorgeschlagene Formulierung der Antwort wortwörtlich auswendig!

2. Stoßen Sie beim Lesen auf Ihnen unbekannte Begriffe wie Farbmanagement auf Seite 177, die als bekannt vorausgesetzt werden, suchen Sie diese in einem Fachbuch oder im Internet fragen Sie Ihren Ausbilder oder Fachlehrer. Es kann nützlich sein, die Erklärung an den Rand zu schreiben oder auf einem Zettel geschrieben dem Buch beizulegen.

3. Manchmal wird es Ihnen schwerfallen, einen komplizierten Vorgang mit eigenen Worten präzise zu beschreiben. Sie können – zur besseren Einprägung – mit Geschick Ihrer Antwort eine Skizze hinzufügen (siehe folgendes Beispiel):

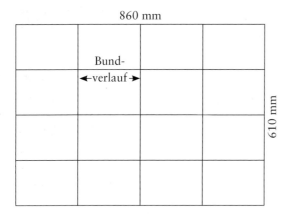

Vorschlag einer Zeichnung zur Beschreibung der Laufrichtung auf die Frage auf Seite 184: Wie kann die Laufrichtung errechnet werden?

4. Es gibt Fragen, zu denen die Lösungen errechnet werden müssen. Die jeweilige Antwort in diesem Buch kann sich nur auf ein Beispiel beziehen. Es empfiehlt sich, mit eigenen Vorgaben das Rechnen zu üben. In Lehrbüchern zum Fachrechnen gibt es darüber hinaus noch viele Übungsbeispiele für denjenigen, dem das Fachrechnen besonders schwer fällt, und für denjenigen, der Freude am Rechnen hat.

5. Lösungsvorschläge dieses Buchs müssen notgedrungen unvollständig sein, wenn Beispiele aufgezählt werden. Zur Lösung der Frage „Wonach werden die Deckenbände in der Bibliografie bezeichnet?" (Seite 191) können auch Halbbände genannt werden (z. B. Halbleinen), auch wenn diese gegenwärtig kaum noch gebunden werden.

6. Sie werden gelegentlich bemerken, dass Sie etwas anderes gelernt haben, als hier beschrieben wird. Das muss nicht immer falsch sein. Sprechen Sie in diesen Fällen mit Ihrem Ausbilder oder Fachlehrer. In der beruflichen Praxis kann es mitunter zu Abweichungen von verbreiteten Arbeitsmethoden oder Bewertungen kommen. Als Beispiel kann die Frage „Warum ist die Autorenpflege für einen Verlag wichtig?" (Seite 73) dienen. Hier kann die Bewertung in Ihrem Ausbildungsbetrieb andere Schwerpunkte setzen. Lernen Sie in diesem Falle auch andere Lösungen.

7. Sie können sich nicht darauf verlassen, dass die Fragen während der Prüfungen im selben oder ähnlichen Wortlaut gestellt werden. Es lohnt sich deshalb nicht, Fragen und Antworten wortwörtlich auswendig zu lernen.

8. Wenn Sie rechtzeitig vor Prüfungen mit der Arbeit mit diesem Buch beginnen, werden Sie genügend Zeit finden, über das Ihnen nur mangelhaft vertraute Stoffgebiet in einem Lehrbuch nachzulesen. Und sollten Sie erkennen, dass Sie trotzdem etwas nicht verstehen, so können Sie in Ruhe mit Ihrem Ausbilder oder Fachlehrer alles durchsprechen. Prüfungsstress ist häufig nur eine Folge verspäteten Lernens.

9. Es bleibt dem persönlichen Arbeitsstil des Einzelnen überlassen, ob er für sich allein oder in einer Gruppe lernt. Das Lernen in einer diszipliniert arbeitenden Gruppe kann den Vorteil haben, dass die Lösungen, die zunächst jeder für sich erarbeitet, anschließend gemeinsam besprochen werden können.

10. Zum guten Schluss sei gesagt: Lernen Sie nicht ängstlich, sondern selbstbewusst. Sie lernen nicht, um das Durchfallen zu vermeiden, sondern um einen guten Prüfungsabschluss zu erreichen! Und diesen wünscht Ihnen der Verfasser dieses Buchs von Herzen!

1.2 Prüfungsangst – muss das sein?

Die Angst vor unbekannten Situationen ist dem Menschen angeboren. Jeder gute Bergsteiger kennt die Angst vor dem Klettern auf einer ihm unbekannten, als schwierig eingestuften Route. Auch gut vorbereitete Prüflinge kennen diese Angst. Um zum Erfolg zu kommen, ist es wichtig zu wissen, wie man mit ihr umgehen kann.

Angst macht unsicher. Man fühlt sich in die Enge getrieben, man weiß nicht genau, was auf einen zukommt und wie man angemessen handeln soll. Dazu mischt sich die Furcht vor dem Durchfallen oder schlechten Abschneiden, verbunden mit dem Gefühl des persönlichen Versagens und der Blamage vor anderen. Ein Prüfling steht auch unter dem erheblichen Druck, die Erwartungen des Ausbildungsbetriebs mit einem guten Ergebnis erfüllen zu müssen. Jeder muss selbst herausfinden, wie er mit der Prüfungsangst umgeht – absolut sichere Patentrezepte gibt es nicht. Wohl aber gibt es einige Tipps, was man sich selbst immer wieder vorsagen sollte:

1. Ich habe mich kundig gemacht, wie die Prüfungen ablaufen und wie die Leistungen bewertet werden.
2. Ich habe den Prüfungsstoff gut gelernt und besondere Aufmerksamkeit auf die Gebiete gelegt, die mir schwer fallen.
3. Ich habe mich bei denjenigen nach ihren Erfahrungen erkundigt, die vor mir die Prüfung abgelegt haben.
4. Ich lasse mich nicht von denjenigen mit ängstlichen Gefühlen oder Nervosität anstecken, die mit mir die Prüfung ablegen.
5. Ich suche den fachlichen Rat von Fachleuten meines Vertrauens, mit denen ich, ohne das Gesicht zu verlieren, üben kann.
6. Ich lasse mich kurz vor der Prüfung nicht von privaten Problemen ablenken, auch nicht von denen, die von meiner Familie und Freunden an mich herangetragen werden.
7. Ich bemühe mich, ausgeruht in die Prüfung zu gehen.
8. Ich betrachte die Prüfer als wohlwollende Kollegen, die mir helfen, eine gute Prüfung abzulegen.
9. Ich lege die Prüfung für mein berufliches Fortkommen ab und nicht, um die Erwartungen anderer zu erfüllen.
Und das Wichtigste:
10. Ich bin hoch motiviert, deshalb schaffe ich es!

Wer sich ausgiebiger mit der Bewältigung der Prüfungsangst beschäftigen will, dem sei das Buch empfohlen: Hans-Joachim-Weiß: Prüfungsangst. Wie entsteht sie? Was richtet sie an? Wie begegne ich ihr? Lexika Verlag, 1997.

2 Rahmenbedingungen der Ausbildung

2.1 Berufsausbildungsgesetz (BbiG vom 23. März 2005)

[Auszug]

§ 13
Verhalten während der Ausbildung

Auszubildende haben sich zu bemühen, die berufliche Handlungsfähigkeit zu erwerben, die zum Erreichen des Ausbildungsziels erforderlich ist. Sie sind insbesondere verpflichtet,

1. die ihnen im Rahmen ihrer Berufsausbildung aufgetragenen Aufgaben sorgfältig durchzuführen,

2. den Weisungen zu folgen, die ihnen im Rahmen der Berufsausbildung von Ausbildenden, von Ausbildern oder Ausbilderinnen oder von anderen weisungsberechtigten Personen erteilt werden,

6. über Betriebs- und Geschäftsgeheimnisse Stillschweigen zu wahren.

§ 14
Berufsausbildung

Ausbildende haben

1. dafür zu sorgen, dass den Auszubildenden die berufliche Handlungsfähigkeit vermittelt wird, die zum Erreichen des Ausbildungsziels erforderlich ist, und die Berufsausbildung in einer durch ihren Zweck gebotenen Form planmäßig, zeitlich und sachlich gegliedert so durchzuführen, dass das Ausbildungsziel in der vorgesehenen Ausbildungszeit erreicht werden kann,

2. selbst auszubilden oder einen Ausbilder oder eine Ausbilderin ausdrücklich damit zu beauftragen,

3. Auszubildenden kostenlos die Ausbildungsmittel, insbesondere Werkzeuge und Werkstoffe zur Verfügung zu stellen, die zur Berufsausbildung und zum Ablegen von Zwischen- und Abschlussprüfungen, auch soweit solche nach Beendigung des Berufsausbildungsverhältnisses stattfinden, erforderlich sind,

4. Auszubildende zum Besuch der Berufsschule sowie zum Führen von schriftlichen Ausbildungsnachweisen (z. B. ein Berichtsheft) anzuhalten, soweit solche im Rah-

men der Berufsausbildung verlangt werden, und diese durchzusehen,

5. dafür zu sorgen, dass Auszubildende charakterlich gefördert sowie sittlich und körperlich nicht gefährdet werden.

(2) Auszubildenden dürfen nur Aufgaben übertragen werden, die dem Ausbildungszweck dienen und ihren körperlichen Kräften angemessen sind.

§ 16
Zeugnis

Ausbildende haben den Auszubildenden bei Beendigung des Berufsausbildungsverhältnisses ein schriftliches Zeugnis auszustellen.

Das Zeugnis muss Angaben enthalten über Art, Dauer und Ziel der Berufsausbildung sowie über die erworbenen beruflichen Fertigkeiten, Kenntnisse und Fähigkeiten der Auszubildenden. Auf Verlangen Auszubildender sind auch Angaben über Verhalten und Leistung aufzunehmen.

§ 21
Beendigung

Das Berufsausbildungsverhältnis endet mit dem Ablauf der Ausbildungszeit.

Bestehen Auszubildende vor Ablauf der Ausbildungszeit die Abschlussprüfung, so endet das Berufsausbildungsverhältnis mit Bekanntgabe des Ergebnisses durch den Prüfungsausschuss.

Bestehen Auszubildende die Abschlussprüfung nicht, so verlängert sich das Berufsausbildungsverhältnis auf ihr Verlangen bis zur nächstmöglichen Wiederholungsprüfung, höchstens um ein Jahr.

§ 24
Weiterarbeit

Werden Auszubildende im Anschluss an das Berufsausbildungsverhältnis beschäftigt, ohne dass hierüber ausdrücklich etwas vereinbart worden ist, so gilt ein Arbeitsverhältnis auf unbestimmte Zeit als begründet*.

---

* Ein schriftlicher Arbeitsvertrag sollte jedoch sofort abgeschlossen werden.

§ 37
Abschlussprüfung*

In den anerkannten Ausbildungsberufen sind Abschlussprüfungen durchzuführen. Die Abschlussprüfung kann im Falle des Nichtbestehens zweimal wiederholt werden. Sofern die Abschlussprüfung in zwei zeitlich auseinanderfallenden Teilen durchgeführt wird, ist der erste Teil der Abschlussprüfung nicht eigenständig wiederholbar.

§ 38
Prüfungsgegenstand

Durch die Abschlussprüfung ist festzustellen, ob der Prüfling die berufliche Handlungsfähigkeit erworben hat. In ihr soll der Prüfling nachweisen, dass er die erforderlichen beruflichen Fertigkeiten beherrscht, die notwendigen beruflichen Kenntnisse und Fähigkeiten besitzt und mit dem im Berufsschulunterricht zu vermittelnden, für die Berufsausbildung wesentlichen Lehrstoff vertraut ist. Die Ausbildungsordnung ist zugrunde zu legen.

§ 43
Zulassung zur Abschlussprüfung

(1) Zur Abschlussprüfung ist zuzulassen,

1. wer die Ausbildungszeit zurückgelegt hat oder wessen Ausbildungszeit nicht später als zwei Monate nach dem Prüfungstermin endet,

2. wer an vorgeschriebenen Zwischenprüfungen teilgenommen sowie vorgeschriebene schriftliche Ausbildungsnachweise geführt hat und

3. wessen Berufsausbildungsverhältnis in das Verzeichnis der Berufsausbildungsverhältnisse eingetragen oder aus einem Grund nicht eingetragen ist, den weder die Auszubildenden noch deren gesetzliche Vertreter oder Vertreterinnen zu vertreten haben.

§ 45
Zulassung in besonderen Fällen

(1) Auszubildende können nach Anhörung der Ausbildenden und der Berufsschule vor Ablauf ihrer Ausbildungszeit zur Abschlussprüfung zugelassen werden, wenn ihre Leistungen dies rechtfertigen.

---

* Siehe 2.4 Prüfungsordnung Seite 32.

(2) Zur Abschlussprüfung ist auch zuzulassen, wer nachweist, dass er mindestens das Eineinhalbfache der Zeit, die als Ausbildungszeit vorgeschrieben ist, in dem Beruf tätig gewesen ist, in dem die Prüfung abgelegt werden soll. Als Zeiten der Berufstätigkeit gelten auch Ausbildungszeiten in einem anderen, einschlägigen Ausbildungsberuf. Vom Nachweis der Mindestzeit nach Satz 1 kann ganz oder teilweise abgesehen werden, wenn durch Vorlage von Zeugnissen oder auf andere Weise glaubhaft gemacht wird, dass der Bewerber oder die Bewerberin die berufliche Handlungsfähigkeit erworben hat, die die Zulassung zur Prüfung rechtfertigt. Ausländische Bildungsabschlüsse und Zeiten der Berufstätigkeit im Ausland sind dabei zu berücksichtigen.

§ 46
Entscheidung über die Zulassung

(1) Über die Zulassung zur Abschlussprüfung entscheidet die zuständige Stelle. Hält sie die Zulassungsvoraussetzungen nicht für gegeben, so entscheidet der Prüfungsausschuss.

§ 47
Prüfungsordnung

(1) Die zuständige Stelle hat eine Prüfungsordnung für die Abschlussprüfung zu erlassen. Die Prüfungsordnung bedarf der Genehmigung der zuständigen obersten Landesbehörde.

§ 48
Zwischenprüfungen

(1) Während der Berufsausbildung ist zur Ermittlung des Ausbildungsstandes eine Zwischenprüfung entsprechend der Ausbildungsordnung durchzuführen.

2.2 Verordnung über die Berufsausbildung zum Medienkaufmann Digital und Print bzw. zur Medienkauffrau Digital und Print

Ausfertigungsdatum: 31.03.2006

[Auszug]

§ 1
Staatliche Anerkennung des Ausbildungsberufes

Der Ausbildungsberuf Medienkaufmann Digital und Print/Medienkauffrau Digital und Print wird staatlich anerkannt.

§ 2
Ausbildungsdauer

Die Ausbildung dauert drei Jahre.*

§ 3
Zielsetzung der Berufsausbildung

Die in dieser Verordnung genannten Fertigkeiten, Kenntnisse und Fähigkeiten sollen so vermittelt werden, dass die Auszubildenden zur Ausübung einer qualifizierten beruflichen Tätigkeit befähigt werden, die insbesondere selbstständiges Planen, Durchführen und Kontrollieren einschließt. Diese Befähigung ist auch in den Prüfungen... nachzuweisen.

§ 4
Ausbildungsberufsbild

Gegenstand der Berufsausbildung sind mindestens die folgenden Fertigkeiten, Kenntnisse und Fähigkeiten:

1   Der Ausbildungsbetrieb: Stellung, Rechtsform und Struktur,
1.1 Berufsbildung,
1.2 Personalwesen, arbeits- und sozialrechtliche Grundlagen,
1.3 Sicherheit und Gesundheitsschutz,
1.4 Umweltschutz,
1.5 Datenschutz;

---

* Zur verkürzten Ausbildungsdauer siehe Seite 34.

2   Arbeitsorganisation und Geschäftsprozesse:

2.1 Arbeitsorganisation,
2.2 Informations- und Kommunikationssysteme, Datensicherheit,
2.3 Informationsbeschaffung und -verarbeitung,
2.4 Kommunikation und Kooperation,
2.5 Anwenden einer Fremdsprache bei Fachaufgaben;

3   Programmplanung und Produktentwicklung:
3.1 Programme und Profile,
3.2 Redaktion, Lektorat,
3.3 Rechte und Lizenzen;

4   Herstellung und Produktion:
4.1 Planung und Kalkulation,
4.2 Auswahl und Vergabe von Dienstleistungen,
4.3 Datenhandling,
4.4 Gestaltung von Digital- und Printmedien,
4.5 Koordinierung von Produktionsprozessen;

5   Marketing, Verkauf und Vertrieb:
5.1 Marktanalyse und Zielgruppenbestimmung,
5.2 Verkauf von Produkten und Dienstleistungen,
5.3 Werbung für Produkte und Dienstleistungen,
5.4 Vertrieb von Produkten und Dienstleistungen,
5.5 Branchenspezifische Rahmenbedingungen;

6   Kaufmännische Steuerung und Kontrolle:
6.1 Rechnungs- und Finanzwesen,
6.2 Controlling,
6.3 Beschaffung und Lagerhaltung.

§ 5
Ausbildungsrahmenplan

Die Fertigkeiten, Kenntnisse und Fähigkeiten nach § 4 sollen nach den in den Anlagen 1 und 2 enthaltenen Anleitungen zur sachlichen und zeitlichen Gliederung der Berufsausbildung (Ausbildungsrahmenplan) vermittelt werden. Eine von dem Ausbildungsrahmenplan abweichende sachliche und zeitliche Gliederung des Ausbildungsinhaltes ist insbesondere zulässig, soweit betriebspraktische Besonderheiten die Abweichung erfordern.

§ 6
Ausbildungsplan

Die Ausbildenden haben unter Zugrundelegung des Ausbildungsrahmenplans für die Auszubildenden einen Ausbildungsplan zu erstellen.

§ 7
Schriftlicher Ausbildungsnachweis

Die Auszubildenden haben einen schriftlichen Ausbildungsnachweis [z. B. Berichtsheft] zu führen. Ihnen ist Gelegenheit zu geben, den schriftlichen Ausbildungsnachweis während der Ausbildungszeit zu führen. Die Ausbildenden haben den schriftlichen Ausbildungsnachweis regelmäßig durchzusehen.

§ 8
Zwischenprüfung

(1) Zur Ermittlung des Ausbildungsstandes ist eine Zwischenprüfung durchzuführen. Sie soll in der Mitte des zweiten Ausbildungsjahres stattfinden.*

(2) Die Zwischenprüfung erstreckt sich auf die in den Anlagen 1 und 2 für das erste Ausbildungsjahr aufgeführten Fertigkeiten, Kenntnisse und Fähigkeiten sowie auf den im Berufsschulunterricht zu vermittelnden Lehrstoff, soweit er für die Berufsausbildung wesentlich ist.

(3) Die Zwischenprüfung ist schriftlich anhand praxisbezogener Aufgaben oder Fälle in höchstens 120 Minuten in folgenden Gebieten durchzuführen:

1. Arbeitsabläufe und Informationsverarbeitung,
2. Märkte und Medienprodukte, mediale Darstellungsformen und Gestaltungsgrundsätze,
3. Wirtschafts- und Sozialkunde.

§ 9
Abschlussprüfung**

(1) Die Abschlussprüfung erstreckt sich auf die in der Anlage 1 aufgeführten Fertigkeiten, Kenntnisse und Fähigkeiten sowie auf den im Berufsschulunterricht zu vermittelnden Lehrstoff, soweit er für die Berufsausbildung wesentlich ist.

---

* Hinweise auf Prüfungskataloge findet man im Internet.
** Siehe Prüfungsordnung Seite 33 ff.

(2) Die Abschlussprüfung besteht aus vier Prüfungsbereichen:

1. Produktentwicklungsprozess und Vermarktung von Produkten und Dienstleistungen,
2. Arbeitsorganisation und kaufmännische Steuerung und Kontrolle,
3. Wirtschafts- und Sozialkunde,
4. Fallbezogenes Fachgespräch.

Die Prüfung ist in den Prüfungsbereichen nach den Nummern 1 bis 3 schriftlich und im Prüfungsbereich Fallbezogenes Fachgespräch mündlich durchzuführen.

(3) Die Anforderungen in den Prüfungsbereichen sind

1. im Prüfungsbereich Produktentwicklungsprozess und Vermarktung von Produkten und Dienstleistungen: In höchstens 150 Minuten soll der Prüfling praxisbezogene Aufgaben oder Fälle insbesondere aus den folgenden Gebieten

a) Produkte und Dienstleistungen in der Medienwirtschaft,
b) Herstellungsprozess,
c) Marketing und Verkauf

bearbeiten und dabei zeigen, dass er in diesem Zusammenhang Produkte und Dienstleistungen auswählen und unter Berücksichtigung der branchenspezifischen Rahmenbedingungen Marketingmaßnahmen ergebnis- und kundenorientiert entwickeln und umsetzen kann;

2. im Prüfungsbereich Arbeitsorganisation und kaufmännische Steuerung und Kontrolle: In höchstens 90 Minuten soll der Prüfling praxisbezogene Aufgaben oder Fälle insbesondere aus den folgenden Gebieten

a) Geschäftsprozesse und Arbeitsgestaltung,
b) Einkauf von Arbeits- und Produktionsmitteln sowie Dienstleistungen,
c) Rechnungswesen,
d) Kosten- und Leistungsrechnung, Controlling

bearbeiten und dabei zeigen, dass er Leistungserstellungen kaufmännisch beurteilen, Ergebnisse kontrollieren und daraus Schlussfolgerungen ableiten sowie wirtschaftlich handeln kann;

3. im Prüfungsbereich Wirtschafts- und Sozialkunde: In höchstens 60 Minuten soll der Prüfling praxisbezogene Aufgaben oder Fälle bearbeiten und dabei zeigen, dass er wirtschaftliche und gesellschaftliche Zusammenhänge der Berufs- und Arbeitswelt darstellen kann;

4. im Prüfungsbereich Fallbezogenes Fachgespräch: Der Prüfling soll im Rahmen eines Fachgesprächs anhand einer von zwei ihm zur Wahl gestellten praxisbezogenen Aufgaben zeigen, dass er Aufgabenstellungen analysieren, Lösungsvorschläge erarbeiten und diese situationsbezogen präsentieren sowie kundenorientiert kommunizieren kann. Bei der Aufgabenstellung ist der betriebliche Bereich, in dem der Auszubildende überwiegend ausgebildet wurde, zu berücksichtigen. Dem Prüfling ist nach der Wahl der Aufgabe eine Vorbereitungszeit von höchstens 20 Minuten einzuräumen. Das Fachgespräch soll die Dauer von 20 Minuten nicht überschreiten.

(4) Sind die Prüfungsleistungen* in bis zu zwei schriftlichen Prüfungsbereichen mit „mangelhaft" und in den übrigen schriftlichen Prüfungsbereichen mit mindestens „ausreichend" bewertet worden, so ist auf Antrag des Prüflings oder nach Ermessen des Prüfungsausschusses in einem der mit „mangelhaft" bewerteten Prüfungsbereiche die schriftliche durch eine mündliche Prüfung zu ergänzen, wenn diese für das Bestehen der Prüfung den Ausschlag geben kann. Der Prüfungsbereich ist vom Prüfling zu bestimmen. Bei der Ermittlung des Ergebnisses für diesen Prüfungsbereich sind die Ergebnisse der schriftlichen Arbeit und der mündlichen Ergänzungsprüfung im Verhältnis 2:1 zu gewichten.

Bei der Ermittlung des Gesamtergebnisses haben die einzelnen Prüfungsbereiche folgendes Gewicht:

Fach	Bewertung	Maximale Punktzahl
Produktentwicklungsprozess ... Sperrfach mind. 50 Punkte	40 %	100
Arbeitsorganisation; Kfm. Steuerung und Kontrolle	20 %	100
Wirtschafts- und Sozialkunde	10 %	100
Fallbez. Fachgespräch Sperfach mind. 50 Punkte	30 %	100
Gesamtergebnis	100 %	100

(6) Zum Bestehen der Abschlussprüfung müssen im Gesamtergebnis, im Prüfungsbereich** nach Absatz 2 Nr. 1, in mindestens einem der beiden schriftlichen Prüfungsbereiche nach Absatz 2 Nr. 2 und 3 und in dem Prüfungsbereich nach Absatz

---

* Siehe Bewertungsschlüssel Seite 36.
** Siehe Seite 20.

2 Nr. 4 mindestens ausreichende Leistungen erbracht werden. Werden die Prüfungsleistungen in einem Prüfungsbereich mit „ungenügend" bewertet, so ist die Prüfung nicht bestanden.

Anlage 1 (zu § 5)

Ausbildungsrahmenplan für die Berufsausbildung zum Medienkaufmann Digital und Print bzw. zur Medienkauffrau Digital und Print

Lfd. Nr.	Teil des Ausbildungs-berufsbildes	Zu vermittelnde Fertigkeiten, Kenntnisse und Fähigkeiten
1	Der Ausbildungsbetrieb	
1.1	Stellung, Rechtsform und Struktur	a) Stellung des Ausbildungsbetriebes in der Medienwirtschaft darstellen b) Zielsetzung, Tätigkeitsfelder und Aktivitäten des Ausbildungsbetriebes beschreiben c) Unternehmensleitbild und Corporate Identity des Ausbildungsbetriebes bei der Arbeit berücksichtigen d) Geschäftsart und Rechtsform des Ausbildungsbetriebes erläutern e) Organisationsform des Ausbildungsunternehmens aufzeigen f) Zusammenarbeit des Ausbildungsunternehmens mit Wirtschaftsorganisationen, Berufsvertretungen, Gewerkschaften und Behörden beschreiben
1.2	Berufsbildung	a) Ausbildungsordnung mit betrieblichem Ausbildungsplan vergleichen und zu dessen Umsetzung beitragen b) Rechte und Pflichten aus dem Ausbildungsverhältnis und den Beitrag der Beteiligten im dualen System erläutern c) Möglichkeiten und Nutzen der Fortbildung für die persönliche und berufliche Entwicklung erläutern
1.3	Personalwesen, arbeits- und sozialrechtliche Grundlagen	a) Handlungskompetenz der Mitarbeiter als wesentliche Voraussetzung für den Kunden nutzen, den Unternehmenserfolg und für die persönliche Entwicklung darstellen b) für den Ausbildungsbetrieb wichtige tarifliche Regelungen sowie arbeits- und sozialrechtliche Bestimmungen aufzeigen c) Mitbestimmungs- und Mitwirkungsrechte betriebsverfassungsrechtlicher Organe des Ausbildungsbetriebes erklären d) Ziele und Grundsätze des Ausbildungsbetriebes für die Personalplanung und -entwicklung beschreiben e) Vorgaben für Personaleinsatz und Arbeitszeitregelung anwenden f) Aufgaben der Personalverwaltung beschreiben g) Im Ausbildungsbetrieb übliche Verträge für den Personaleinsatz unter Berücksichtigung arbeits-, steuer- und sozialversicherungsrechtlicher Auswirkungen unterscheiden

1.4	Sicherheit und Gesundheits- schutz	a) Gefährdung von Sicherheit und Gesundheit am Arbeitsplatz feststellen und Maßnahmen zu ihrer Vermeidung ergreifen b) Berufsbezogene Arbeitsschutz- und Unfallverhütungsvorschriften anwenden c) Verhaltensweisen bei Unfällen beschreiben sowie erste Maßnahmen einleiten d) Vorschriften des vorbeugenden Brandschutzes anwenden; Verhaltensweisen bei Bränden beschreiben und Maßnahmen zur Brandbekämpfung ergreifen
1.5	Umweltschutz	Zur Vermeidung betriebsbedingter Umweltbelastungen im beruflichen Einwirkungsbereich beitragen, insbesondere a) mögliche Umweltbelastungen durch den Ausbildungsbetrieb und seinen Beitrag zum Umweltschutz an Beispielen erklären b) für den Ausbildungsbetrieb geltende Regelungen des Umweltschutzes anwenden c) Möglichkeiten der wirtschaftlichen und umweltschonenden Energie- und Materialverwendung nutzen d) Abfälle vermeiden; Stoffe und Materialien einer umweltschonenden Entsorgung zuführen
1.6	Datenschutz	a) rechtliche Bestimmungen zum Datenschutz beachten b) Datenschutz in seiner Wirkung auf Unternemen, Geschäftspartner und Kunden unterscheiden und im Arbeitsprozess anwenden
2	**Arbeitsorganisation und Geschäftsprozesse**	
2.1	Arbeitsorganisation	a) Lern- und Arbeitstechniken anwenden b) Arbeitsabläufe und Entscheidungswege Im Ausbildungsbetrieb berücksichtigen c) Zusammenwirkung der Funktionsbereiche in der Prozesskette beachten d) mit vor- und nachgelagerten Arbeitsbereichen zusammenarbeiten e) Ziele bei der Arbeitsplanung setzen und Zeitplan für Aufgaben festlegen f) betriebliche Organisations- und Arbeitsmittel effizient einsetzen g) Aufgaben ausführen, Ergebnisse kontrollieren und bei Bedarf Korrekturmaßnahmen ergreifen h) Probleme erkennen und analysieren, Lösungsalternativen entwickeln und bewerten i) Aufgaben im Team planen und bearbeiten j) Projekte planen und bearbeiten
2.2	Informations- und Kommunikations- systeme, Daten- sicherheit	a) Informations- und Kommunikationssysteme unterscheiden und aufgabenorientiert einsetzen b) Standardsoftware und betriebsspezifische Software anwenden c) rechtliche, technische und betriebliche Regelungen zur Datensicherheit beachten d) Auswirkungen von Informations- und Kommunikationssystemen auf Geschäftsprozesse, Betriebsabläufe und Arbeitsplätze im Ausbildungsbetrieb berücksichtigen
2.3	Informationsbe- schaffung und -verar- beitung	a) Daten erfassen, ordnen, pflegen und auswerten b) externe und interne Informationsquellen für betriebliche Prozesse nutzen

2.4	Kommunikation und Kooperation	a) Einflüsse von Information, Kommunikation und Kooperation auf Betriebsklima, Arbeitsleistung und Geschäftserfolg beachten b) Möglichkeiten der Konfliktlösung nutzen c) Kundenkontakte herstellen d) Kommunikationsregeln und -techniken, insbesondere Moderationstechniken anwenden e) Themen und Sachverhalte situations- und zielgruppengerecht aufbereiten und präsentieren f) kulturelle Besonderheiten im Kundenkontakt berücksichtigen
2.5	Anwenden einer Fremdsprache bei Fachaufgaben	a) fremdsprachige Fachbegriffe anwenden b) im Ausbildungsbetrieb übliche fremdsprachige Informationen auswerten c) Auskünfte erteilen und einholen, auch in einer Fremdsprache
3	**Programmplanung und Produktentwicklung**	
3.1	Programme und Profile	a) Konzeption der Produkte des Ausbildungsbetriebes unter Berücksichtigung von Märkten und Zielgruppen bewerten b) Neu- und Weiterentwicklungen von Produkten und Dienstleistungen in der Medienwirtschaft beurteilen und Schlussfolgerungen für den eigenen Arbeitsbereich ziehen c) Neu- und Weiterentwicklungen von kundenorientierten Digital- und Printprodukten sowie Dienstleistungen vorschlagen
3.2	Redaktion, Lektorat	a) Zusammenwirken von Redaktion oder Lektorat, insbesondere mit den Funktionsbereichen Produktion und Marketing, berücksichtigen b) Konzeptionelle Planung von Redaktion oder Lektorat im Arbeitsprozess beachten c) Bedeutung der Akquisition und Betreuung von Autoren oder Herausgebern begründen d) Rolle des Content Managements für Produktion und Marketing beschreiben
3.3	Rechte und Lizenzen	a) Bestimmungen des nationalen und internationalen Medien- und Presserechts anwenden und Branchenrichtlinien beachten b) Bestimmungen des Urheberrechts beachten c) Auswirkungen von Erwerb, Sicherung und Verkauf von Verwertungs- und Nutzungsrechten im Ausbildungsbetrieb bewerten d) beim Abschluss von Verlags- und Lizenzverträgen mitwirken
4	**Herstellung und Produktion**	
4.1	Planung und Kalkulation	a) Termine festlegen und verfolgen b) Herstellungsverfahren für Digital-, Print- und Nebenprodukte auswählen, dabei wirtschaftliche und ökologische Kriterien abwägen c) Kalkulationen und Deckungsbeitragsrechnungen erstellen
4.2	Auswahl und Vergabe von Dienstleistungen	a) Angebote einholen, vergleichen und auswählen b) Aufträge vergeben c) Interne und externe Dienstleistungen produkt- und terminbezogen in den Produktionsprozess integrieren

4.3	Datenhandling	a) Text-, Bild- und Grafikdaten digital bearbeiten und weiterleiten b) unterschiedliche mediale Darstellungsformen und Datenformate beachten c) strukturierte Aufbereitung für Datenbankanwendungen sicherstellen
4.4	Gestaltung von Digital- und Printmedien	a) Gestaltungsgrundsätze für Digital- und Printprodukte beachten b) an der Umsetzung von konzeptionellen Vorgaben aus Marketing und Redaktion oder Lektorat mitwirken c) bei der medien-, produkt- und zielgruppenorientierten Gestaltung mitwirken d) an der Layouterstellung mitwirken
4.5	Koordinierung von Produktionsprozessen	a) Produktionsprozesse koordinieren, dabei insbesondere Schnittstellen von Produktionsabläufen beachten b) Einhaltung von Qualitätskriterien und auftragsbezogenen Vorgaben sicherstellen c) Termine und Kosten überwachen, bei Abweichungen Maßnahmen ergreifen
5	Marketing, Verkauf und Vertrieb	
5.1	Marktanalyse und Zielgruppenbestimmung	a) Markt- und Wettbewerbssituation beobachten b) Marktanalysen auswerten und deren Ergebnisse anwenden c) Zielgruppen analysieren und bestimmen d) an der Entwicklung von Kundenfindungs- und -bindungskonzepten mitarbeiten e) Kundenwünsche ermitteln, mit betrieblichen Leistungsangeboten vergleichen und daraus kundenorientierte Vorgehensweisen für Beratung und Verkauf ableiten f) Entwicklungen von Werbeetats im Markt analysieren
5.2	Verkauf von Produkten und Dienstleistungen	a) Leistungsdaten von Produkten und Dienstleistungen ermitteln und am Markt vergleichen b) Medienprodukte, insbesondere Digital- und Printprodukte, Insertionsprodukte, Lizenzen und Nebenrechte sowie Dienst- und Serviceleistungen unterscheiden c) Verkaufsmaßnahmen entwickeln, Medienprodukte verkaufen d) Verfahren der Preisfindung anwenden e) Rechnungserstellung steuern und kontrollieren f) Kern- und Nebengeschäfte des Ausbildungsbetriebes abgrenzen und ökonomische Bedeutung im Arbeitsprozess berücksichtigen g) Produkte und Dienstleistungen präsentieren sowie Informations-, Beratungs- und Verkaufsgespräche führen h) beim Verkauf Methoden der Verkaufspsychologie einsetzen i) auftragsbezogene Vorgaben des Kunden berücksichtigen j) Organisation, Betreuung und Steuerung des Außendienstes unterstützen k) Vertreterkonferenzen und Außendiensttagungen vorbereiten und organisieren

5.3	Werbung für Produkte und Dienstleistungen	a) an der Entwicklung von Werbemitteln mitwirken b) an Aktionen der Öffentlichkeits- und Public Relations-Arbeit mitwirken c) werbende und verkaufsfördernde Maßnahmen unter Berücksichtigung von Werbeetats durchführen d) Maßnahmen zur Kundenbindung umsetzen e) Unterschiede von Werbung für Handels- und Endkunden darstellen und bei Verkaufsaktionen berücksichtigen f) Kundenkontakte und Werbeerfolgskontrollen auswerten und Ergebnisse für betriebliche Entscheidungen aufbereiten g) Kundendaten beschaffen, pflegen und nutzen
5.4	Vertrieb von Produkten und Dienstleistungen	a) Vertriebswege unter Berücksichtigung der für Digital- und Printmedien relevanten Kriterien bestimmen b) Bei der Auftragsabwicklung für Digital- und Printmedien sowie Dienstleistungen unter Berücksichtigung unterschiedlicher Kundengruppen mitwirken c) Vorhandene Vertriebswege optimal nutzen, bei Bedarf neue Vertriebswege erschließen d) Vertriebskonzepte umsetzen e) Vertrieb von Produkten und Dienstleistungen organisieren und steuern f) Vertriebsdaten ermitteln und auswerten
5.5	Branchenspezifische Rahmen-bedingungen	a) Preisbindungsmodelle voneinander abgrenzen und produktspezifisch anwenden b) Kontrahierungsformen der Medienbranche bei Verkauf und Vertrieb nutzen c) Produktspezifische Geschäftsbestimmungen, wie beim Verkauf von Anzeigen, verwenden
6	**Kaufmännische Steuerung und Kontrolle**	
6.1	Rechnungs- und Finanzwesen	a) Rechungswesen als Instrument der kaufmännischen Steuerung darstellen b) Kosten und Erlöse erfassen sowie Kostenarten, Kostenstellen und Kostenträgern zuordnen c) Buchungen vornehmen d) Zahlungssysteme unterscheiden, Zahlungsein- und -ausgänge überwachen, Maßnahmen bei Zahlungsverzug einleiten e) Kosten- und Leistungsrechnung anwenden
6.2	Controlling	a) Bedeutung des Controllings als Informations-, Steuerungs- und Planungsinstrument beachten b) Ergebnisse der Kosten- und Leistungsrechnung als Steuerungs- und Informationsinstrument nutzen c) Kosten und Erlöse für erbrachte Leistungen ermitteln und im Zeitvergleich sowie im Soll-Ist-Vergleich bewerten
6.3	Beschaffung und Lagerhaltung	a) Bedarf ermitteln, Angebote einholen und vergleichen sowie Aufträge erteilen b) Auftragserfüllung kontrollieren, Abweichungen klären und abschließend bearbeiten c) an der Planung und Steuerung von Lagerbeständen mitwirken

Anlage 2 (zu § 5)
Ausbildungsrahmenplan für die Berufsausbildung zum Medienkaufmann Digital und Print bzw. zur Medienkauffrau Digital und Print

– Zeitliche Gliederung –

1. Ausbildungsjahr

(1) In einem Zeitraum von zwei bis vier Monaten sind schwerpunktmäßig die Fertigkeiten und Kenntnisse der Berufspositionen

1.1 Stellung, Rechtsform und Struktur,
1.2 Berufsbildung,
1.3 Personalwesen, arbeits- und sozialrechtliche Vorschriften, Lernziele a bis c,
2.1 Arbeitsorganisation, Lernziele a bis d,
2.3 Informationsbeschaffung und -verarbeitung, Lernziel a,

zu vermitteln.

(2) In einem Zeitraum von insgesamt vier bis sechs Monaten sind schwerpunktmäßig die Fertigkeiten und Kenntnisse der Berufspositionen

2.4 Kommunikation und Kooperation, Lernziele a bis c,
2.5 Anwenden einer Fremdsprache bei Fachaufgaben, Lernziel a,
3.1 Programm und Profil, Lernziel a,
      Marktanalyse und Zielgruppenbestimmung, Lernziel a bis c,
      Verkauf von Produkten und Dienstleistungen, Lernziele a und b,
      Werbung für Produkte und Dienstleistungen, Lernziel a,
6.1 Rechnungs- und Finanzwesen, Lernziele a und c,

zu vermitteln.

(3) In einem Zeitraum von insgesamt drei bis fünf Monaten sind schwerpunktmäßig die Fertigkeiten und Kenntnisse der Berufsbildpositionen

1.4 Sicherheit und Gesundheitsschutz bei der Arbeit,
1.5 Umweltschutz
1.6 Datenschutz
2.2 Informations- und Kommunikationssysteme, Datensicherheit, Lernziele a bis c,
4.3 Datenhandling, Lernziele a bis b,
4.4 Gestaltung von Digital- und Printmedien

zu vermitteln.

2. Ausbildungsjahr

(1) In einem Zeitraum von insgesamt zwei bis vier Monaten sind schwerpunktmäßig die Fertigkeiten und Kenntnisse der Berufsbildpositionen

2.2   Informations- und Kommunikationssysteme, Datensicherheit, Lernziel d,
2.3   Informationsbeschaffung und -verarbeitung, Lernziel b,
2.5   Anwenden einer Fremdsprache bei Fachaufgaben, Lernziel b,
5.1   Marktanalyse und Zielgruppenbestimmung, Lernziele d bis f,

zu vermitteln.

(2) In einem Zeitraum von insgesamt vier bis sechs Monaten sind schwerpunktmäßig die Fertigkeiten und Kenntnisse der Berufsbildpositionen

2.1   Arbeitsorganisation, Lernziele e bis g,
       Redaktion, Lektorat, Lernziele a und b,
       Rechte und Lizenzen, Lernziele a und b,
       Planung und Kalkulation, Lernziele a und b,

4.3   Datenhandling, Lernziel c,
4.5   Koordinierung von Produktionsprozessen,
5.2   Verkauf von Produkten und Dienstleistungen, Lernziele c bis k,
5.3   Werbung für Produkte und Dienstleistungen, Lernziele b bis g,

zu vermitteln

(3) In einem Zeitraum von insgesamt drei bis fünf Monaten sind schwerpunktmäßig die Fertigkeiten und Kenntnisse der Berufsbildpositionen

4.2   Auswahl und Vergabe von Dienstleistungen, Lernziel a,
5.4   Vertrieb von Produkten und Dienstleistungen, Lernziele a und b,
5.5   Branchenspezifische Rahmenbedingungen,
6.1   Rechnungs- und Finanzwesen, Lernziele c und d,
6.3   Beschaffung und Lagerhaltung

zu vermitteln.

3. Ausbildungsjahr

(1) In einem Zeitraum von insgesamt drei bis fünf Monaten sind schwerpunktmäßig die Fertigkeiten und Kenntnisse der Berufsbildpositionen

1.3 Personalwesen, arbeits- und sozialrechtliche Grundlagen, Lernziele d bis g,
3.1 Programme und Profile, Lernziele b und c,
3.2 Redaktion, Lektorat, Lernziele c und d,
3.3 Rechte und Lizenzen, Lernziele c und d,

zu vermitteln.

(2) In einem Zeitraum von insgesamt vier bis sechs Monaten sind schwerpunktmäßig die Fertigkeiten und Kenntnisse der Berufsbildpositionen

4.1 Planung und Kalkulation, Lernziel c,
4.2 Auswahl und Vergabe von Dienstleistungen, Lernziele b und c,
5.4 Vertrieb von Produkten und Dienstleistungen, Lernziele c bis f,
6.1 Controlling

zu vermitteln.

(3) In einem Zeitraum von insgesamt zwei bis vier Monaten sind schwerpunktmäßig die Fertigkeiten und Kenntnisse der Berufsbildpositionen

2.1 Arbeitsorganisation, Lernziele h bis j,
2.4 Kommunikation und Kooperation, Lernziele d bis f,
2.5 Anwenden einer Fremdsprache bei Fachaufgaben, Lernziel c,

zu vermitteln.

2.3 Rahmenlehrplan [der Berufsschule] für den Ausbildungsberuf Medienkaufmann Digital und Print bzw. Medienkauffrau Digital und Print

(Beschluss der Kultusministerkonferenz vom 8. März 2006)

[Auszug]

Auf der Grundlage der Ausbildungsordnung und des Rahmenlehrplans, die Ziele und Inhalte der Berufsausbildung regeln, werden die Abschlussqualifikation in einem anerkannten Ausbildungsberuf sowie – in Verbindung mit Unterricht in weiteren Fächern – der Abschluss der Berufsschule vermittelt.

Teil II: Bildungsauftrag der Berufsschule

Die Berufsschule und die Ausbildungsbetriebe erfüllen in der dualen Berufsausbildung einen gemeinsamen Bildungsauftrag.

Die Berufsschule hat eine berufliche Grund- und Fachbildung zum Ziel und erweitert die vorher erworbene allgemeine Bildung. Damit will sie zur Erfüllung der Aufgaben im Beruf sowie zur Mitgestaltung der Arbeitswelt und Gesellschaft in sozialer und ökologischer Verantwortung befähigen. Sie richtet sich dabei nach den für die Berufsschule geltenden Regelungen der Schulgesetze der Länder.

Nach der Rahmenvereinbarung über die Berufsschule ... hat die Berufsschule zum Ziel,

- eine Berufsfähigkeit zu vermitteln, die Fachkompetenz mit allgemeinen Fähigkeiten humaner und sozialer Art verbindet,
- berufliche Flexibilität zur Bewältigung der sich wandelnden Anforderungen in Arbeitswelt und Gesellschaft auch im Hinblick auf das Zusammenwachsen Europas zu entwickeln,
- die Bereitschaft zur beruflichen Fort- und Weiterbildung zu wecken.
- Zur Erreichung dieser Ziele muss die Berufsschule den Unterricht an einer für ihre Aufgabe spezifischen Pädagogik ausrichten, die Handlungsorientierung betont,
- auf die mit Berufsausübung und privater Lebensführung verbundenen Umweltbedrohungen und Unfallgefahren hinweisen.

Die aufgeführten Ziele sind auf die Entwicklung von **Handlungskompetenz** gerichtet. Diese wird hier verstanden als die Bereitschaft und Befähigung des Einzelnen, sich in beruflichen, gesellschaftlichen und privaten Situationen sachgerecht durchdacht sowie individuell und sozial verantwortlich zu verhalten.

Fachkompetenz bezeichnet die Bereitschaft und Befähigung, auf der Grundlage fachlichen Wissens und Könnens Aufgaben und Probleme zielorientiert, sachgerecht, methodengeleitet und selbstständig zu lösen und das Ergebnis zu beurteilen.

Humankompetenz umfasst Eigenschaften wie Selbstständigkeit, Kritikfähigkeit, Selbstvertrauen, Zuverlässigkeit, Verantwortungs- und Pflichtbewusstsein.

Sozialkompetenz bezeichnet die Bereitschaft und Befähigung, soziale Beziehungen zu leben und zu gestalten, ... Hierzu gehört insbesondere auch die Entwicklung sozialer Verantwortung und Solidarität.

Methodenkompetenz bezeichnet die Bereitschaft und Befähigung zu zielgerichtetem, planmäßigem Vorgehen bei der Bearbeitung von Aufgaben und Problemen (zum Beispiel bei der Planung der Arbeitsschritte).

Kommunikative Kompetenz meint die Bereitschaft und Befähigung, kommunikative Situationen zu verstehen und zu gestalten. Hierzu gehört es, eigene Absichten und Bedürfnisse sowie die der Partner wahrzunehmen, zu verstehen und darzustellen.

Lernkompetenz ist die Bereitschaft und Befähigung, Informationen über Sachverhalte und Zusammenhänge zu verstehen, ... Zur Lernkompetenz gehört insbesondere auch die Fähigkeit und Bereitschaft, im Beruf und über den Berufsbereich hinaus Lerntechniken und Lernstrategien zu entwickeln und diese für lebenslanges Lernen zu nutzen.

Teil III: Didaktische Grundsätze

Lernen in der Berufsschule vollzieht sich grundsätzlich in Beziehung auf konkretes, berufliches Handeln ...

Handlungen müssen von den Lernenden möglichst selbstständig geplant, durchgeführt, überprüft, gegebenenfalls korrigiert und schließlich bewertet werden.

Teil IV: Berufsbezogene Vorbemerkungen

Medienkaufleute Digital und Print sind in Verlagen und sonstigen Medienunternehmen tätig. Sie sind qualifiziert, marktorientierte und kaufmännisch-verwaltende Aufgaben selbstständig zu planen und durchzuführen ... Medienkaufleute planen, steuern und kontrollieren alle Schritte von der Beschaffung über die Produktion bis zum Vertrieb der Produkte. Dabei sind sie in der Lage, ihr Unternehmen in einem gesamt- und weltwirtschaftlichen Zusammenhang zu betrachten.

Der Schwerpunkt der Qualifikationen wird in den kundenorientierten Bereichen Verkauf und Marketing gesehen. Die Kompetenz der Mitarbeiter in diesen Aufgabengebieten wird über den wirtschaftlichen Erfolg der Medienunternehmen entscheiden. Dieses an den Absatzmärkten ausgerichtete Denken beeinflusst darüber hinaus alle übrigen Unternehmensbereiche ...

Der Lehrplan ist in Lernfelder gegliedert. Die Lerninhalte sind an den Arbeits- und Geschäftsprozessen im Betrieb und der Erfahrungswelt der Schülerinnen und Schüler orientiert ...

Die Vermittlung von fremdsprachlichen Qualifikationen gemäß der Ausbildungsordnung zur Entwicklung entsprechender Kommunikationsfähigkeit ist mit 40
Stunden in die Lernfelder integriert.

Teil V: Lernfelder

Übersicht über die Lernfelder für den Ausbildungsberuf Medienkaufmann Digital und Print / Medienkauffrau Digital und Print				
Nr.	Lernfelder	Zeitrichtwerte in Unterrichtsstunden		
		1. Jahr	2. Jahr	3. Jahr
1	Den Ausbildungsbetrieb präsentieren	80		
2	Werteströme und Werte erfassen, dokumentieren und auswerten	80		
3	Beschaffungsprozesse planen, steuern und kontrollieren	80		
4	Märkte anlaysieren und bewerten	80		
5	Herstellungs- und Produktionsprozesse von Digital- und Printmedien planen, steuern und kontrollieren		60	
6	Medialeistungen bewerben und verkaufen		80	
7	Gesamtwirtschaftliche Einflüsse auf Medienunternehmen analysieren		60	
8	Den Jahresabschluss eines Medienunternehmens analysieren und bewerten		80	
9	Medienprodukte und Dienstleistungen vertreiben			80
10	Arbeitsprozesse in Redaktoin und Lektorar unterstützen			40
11	Personalwirtschaftliche Aufgaben in MEdienunternehmen wahrnehmen			80
12	Den wirtschaftlichen Erfolg eines Medienproduktes analysieren, beurteilen und steuern			80
Summen: insgesamt 880 Stunden		320	280	280

2.4 Prüfungsordnung für die Durchführung von Abschlussprüfungen in anerkannten Ausbildungsberufen [vgl. Seite 29]

[Auszug]

ERSTER ABSCHNITT
PRÜFUNGSAUSSCHÜSSE

§ 1
Errichtung

(1) Die zuständige Stelle (Industrie- und Handelskammer IHK) errichtet für die Abnahme der Abschluss- und Umschulungsprüfungen Prüfungsausschüsse.

§ 2
Zusammensetzung und Berufung

(1) Der Prüfungsausschuss besteht aus mindestens drei Mitgliedern. Die Mitglieder müssen für die Prüfungsgebiete sachkundig und für die Mitwirkung im Prüfungswesen geeignet sein.

(2) Dem Prüfungsausschuss müssen als Mitglieder Beauftragte der Arbeitgeber und der Arbeitnehmer in gleicher Zahl sowie mindestens ein Lehrer einer berufsbildenden Schule angehören.

§ 3
Ausschluss von der Mitwirkung

(1) Bei der Zulassung und Prüfung dürfen Angehörige der Prüfungsbewerber nicht mitwirken.

§ 6
Verschwiegenheit

Unbeschadet bestehender Informationspflichten, insbesondere gegenüber dem Berufsausbildungsausschuss, haben die Mitglieder des Prüfungsausschusses und sonstige mit der Prüfung befassten Personen über alle Prüfungsvorgänge Verschwiegenheit gegenüber Dritten zu wahren.

ZWEITER ABSCHNITT
VORBEREITUNG DER PRÜFUNG

§ 8
Zulassungsvoraussetzungen für die Abschlussprüfung

(1) Zur Abschlussprüfung ist zuzulassen

1. wer die Ausbildungszeit zurückgelegt hat oder wessen Ausbildungszeit nicht später als zwei Monate nach dem Prüfungstermin endet,

2. wer an vorgeschriebenen Zwischenprüfungen teilgenommen, sowie vorgeschriebene Berichtshefte geführt hat.

§ 11
Zulassungsvoraussetzungen in besonderen Fällen

Auszubildende können nach Anhörung der Ausbildenden und der Berufsschule vor Ablauf ihrer Ausbildung zur Abschlussprüfung zugelassen werden, wenn ihre Leistungen dies rechtfertigen.

Zur Abschlussprüfung ist auch zuzulassen wer nachweist, dass er mindestens das Eineinhalbfache der Zeit, die als Ausbildungszeit vorgeschrieben ist, in dem Beruf tätig gewesen ist, in dem die Prüfung abgelegt werden soll. Als Zeiten der Berufstätigkeit gelten auch Ausbildungszeiten in einem anderen, einschlägigen Ausbildungsberuf.

§ 12
Zulassung zur Prüfung

Der Antrag auf Zulassung zur Prüfung ist durch die Auszubildenden schriftlich nach den von der zuständigen Stelle bestimmten Fristen und Formularen zu stellen. Die Auszubildenden haben die Ausbildenden über die Antragstellung zu unterrichten.

Dem Antrag auf Zulassung sind beizufügen:

- Bescheinigung über die Teilnahme an vorgeschriebenen Zwischenprüfungen oder am ersten Teil der Abschlussprüfung,
- vorgeschriebene schriftliche Ausbildungsnachweise [z. B. Berichtsheft]

§ 13
Entscheidung über die Zulassung

(1) Über die Zulassung zur Abschluss- und Umschulungsprüfung entscheidet die zuständige Stelle (IHK). Hält sie die Zulassungsvoraussetzungen nicht für gegeben, so entscheidet darüber der Prüfungsausschuss.

(3) Die Entscheidung über die Zulassung ist den Prüfungsbewerbern rechtzeitig unter Angabe des Prüfungstages und -ortes einschließlich der erlaubten Arbeits- und Hilfsmittel mitzuteilen. Die Entscheidung über die Nichtzulassung ist dem Prüfungsbewerber schriftlich mit Begründung bekannt zu geben.

DRITTER ABSCHNITT
DURCHFÜHRUNG DER PRÜFUNG

§ 14
Prüfungsgegenstand

Durch die Abschlussprüfung ist festzustellen, ob der Prüfling die berufliche Handlungsfähigkeit erworben hat. In ihr soll der Prüfling nachweisen, dass er die erforderlichen beruflichen Fertigkeiten beherrscht, die notwendigen beruflichen Kenntnisse und Fähigkeiten besitzt und mit dem im Berufsschulunterricht zu vermittelnden, für die Berufsausbildung wesentlichen Lehrstoff vertraut ist. Die Ausbildungsordnung ist zugrunde zu legen.

§ 15
Gliederung der Prüfung

(2) Soweit Fachliche Vorschriften nicht anderes bestimmen, gliedert sich die Prüfung in eine Fertigkeits- und Kenntnisprüfung.

§ 18
Prüfungsaufgaben

(1) Der Prüfungsausschuss beschließt auf der Grundlage der Ausbildungsordnung oder der Umschulungsordnung oder -prüfungsregelung der zuständigen Stelle die Prüfungsaufgaben.

§ 19
Nichtöffentlichkeit

Die Prüfungen sind nicht öffentlich.

§ 20
Leitung, Aufsicht und Niederschrift

(1) Die Prüfung wird unter Leitung des Vorsitzenden vom gesamten Prüfungsausschuss abgenommen.

§ 21
Ausweispflicht und Belehrung

Die Prüflinge haben sich auf Verlangen des Vorsitzes oder der Aufsichtsführung über ihre Person auszuweisen. Sie sind vor Beginn der Prüfung über den Prüfungsablauf, die zur Verfügung stehende Zeit, die erlaubten Arbeits- und Hilfsmittel, die Folgen von Täuschungshandlungen und Ordnungsverstößen, Rücktritt und Nichtteilnahme zu belehren.

§ 23
Rücktritt, Nichtteilnahme

(1) Der Prüfling kann nach erfolgter Anmeldung rechtzeitig vor Beginn der Prüfung durch schriftliche Erklärung zurücktreten. In diesem Fall gilt die Prüfung als nicht abgelegt.

(2) Versäumt der Prüfling einen Prüfungstermin, so werden bereits erbrachte selbständige Prüfungsleistungen anerkannt, wenn ein wichtiger Grund für die Nichtteilnahme vorliegt.

§ 24
Bewertungsschlüssel

(1) Die Prüfungsleistungen sind wie folgt zu bewerten:

Eine den Anforderungen in besonderem Maße entsprechende Leistung
= 100 – 92 Punkte = Note 1 = sehr gut

eine den Anforderungen voll entsprechende Leistung
= unter 92 – 81 Punkte = Note 2 = gut

eine den Anforderungen im Allgemeinen entsprechende Leistung
= unter 81 – 67 Punkte = Note 3 = befriedigend

eine Leistung, die zwar Mängel aufweist, aber im Ganzen den Anforderungen noch entspricht,
= unter 67 – 50 Punkte = Note 4 = ausreichend

eine Leistung, die den Anforderungen nicht entspricht, jedoch erkennen lässt, dass gewisse Grundkenntnisse noch vorhanden sind,
= unter 50–30 Punkte = Note 5 = mangelhaft

eine Leistung, die den Anforderungen nicht entspricht und bei der selbst die Grundkenntnisse fehlen,
= unter 30–0 Punkte = Note 6 = ungenügend.

Der 100-Punkte-Schlüssel ist der Bewertung aller Prüfungsleistungen sowie der Ermittlung von Zwischen- und Gesamtergebnissen zugrunde zu legen.

§ 26
Ergebnisniederschrift, Mitteilung über Bestehen oder Nichtbestehen

(1) Über die Feststellung der einzelnen Prüfungsergebnisse ist eine Niederschrift auf den von der zuständigen Stelle genehmigten Formularen zu fertigen. Sie ist von den Mitgliedern des Prüfungsausschusses zu unterzeichnen und der zuständigen Stelle unverzüglich vorzulegen.

(2) Soweit Fachliche Vorschriften nicht anderes regeln, ist die Prüfung insgesamt bestanden, wenn in den einzelnen Prüfungsteilen 2 mindestens ausreichende Leistungen erbracht sind.

(3) Dem Prüfling soll unmittelbar nach Feststellung des Gesamtergebnisses der Prüfung mitgeteilt werden, ob er die Prüfung „bestanden" oder „nicht bestanden" hat. Hierüber erhält der Prüfling eine vom Vorsitz zu unterzeichnende Bescheinigung. Kann die Feststellung des Prüfungsergebnisses nicht am Tag der letzten Prüfungsleistung getroffen werden, so hat der Prüfungsausschuss diese unverzüglich zu treffen und dem Prüfling mitzuteilen.

(5) Dem Ausbildenden werden auf Verlangen die Ergebnisse der Zwischen- und Abschlussprüfung des Auszubildenden übermittelt.

§ 27
Prüfungszeugnis

(1) Über die Prüfung erhält der Prüfling von der zuständigen Stelle ein Zeugnis.

(2) Das Prüfungszeugnis enthält die Bezeichnung „Prüfungszeugnis", die Personalien des Prüflings (Name, Vorname, Geburtsdatum),die Bezeichnung des Ausbildungsberufes mit Fachrichtung oder prüfungsrelevantem Schwerpunkt. Weitere in der Ausbildungsordnung ausgewiesene prüfungsrelevante Differenzierungen

können aufgeführt werden. die Ergebnisse (Punkte) der Prüfungsbereiche und das Gesamtergebnis (Note), soweit ein solches in der Ausbildungsordnung vorgesehen ist,

- das Datum des Bestehens der Prüfung,
- die Namenswiedergabe (Faksimile) oder die Unterschrift des Beauftragten der Kammer mit Siegel.

§ 28
Bescheid über nicht bestandene Prüfung

(1) Bei nicht bestandener Prüfung erhalten der Prüfling und seine gesetzlichen Vertreter von der zuständigen Stelle einen schriftlichen Bescheid. Darin ist anzugeben, welche Prüfungsleistungen in einer Wiederholungsprüfung nicht mehr wiederholt zu werden brauchen.

FÜNFTER ABSCHNITT
WIEDERHOLUNGSPRÜFUNG

§ 29
Wiederholungsprüfung

(1) Eine nicht bestandene Abschlussprüfung kann zweimal wiederholt werden.

(2) Hat der Prüfling bei nicht bestandener Prüfung in einem Prüfungsteil mindestens ausreichende Leistungen erbracht, so ist dieser Teil auf Antrag des Prüflings nicht zu wiederholen, sofern dieser sich innerhalb von zwei Jahren – gerechnet vom Tage der Beendigung der nicht bestandenen Prüfung an – zur Wiederholungsprüfung anmeldet. Die Bewertung in einer selbstständigen Prüfungsleistung ist im Rahmen der Wiederholungsprüfung zu übernehmen.

(3) Die Prüfung kann frühestens zum nächsten Prüfungstermin wiederholt werden.

3   Die Gestaltung der Abschlussprüfung

3.1 Allgemeine Hinweise

Die Abschlussprüfung unterteilt sich in einen schriftlichen und einen mündlichen Teil (Fallbezogenes Fachgespräch). Die Sachbereiche, in denen der Auszubildende Kenntnisse und Fertigkeiten zu zeigen hat, sind auf der Seite 17 im Einzelnen aufgeführt. Dabei sind die Ausbildungsschwerpunkte des Ausbildungsbetriebs, in dem der Prüfling seine Ausbildung absolviert – Buchverlag, Zeitungsverlag, Zeitschriftenverlag – zu beachten.

Die Aufschlüsselung der vier Prüfungsfächer Produktentwicklung und Vermarktung von Produkten und Dienstleistungen, Arbeitsorganisation und kaufmännische Steuerung und Kontrolle sowie Wirtschafts- und Sozialkunde findet man auf den Seiten 20. Außerdem steht dort die Vorschrift für die Ermittlung des Gesamtergebnisses. Die Prüfungsordnung auf den Seiten 33 ff. gibt Informationen zur Zulassung, Durchführung und zum Nichtbestehen der Abschlussprüfung.

Von Bedeutung für das Bestehen der Abschlussprüfung sind die Sperrfächer Produktentwicklung und Vermarktung von Produkten und Dienstleistungen und das fallbezogene Fachgespräch. Sie umfassen im engeren Sinn die speziellen beruflichen Kenntnisse und Fertigkeiten. Werden von 100 möglichen Punkten in jedem dieser Fächer nur 49 Punkte (Note mangelhaft) erreicht, gilt die Prüfung als nicht bestanden.

3.2 Fallbezogenes Fachgespräch

Dieser Prüfungsteil wird vor dem Prüfungsausschuss der zuständigen Industrie- und Handelskammer abgelegt.

> **!** Tipp: Zur effektiven Vorbereitung des Fachgespräches kann das Buch empfohlen werden: Joachim Skambraks, Präsentieren und überzeugen – Wie verkaufe ich mich und meine Botschaft?, Humboldt praktischer Ratgeber, 2003, ISBN 978-3-89994-005-3.

3.2.1 Der Ablauf des Fachgespräches

Die Modalitäten können unter Umständen je nach IHK-Vorgaben etwas variieren. Im Allgemeinen sind folgende Verfahren üblich:

Der Prüfungsausschuss erhält die Ergebnisse mit den Unterlagen der schriftlichen Prüfung, die in der Regel in der Berufsschule geschrieben wird, zur Überprüfung.

Der Prüfling bekommt zwei praxisbezogene Aufgaben, von denen er eine auswählen kann. Die Aufgaben sollen sich auf eine konkrete Situation aus dem beruflichen Alltag seines Ausbildungsbetriebes beziehen.

Zur Vorbereitung hat der Prüfling höchsten 20 Minuten Zeit in einem separaten Raum. Zur Gliederung seiner Präsentation sollte er sich visueller Hilfsmittel wie Overheadfolien und Tafel- oder Flipchartaufzeichnungen bedienen. Steht dem Prüfling zur Vorbereitung seines Auftritts ein PC mit einem Präsentationsprogramm zur Verfügung, sollte er dieses benutzen. Die vorbereiteten Daten kann er mittels Beamer vorführen. Ein einfach zu benutzendes Programm ist PowerPoint von Microsoft. Tabellen, Arbeitsabläufe, Kostenübersichten u.ä. lassen sich leicht in vorgegebene Bausteine einfügen. Um ein Präsentationsprogramm zur Prüfung einzusetzen, muss es vorher im Ausbildungsbetrieb oder der Berufsschule eingeübt werden. Alle Präsentationsvorlagen werden zu den Prüfungsunterlagen gelegt.

Die Vorstellung der Bearbeitung und Beantwortung sich evtl. anschließender weiterführender Fragen des Prüfungsausschusses soll 20 Minuten betragen. Der Prüfling kann selbst bestimmen, wo er den Schwerpunkt seiner Bearbeitung legen will. Oft sind mehrere praktikable Lösungsvorschläge möglich, die gleich gut bewertet werden müssen. Dem Prüfling sollen vertiefende Fragen aus seinem Ausbildungsschwerpunkt Buchverlag oder Zeitungs- und Zeitschriftenverlag gestellt werden.

Die dem Prüfling vorgelegten Aufgaben gliedern sich in

- Beschreibung einer Situation,
- Beschreibung einer Aufgabe.

Es empfiehlt sich, die Aufgabe genau durchzulesen, um zu erfahren, welche Lösungen sich anbieten. Bei der Lösung muss immer eine Begründung dafür gegeben werden.

Beispiel für Vermarktung

Situation:
Der Verlag, in dem Sie beschäftigt sind, möchte den Umsatz aus Geschäften der Nebenrechtsverwertung erhöhen.

Aufgabe: Nennen Sie Möglichkeiten, neue Partner als Lizenznehmer zu gewinnen.

Erster Lösungsvorschlag:
Gibt es eine Abteilung oder Arbeitsgruppe für den Verkauf von Nebenrechten oder muss sie eingerichtet werden? – Wie hoch sind dafür die Personalkosten? – Was sind ihre Aufgaben? – Wie sind die personellen Voraussetzungen (Anzahl und Qualifikation der Mitarbeiter)? – Welche Nebenrechte lassen sich am effektivsten vermarkten? – Welche Märkte kommen national und international in Frage? – Wie hoch sind die angepeilten Umsatzziele? Etc.

Zweiter Lösungsvorschlag:
Konzentration auf die buchnahen Nebenrechte, Verkauf von Lizenzen an ausländische Verlage (Übersetzungen), Buchclubs und Taschenbuchverlage. – Maßnahmen zur Kontaktaufnahme: Besuch von nationalen und internationalen Buchmessen. – Benutzung literarischer Agenturen und Scouts für den ausländischen Markt; Bedeutung und Honorierung dieser Institutionen. – Angebot zur Koproduktion im technischen Bereich (z. B. gemeinsamer Druck des Bildteils, Übernahme der typografisch aufbereiteten Buchseiten in die Taschenbuchausgabe)

Dritter Lösungsvorschlag:
Erschließung einer elektronischen Produktschiene. Neben der technischen Herstellung von einem Printmedium (Buch) parallel die Herstellung von elektronischen Datenträgern für das elektronische Buch mit einem potenten, gut eingeführten Marktführer auf der Basis der Nebenrechtsverwertung.

Beispiel für Produktherstellung:

Situation:
Ein Zeitschriftenverlag bringt eine neue Publikumszeitschrift heraus. Zeitschriftenhändler und die Zielgruppe der interessierten Endabnehmer sollen mit einem 16-seitigen farbig illustrierten Prospekt in Heftform informiert werden.

Aufgabe:
Sie arbeiten in der Produktionsabteilung des Verlages und haben die Aufgabe bekommen, die Herstellung des Prospektes zu veranlassen. Was werden Sie tun?

Erster Lösungsvorschlag:
Planung des Prospekts mit genauer Produktbeschreibung, nach Erwartung der Zielgruppe, nach soziodemografischen Aspekten, nach kostengünstigen Versandrichtlinien (Porto), nach optimalen Fertigstellungsterminen, Gewinnung begabter Texter, Designer und Fotografen u. ä. Erarbeitung einer Kostenaufstellung unter Berücksichtigung aller Aufwände.

Zweiter Lösungsvorschlag:
Durchführung der Herstellung in Satz, Reproduktion, Druck, Buchbinderei und Versand. Auswahl der Herstellungsbetriebe, Angebotseinholung, Angebotsbewertung, Auftragvergabe, Terminkontrolle. – Dieser Lösungsvorschlag berührt das Gebiet Produkte.

Es würde den Rahmen dieses Buchs sprengen, alle möglichen Aufgaben vorzustellen.

Aus diesen zwei Beispielen wird deutlich, dass zur Aufgabenlösung fundiertes Wissen aus allen Bereichen der Verlagswirtschaft und Arbeitsorganisation/Kaufmännische Steuerung notwendig ist. Dafür empfiehlt es sich, den Teil II dieses Buchs gründlich durchzuarbeiten.

3.2.2 Bewertung der Praktischen Übungen

In der Regel werden vom Prüfungsausschuss bei den Lösungsvorschlägen der fachliche Inhalt und dessen Präsentation im Verhältnis 50:50 bewertet. Eine gute fachliche Lösung mangelhaft vorgetragen und umgekehrt wird eine schlechte Note bringen. Damit will man den wichtigen kaufmännischen Bereich des Berufsbilds hervorheben. Extern ist Verkaufen immer mit Kundenkontakt und Angebot der Waren oder Dienstleistungen verbunden. Intern müssen Vorschläge für die für den Verkauf notwendigen Maßnahmen (z. B. Werbung) den beteiligten Mitarbeitern überzeugend vorgestellt werden. Beides rechtfertigt die Hervorhebung der Präsentation.

Kriterien zur Beurteilung der Präsentation, d. h. der systematischen und situationsbezogenen Gesprächsführung, können sein:

Blickkontakt: Jedes Mitglied im Prüfungsausschuss fühlt sich angesprochen;
Gestik: Diese unterstreicht die Aussage;
Sprechweise: deutlich und mit Betonung des Wesentlichen;
Sprechtempo: ausgeglichen mit notwendigen Pausen;
Sprache: verständlich in Satzbau und Wortwahl;
Inhalt: sachlich angemessene Gewichtung von Haupt- und Nebenpunkten.

Dazu kommen noch die eine Präsentation unterstützenden Hilfsmittel.

4 Studium und Weiterbildungsmöglichkeiten für Medienkaufleute Print und Digital

Ausbildung zum Fachwirt

Der Zugang zur Ausbildung zum Fachwirt setzt eine abgeschlossene Berufsausbildung und Praxiserfahrung voraus. Die Ausbildung dauert in der Regel zwischen 12 und 21 Monate und schließt mit einer Prüfung vor der IHK ab. Es werden hauptsächlich Fachkräfte für die mittlere Führungsebene ausgebildet. Die Ausbildungsstätten, Ausbildungsbedingungen und Ausbildungskosten können von den Berufsverbänden, der IHK oder im Internet erfragt werden.

Medienfachwirt/Medienfachwirtin IHK

Ausbildungsinhalte:
Volkswirtschaftliche Grundlagen, Betriebsorganisation, Informations- und Kommunikationstechniken, Unternehmensführung, einschlägige Rechte, Finanz- und Rechnungswesen, Kosten- und Leistungsrechnung, Preispolitik, Produktgestaltung (Typografie, technische Herstellungsverfahren, Materialkunde), Planung und Organisation der Arbeitsabläufe. Schwerpunkte sind Medienrecht, Mediengestaltung, medienorientierte Datenverarbeitung, Medienproduktion und medienorientierter Vertrieb.

Fachkaufmann/Kauffrau Marketing IHK

Ausbildungsinhalte:
Projekt- und Produktmanagement, Anwendung der Marketinginstrumente, Marktforschung und Marketingstatistik, Rechtliche Aspekte im Marketing, Präsentation und Moderation, Fachliche Führung von Marketingprojekten.

Hochschulstudium

Für das Medienwesen bieten Universitäten und Fachhochschulen Studienmöglichkeiten an, die für Aufgaben der höheren Führungsebene befähigen. Voraussetzung ist die allgemeine Hochschulreife, in der Regel das Abitur. Einige Hochschulen geben die Möglichkeit zur Promotion.

Im Folgenden sind Studienmöglichkeiten aufgelistet, die sich in besonderem Maße mit dem Medienwesen beschäftigen. Die Auflistung erhebt keinen Anspruch auf Vollständigkeit. Nähere Auskünfte müssen bei Interesse von den Hochschulen angefordert werden.

Hochschule	Studium	Abschluss	Website
Universität Augsburg	Medien und Kommunikation	Bachelor Master	www.imb-uni-augsburg.de/ studium/muk-studium
FHM Bielefeld	Medienwirtschaft New Media Management	Bachelor Master	www.fhm-bielefeld.de/ medienwirtschaft.html www.fhm-bielefeld.de/ newmediamanagement.html
Hochschule für Bildende Künste Braunschweig	Medienwissenschaften	Bachelor Master	http://mewi.hbk-bs.de/mewi/
Friedrich-Alexander-Universität Erlangen-Nürnberg	Buchwissenschaft	Bachelor	www.buchwiss.uni-erlangen. de/Menu/Menu.htm
Hochschule für Musik und Theater Hannover	Medienmanagement	Bachelor Master	www.hmt-hannover.de/de/ studium/studienangebote/ mediemanagement-bachelor/
Technische Universität Ilmenau	Medienwirtschaft Angewandte Medienwissenschaft	Bachelor Master Bachelor	www.tu-ilmenau.de/uni/ index.php?id=6190 www.tu-ilmenau.de/uni/ index.php?id=6188
Universität Köln	Medienwissenschaft	Bachelor Master	verwaltung.uni-koeln.de/ abteilung21/content/ studienangebot/
Hochschule für Technik, Wirtschaft und Kultur Leipzig	Buchhandel/ Verlagswirtschaft Verlagsherstellung Medienmanagement	Bachelor Bachelor Master	www.htwk-leipzig.de/de/hochschule/fakultaeten/medien/
Fachhochschule Mainz	Zeitbasierte Medien Medien-Design (läuft in den nächsten Jahren aus)	Bachelor Master Diplom	www.fh-mainz.de/gestaltung/ mediendesign/index.html
Johannes-Gutenberg-Universität Mainz	Buchwissenschaft Buchforschung (ab WiSe 2011/12) Publishing (ab WiSe 2011/12)	Bachelor Master Master	www.uni-mainz.de/studium/ 23516.php

Hochschule	Studium	Abschluss	Website
Hochschule Mittweida (FH)	Medienmanagement	Bachelor	www.htwm.de/studium/
	Angewandte Medienwirtschaft	Bachelor	
Ludwig-Maximilian-Universität München	Buchwissenschaft	Diplom	www.uni-muenchen.de/studium/studienangebot/studiengaenge/studienfaecher/buchwisse_/index.html
	Buchwissenschaft Aufbaustudiengang		
Fachhochschule Offenburg	Medien- und Informationswesen	Bachelor	portal.mi.fh-offenburg.de/mi_site_docs/
	Medien und Kommunikation	Master	
Universität Paderborn	Medienwissenschaft	Bachelor	kw.uni-paderborn.de/institute-einrichtungen/mewi/studium/
Universität Regensburg	Medienwissenschaft	Bachelor Master-Studiengang in Planung	www-verwaltung.uni-regensburg.de/Studienangebot/
Universität Siegen	Medienwissenschaften	Bachelor	www.uni-siegen.de/zsb/allgemeineberatung/vor_dem_studium/studienangebot_uebersicht.html?lang=de
	Medienkultur	Master	
	Medien und Gesellschaft	Master	
Hochschule der Medien Stuttgart	Mediapublishing	Bachelor	www.mediapublishing.org/
	Medienwirtschaft	Bachelor	www.studiengang-medienwirtschaft.org/
	Elektronische Medien	Master	www.studiengang-emm.de/
Fachhochschule Wiesbaden	Media Management	Bachelor	www.fh-wiesbaden.de
	Media and Design Management	Master	

Seminare

Praxisbezogene Tages- und Mehrtages-Seminare werden von zahlreichen Institutionen berufsbegleitend zur Vertiefung des Fachwissens veranstaltet. Anerkannte Fachleute vermitteln Kenntnisse und Fertigkeiten zu branchenspezifischen Themenbereichen des Print- und Medienwesens. Die Seminare tragen mit ihren praxisbezogenen aktuellen Inhalten zum beruflichen Aufstieg und zur Arbeitsplatzsicherung bei. Die Teilnehmer erhalten nach Abschluss ein Teilnahmezertifikat.

Seminare werden von Berufsverbänden wie dem Börsenvereins des Deutschen Buchhandels und seinen Landesverbänden, dem Zeitschriften- und Zeitungsverlegerverband, den Schulen des Deutschen Buchhandels und der Akademie des Deutschen Buchhandels angeboten. Darüber hinaus gibt es noch zahlreiche private Anbieter wie der Katholische Medienverband in Ismaning, der Evangelische Medienverband in Hofgeismar, die Akademie für Publizistik in Hamburg, die Akademie für Elektronisches Publizieren in Hamburg, die Zeitschriften-Akademie in Berlin, die Print Media Akademie in Heidelberg, die Friedrich-Ebert-Stiftung – Akademie für Management und Politik in Bonn/Berlin.

Es können nicht alle Seminaranbieter aufgeführt werden. Angebote können von den zuständigen Berufsverbänden und der IHK erfragt oder im Internet gesucht werden.

! Weitere Informationen auf der Website des Bundesverbandes Deutscher Zeitungsverleger e. V. BDZV unter HYPERLINK "http://www.bdzv. de/1945.html"http://www.bdzv.de/1945.html und als pdf-Datei unter HYPERLINK "http://www.zv-online.de/download/ausbildung/Weiterbildung_Medienkaufleute.pdf"http://www.zv-online.de/download/ausbildung/Weiterbildung_Medienkaufleute.pdf

II FRAGENKATALOG

1 Das Medienwesen

1.1 Grundlagen des Medienwesens

Welche gesellschafts-politische Bedeutung hat das Verlagswesen in Deutschland?

Mit der Vermittlung von Informationen, Kommentaren und Berichten übt es großen Einfluss auf die öffentliche Meinung aus. Mit Printmedien und digitalen Medien erreichen die Veröffentlichungen nahezu alle Bevölkerungskreise. Darüber hinaus hat das Verlagswesen – das gilt besonders für die Tagespresse – eine Kontrollfunktion im Sinne des demokratischen Gemeinwesens.

Wie kann ein Verlag definiert werden?

Der Verlag befasst sich auf eigenes Risiko mit der Planung, Herstellung und dem Vertrieb von Printwerken und digitalen Medien. Die Hauptabteilungen sind Redaktion/Lektorat, Kalkulation und Herstellung, Werbung und Vertrieb und das Rechnungswesen. Verlage haben mit der Verbreitung von Medien einen großen Einfluss auf politische, kulturelle und weltanschauliche Bereiche der Gesellschaft.

Welche Bedeutung haben die Verlage im demokratischen Gemeinwesen?

Mit der Vermittlung von Informationen, Kommentaren und Hintergrundberichten haben Verlage, besonders diejenigen, die Zeitungen und politische Magazine verlegen – in Verbindung mit Rundfunk, Fernsehen und Internet – eine wichtige Kontrollfunktion zu Maßnahmen der staatlichen und gesellschaftlichen Entscheidungsträger. Sie sollen auch ein Forum für die Meinungsvielfalt sein.

Medienverlage sind Tendenzbetriebe. Was bedeutet das?

In einem Tendenzbetrieb verfolgt das Unternehmen mit der publizistischen Leitlinie nicht nur ökonomische Interessen, sondern auch andere Ziele wie politische, konfessionelle, karitative oder erzieherische. Das betrifft vor allem Verlage der Religionsgemeinschaften, Parteien und Gewerkschaften. Die Tendenz wird vom Verleger oder Herausgeber festgelegt. Die Mitarbeiter sind auf deren Einhaltung verpflichtet, das Mitbestimmungsrecht ist eingeschränkt. Die Privilegien der Tendenzbetriebe sind im Betriebsverfassungsgesetz § 118 geregelt.

Was bedeutet für einen Redakteur das Redaktionsstatut?

Es ist die schriftliche Vereinbarung zwischen einem Verleger bzw. Herausgeber einer Zeitschrift oder Zeitung, in der die publizistische Leitlinie definiert ist, an die der Redakteur gebunden ist.

Wer ist Verleger in einem Medienunternehmen

Der Verleger ist die für die Herausgabe von Büchern, Zeitschriften und Zeitungen finanziell und juristisch verantwortliche Person, häufig der Besitzer oder eine Eigentümergruppe.

Welche Aufgaben hat der Herausgeber in einem Medienunternehmen?

Er betreut als eine ausgewiesen und in ihrem Fachgebiet bekannte Persönlichkeit eine bestimmte Produktschiene (z. B. eine Buchreihe oder eine wissenschaftliche Fachzeitschrift) und sucht und betreut dafür geeignete Autoren. Er muss nicht unbedingt ein fest angestellter Mitarbeiter des Verlages sein. Mit seinem Namen gibt er der Produktschiene ein verkaufsförderndes Profil.

Welchen Stellenwert hat die Tageszeitung für die Gesellschaft?

Durch Veröffentlichung von Informationen, Kommentaren und Hintergrundberichten haben Zeitungsverlage neben dem Hörfunk und dem Fernsehen mit kritischen und analysierenden Berichten und Kommentaren eine wichtige Kontrollfunktion zu Maßnahmen staatlicher und gesellschaftlicher Entscheidungsträger.

Wie kann eine Tageszeitung für gesellschaftspolitische Themen wirken?

Mit Sonderveröffentlichungen zu bestimmten Themen können die Anliegen, die die Gesellschaft betreffen, ins Bewusstsein der Öffentlichkeit rücken, besonders effektiv in Verbindung mit Fernsehen und Rundfunk sowie Internetveröffentlichungen, z. B. Werbung für das Ehrenamt in „Woche des Ehrenamtes".

Warum ist die Presse in Deutschland privatwirtschaftlich organisiert?

Wie in allen freiheitlichen demokratischen Systemen sind Zeitungsverlage privatwirtschaftliche Unternehmen. Zur Wahrung der Freiheit der Berichterstattung dürfen staatliche Stellen keinen zensorischen Einfluss nehmen, soweit die Verfassung und Gesetze respektiert werden.

Welche Gefahr kann die Pressekonzentration haben?

Beim Zusammenschluss oder der Fusion von Zeitungsverlagen kann die Meinungsvielfalt von Informationen eingeschränkt sein. Das Monopol einer Zeitung in einer Region kann das Meinungsmonopol begünstigen. Der Gesetzgeber ist verpflichtet, im Sinne der politischen Willensbildung für eine Vielfalt an Zeitungen zu sorgen. Nach § 35 *Gesetz gegen Wettbewerbsbeschränkungen (GWB)* benötigen Zusammenschlüsse von Zeitungsverlagen eine Genehmigung des Bundeskartellamtes.

Was versteht man unter äußerer und innerer Pressefreiheit?

Die äußere Pressefreiheit kann durch staatliche Zensurmaßnahmen gefährdet sein. Diese Freiheit setzt voraus, dass der Redakteur die Gesetze respektiert. Wenn Wirtschaftsunternehmen die Vergabe von Anzeigen an wohlwollende Berichterstattung über sie verknüpften, ist die innere Pressefreiheit gefährdet.

Wie arbeitet die Bundespressekonferenz?

Die Bundespressekonferenz ist ein eingetragener Verein mit Sitz in Berlin. In regelmäßigen Abständen, gewöhnlich dreimal wöchentlich, werden die Korrespondenten, die Mitglieder des Vereins sind, zu Pressekonferenzen zu bestimmte Themen eingeladen. Vertreter der Regierung und Ministerien geben einen Überblick über ihre aktuelle Arbeit und beantworten dazu Fragen.

Welche Aufgaben hat der Deutsche Presserat?

Er wurde 1953 von Verlegern und Journalisten gegründet und ist paritätisch zusammengesetzt. Seine Aufgaben sind: Missstände im Pressewesen feststellen und auf deren Beseitigung hinwirken – Entwicklungen entgegentreten, die die freie Information und Meinungsbildung des Bürgers gefährden können – für den unbehinderten Zugang zu Nachrichtenquellen eintreten – Empfehlungen und Richtlinien für die publizistische Arbeit herausgeben.

Was sind die wesentlichen Ziele des Pressecodex?

Der Deutsche Presserat hat publizistische Grundsätze (Pressecodex) veröffentlicht. Die wesentliche Ziele sind:

- Wahrhaftige Unterrichtung der Öffentlichkeit
- Keine unlauteren Methoden bei der Beschaffung von Informationen
- Richtigstellung falscher Nachrichten und Behauptungen
- Wahrung der Intimsphäre (soweit das Verhalten nicht im öffentlichen Interesse ist) und keine unbegründeten, die Ehre verletzenden Beschuldigungen
- Keine Diskriminierung von Personen und Gruppierungen wegen Rasse, Religion u. ä.
- Keine unangemessene sensationelle Darstellung von Gewalttaten

1.2 Verbände im Medienwesen

Was versteht man unter berufsständischen Verbänden?

Berufsständische Verbände sind in der Regel eingetragene Vereine, die auf freiwilliger Mitgliedschaft beruhen. Sie vertreten die Interessen ihrer Mitglieder in der Öffentlichkeit. Sie achten vor allem auf die ungehinderte Einhaltung ihrer wirtschaftlichen Zielsetzung unter Berücksichtigung der branchenüblichen Sitten und Gebräuche.

Welches sind die berufsständischen Organisationen der Verleger?

Bundesverband Deutscher Zeitungsverleger e. V. in Berlin – Verband Deutscher Zeitschriftenverleger e. V. in Berlin – Börsenverein des Deutschen Buchhandels e. V. in Frankfurt/Main. Die Landesverbände sind regionale Unterorganisationen des Gesamtvereins.

Welche weiteren Verbände vertreten die Interessen im Medienwesen?

Verband der Schulbuchverlage für Hersteller von Bildungsmedien in Frankfurt am Main, Deutscher Musikverlegerverband in Berlin, Verband Deutscher Bühnen- und Medienverlage in Berlin, Bundesverband Digitale Wirtschaft der deutschen Internet-

und Medienbranche in Düsseldorf, Bundesverband Druck und Medien in Wiesbaden, Zentralverband der Deutschen Werbewirtschaft in Berlin, ZMG Zeitungs Marketing Gesellschaft in Frankfurt am Main, um nur die wichtigsten zu nennen. Ausführliche Informationen über ihre Zielsetzungen findet man auf ihren Homepages.

Welche Bedeutung hat der Verband Deutscher Schriftsteller?

Der Verband in der Gewerkschaft ver.di vertritt die Interessen seiner Mitglieder, z. B. Berufskundeseminare unter Leitung erfahrener Autoren und Lektoren, Förderung des internationalen Austauschs, kostenlose Beratung bei beruflichen Problemen, kostenlosen Rechtsschutz bei berufsbedingten Streitigkeiten. Eine ähnliche Zielsetzung hat die Deutsche Journalistinnen und Journalisten Union in ver.di.

Warum ist der Deutsche Journalistenverband für das Pressewesen wichtig?

Er vertritt die berufs- und medienpolitischen Ziele und Forderungen hauptberuflicher Journalisten. Er fördert die publizistische Unabhängigkeit seiner Mitglieder und er wirkt bei Tarifabschlüssen mit.

Welche Aufgaben hat der Börsenverein?

Der 1825 in Leipzig gegründete Börsenverein des Deutschen Buchhandels e. V. mit Sitz in Frankfurt am Main vertritt die Interessen seiner Mitglieder des herstellenden und verbreitenden Buchhandels sowie des Zwischenbuchhandels gegenüber der Öffentlichkeit. Darüber hinaus gehören zu seinen Aufgaben: Erleichterung des buchhändlerischen Geschäftsverkehrs – Sicherung der Preisbindung – Pflege der buchhändlerischen Gebräuche und Wettbewerbsregeln – Förderung des beruflichen Nachwuchses – Kulturpolitik (z. B. Lesewettbewerb) – Interessenausgleich zwischen den Mitgliedern – Verbindung zu ähnlichen Organisationen.

Welchen Preis hat der Börsenverein gestiftet?

Der Friedenspreis des Deutschen Buchhandels wird jährlich zur Frankfurter Buchmesse auf Vorschlag des Stiftungsrates an verdienstvolle Persönlichkeiten verliehen, die sich für ihr Wirken für Frieden und Völkerverständigung verdient machen.

Mit welchen Preisen wirbt der Börsenverein für das Buch?	Neben dem Friedenspreis zeichnet die Stiftung des Börsenvereins des Deutschen Buchhandels jährlich zum Auftakt der Frankfurter Buchmesse den besten Roman in deutscher Sprache aus. Er will Aufmerksamkeit schaffen für das Lesen und das Medium Buch. Darüber hinaus gibt es weitere bedeutende Literaturpreise wie den *Alfred-Kerr-Preis für Literaturkritik*, den Büchnerpreis oder den *Deutschen Jugendliteraturpreis.*
Welche Bedeutung haben Buchmessen?	Auf diesen Messen informiert der herstellende Buchhandel den verbreitenden Buchhandel und wirkt zugleich in die Öffentlichkeit. Die Frankfurter Buchmesse hat große Bedeutung für das nationale und internationale Lizenzgeschäft. Die Leipziger Buchmesse leistet einen immensen Beitrag zur Förderung des Lesens.
Welche Aufgaben erfüllen Verwertungsgesellschaften?	Verwertungsgesellschaften betreuen als private Einrichtungen die Urheberrechte oder verwandte Schutzrechte ihrer Mitglieder (Autoren, Musiker, Fotografen u. ä.) treuhänderisch. Die gesetzliche Grundlage ist das Urheberrechtswahrnehmungsgesetz. Sie ziehen Honorare von Veröffentlichungen (z. B. Fotokopiergeräte, Bibliotheksantiemen oder Musikaufführungen) ein und verteilen sie nach einem bestimmten Schlüssel an ihre Mitglieder. Für das Medienwesen sind von Bedeutung: VG-Wort, GEMA, VG Musikedition, VG Media zur Verwertung der Urheber- und Leistungsrechte von Medienunternehmen.

GEMA
=
Gesellschaft für ~~musikalische~~
~~statt~~ musikalische Aufführungsrechte und
mechanische Vervielfältigungsrechte.

1.3 Gesetzliche Grundlagen des Medienwesen

In welchen Gesetzen werden wichtige Rechte geregelt, die das Verlagswesen betreffen?

Grundgesetz der Bundesrepublik Deutschland (GG), Bürgerliches Gesetzbuch (BGB), Betriebsverfassungsgesetz (BVG), Gesetz über Urheberrecht und verwandte Schutzrechte bzw. Urheberrechtsgesetz (UrhG), Gesetz über das Verlagsrecht (VerlG), Gesetz gegen den unlauteren Wettbewerb (UWG), die Landespressegesetze der Bundesländer usw.

Wo ist die Pressefreiheit grundsätzlich festgeschrieben?

Im Grundgesetz Art. 5 (Recht der freien Meinungsäußerung) (1) heißt es: „Jeder hat das Recht, seine Meinung in Wort, Schrift und Bild frei zu äußern und zu verbreiten ... Die Pressefreiheit und die Freiheit der Berichterstattung durch Rundfunk und Film werden gewährleistet. Eine Zensur findet nicht statt."

Was sind die Schranken der Pressefreiheit?

Nach *Grundgesetz* Art. 5 (2) findet sie ihre Schranken in „den Vorschriften der allgemeinen Gesetze, in den gesetzlichen Bestimmungen zum Schutze der Jugend und im Recht der persönlichen Ehre." Die persönliche Ehre ist im Grundgesetz Art. 1 (1) festgeschrieben.

Hat der Betriebsrat das Recht zur Mitbestimmung in einem Zeitungsverlag?

Nach § 118 Betriebsverfassungsgesetz wird das Mitbestimmungs-, Beteiligungs- und Anhörungsrecht des Betriebsrats in Presseunternehmen eingeschränkt, wo sie die Pressefreiheit gefährden könnten. Dem Betriebsrat steht demzufolge kein Einfluss auf die Tendenz (publizistische Leitlinie) zu. Das Recht des Betriebsrats, die Interessen der Mitarbeiter im personellen, sozialen und wirtschaftlichen Bereich zu vertreten, ist davon nicht berührt.

Warum hat der Gesetzgeber die Form des Tendenzbetriebs rechtlich verankert?

Ein Verleger oder ein Herausgeber muss die Möglichkeit haben, die publizistische Leitlinie ohne fremden Einfluss selbst zu bestimmen. Das Grundrecht der Pressefreiheit gibt den Verlegern nicht nur das Recht, Druckwerke herauszugeben und zu vertreiben, sondern auch über den Inhalt zu bestimmen.

Was regeln die Pressegesetze der Bundesländer?

Die Pressegesetze der Bundesländer sind nach dem Zweiten Weltkrieg an die Stelle des Reichspressegesetzes von 1874 getreten. Sie konkretisieren die Pressefreiheit vor allem für die Zeitungen, die eine öffentliche Aufgabe zu erfüllen haben. Dazu gehören im Wesentlichen: Sorgfaltspflicht der Presse, Vorschriften zum Impressum, Recht auf Gegendarstellung und Kennzeichnung von Anzeigen.

Welche drei Grundfragen werden in den Pressegesetzen der Bundesländer geregelt?

- Die im Sinne des Gesetzes für den Inhalt des redaktionellen Teils verantwortlichen Personen müssen im Impressum namentlich kenntlich gemacht werden.
- Es besteht das Recht auf Zeugnisverweigerung bei Verfolgung strafrechtlicher Inhaltsdelikte.
- Es besteht ein Anspruch auf Gegendarstellung in periodischen Druckerzeugnissen für Tatsachenbehauptungen, die im redaktionellen Teil stehen oder sich auf Anzeigen nicht werbewirtschaftlicher Art beziehen (z. B. politische Anzeigen vor Wahlen).

Was wird unter der Sorgfaltspflicht der Presse verstanden?

Nach den Landespressegesetzen hat die Presse die Pflicht, alle Nachrichten vor der Verbreitung mit der berufsmäßigen Sorgfalt auf Wahrheit, Inhalt und Herkunft zu prüfen. Wird diese Sorgfaltspflicht missachtet, kann das für den verantwortlichen Journalisten zivil- und strafrechtliche Folgen haben.

Warum müssen nach dem Pressegesetz die für den Inhalt des redaktionellen Teils verantwortlichen Personen namentlich kenntlich gemacht werden?

Sie haften bei strafrechtlichen Delikten, die sich aus der Veröffentlichung und Verbreitung ergeben. Sie haften aber auch zivil- und presserechtlich.

Wer trägt die presserechtliche Verantwortung in der Tageszeitung?

Diese trägt in der Regel der Chefredakteur, der aus diesem Grunde im Impressum namentlich zu nennen ist.

Wo werden in periodischen Druckerzeugnissen die für den redaktionellen Teil presserechtlich verantwortlichen Personen genannt?

Diese stehen namentlich, nach Ressorts gegliedert, im Impressum.

Warum ist das Impressum vom Gesetzgeber als Pflichteindruck in periodischen Druckerzeugnissen vorgeschrieben?

Es sichert die Strafverfolgung bei Presseinhaltsdelikten und ermöglicht den zivilrechtlichen Zugriff.

Welche Angaben müssen nach den Landespressegesetzen im Impressum der Tageszeitung stehen?

- Name und Wohnsitz des Verlegers und des Druckers.
- Die Namen der Mitarbeiter, die für den redaktionellen Teil und den Anzeigenteil verantwortlich sind.
- Einige Bundesländer verlangen darüber hinaus in bestimmten Zeitabständen die Veröffentlichung der Besitzverhältnisse des Verlags.

Warum muss nach den Pressegesetzen der für den Anzeigenteil verantwortliche Anzeigenleiter im Impressum namentlich genannt werden?

Er ist verantwortlich für die Einhaltung der einschlägigen Gesetzesvorschriften (z. B. UWG oder StGB). Für den Inhalt der Anzeige, z. B. Preisangabe, ist der Auftraggeber verantwortlich.

Warum brauchen Informanten nach dem Pressegesetz den Strafverfolgungsbehörden nicht genannt zu werden?

Die Begründung liegt in der freien Berichterstattung; den Informanten dürfen keine Nachteile entstehen.

Warum hat der Gesetzgeber das Recht auf Gegendarstellung festgelegt?

Dieses Recht ist in den Pressegesetzen der Bundesländer geregelt und gründet auf *§ 1 Reichspressegesetz (RPG)*. Es dient dem berechtigten Interesse der Betroffenen (natürliche Personen, Personengruppen

oder Behörden), zu den sie berührenden Zeitungs-
artikeln unverzüglich Stellung zu nehmen und diese
ggf. gerichtlich durchzusetzen. Es darf aber nur zu
Behauptungen von Tatsachen, nicht zu Meinungen
oder allgemeinen Werturteilen Stellung genommen
werden. Die Gegendarstellung ist die schärfste Waffe
der Pressefreiheit gegen falsche oder verdrehte Nachrichten.

Welche Voraussetzungen sind für eine Gegendarstellung in periodischen Druckerzeugnissen notwendig?

1. Nur der Betroffene selbst darf die Gegendarstellung verlangen und muss diese mit seinem Namen
unterzeichnen.

2. Der Wahrheitsbeweis braucht nicht nachgewiesen
zu werden.

3. Der Inhalt darf sich nur auf den redaktionellen
Teil oder auf Anzeigen nicht werbewirtschaftlicher
Art beziehen.

4. Die Gegendarstellung muss innerhalb einer angemessenen Frist erscheinen. Eine Frist bis zu zwei
Wochen gilt als angemessen.

5. Die Gegendarstellung muss in gleicher Schrift und
an gleicher Stelle wie der Artikel, auf die sie sich bezieht, abgedruckt sein. Der Umfang sollte die Länge
des Bezugsartikels nicht überschreiten.

6. Der Betroffene muss ein berechtigtes Interesse an
der Gegendarstellung haben.

7. Mit der Gegendarstellung und ggf. einer sich daran
anschließenden Stellungnahme der Redaktion ist der
Vorgang abgeschlossen.

Ist eine Gegendarstellung bei Anzeigen erlaubt?

Sie ist nur bei Tatsachenbehauptungen in politischen
Anzeigen (z. B. Wahlanzeigen) möglich.

Darf bei der Berichterstattung über eine Straftat die Nationalität des Tatverdächtigen genannt werden?

Nach dem Pressekodex darf sie nur erwähnt werden,
wenn sie für das Verständnis notwendig ist. Das Gleiche gilt für die Altersangabe und die Religion. Die
Berichterstattung über schwebende Ermittlungsver-

fahren muss frei von Vorurteilen sein. Besondere Zurückhaltung ist bei Berichten über Straftaten Jugendlicher mit Rücksicht auf ihre Zukunft notwendig.

Was sagt das Recht am eigenen Bild aus?

Es gehört zum Persönlichkeitsrecht. Fotos von Personen dürfen ohne deren Zustimmung nicht veröffentlicht und verbreitet werden.

Welche Ausnahmen kennt das Recht am eigenen Bild?

Fotos dürfen ohne Erlaubnis des Abgebildeten veröffentlicht und verbreitet werden:

- Von Persönlichkeiten der Zeitgeschichte (z. B. bekannte Sportler, Politiker, Stars der Unterhaltungsbranche).
- Von Teilnehmern an einer öffentlichen Veranstaltung (z. B. an Demonstrationen).
- Von zufällig neben dem eigentlichen Bildinhalt sich befindlichen Personen (z. B. Touristen vor einer Kathedrale des Mittelalters).

Wie ist die Veröffentlichung einer Fotomontage zu behandeln?

Besteht die Gefahr, dass ein solches Foto vom Leser als dokumentarische Abbildung aufgefasst werden kann, muss ein entsprechender Hinweis zum Foto gestellt werden. Scherzabbildungen oder karikierende Bilder benötigen einen solchen Hinweis in der Regel nicht.

Müssen staatliche Behörden den Zeitungen Auskünfte erteilen?

Die Landespressegesetze verpflichten unter Berufung auf GG Art. 5 die Behörden, Auskünfte zu geben, die für die Öffentlichkeit wichtig sind. Dadurch können die Zeitungen ihre Aufgabe erfüllen, die Öffentlichkeit zu informieren. Die Behörden sind aber zur Gleichbehandlung der Medien angehalten, d. h., die Informationen müssen allen interessierten Zeitungen zur gleichen Zeit gegeben werden.

Dürfen Zeitungen und Zeitschriften von staatlichen Organen beschlagnahmt werden?

Nach prozesslich geregeltem Verfahren kann auf Antrag eines geschädigten Antragstellers z. B. durch eine einstweilige Verfügung oder auch von Amts wegen die Verbreitung bzw. der Verkauf verhindert werden.

Welche Sonderregelung gewährt das Bundesdatenschutzgesetz den Verlagen?

Nach § 1 schützt das Gesetz die persönlichen Daten nicht, die von Presse, Rundfunk und Fernsehen ausschließlich zu eigenen publizistischen Zwecken gesammelt und bearbeitet werden. Das wird Medienprivileg genannt. Analog dem Tendenzschutz-Paragraphen des Betriebsverfassungsgesetzes soll die Presse- und damit die Informationsfreiheit durch den Datenschutz nicht eingeschränkt werden.

Was bezweckt das Zeugnisverweigerungsrecht?

Zur Wahrung des Redaktionsgeheimnisses haben Mitarbeiter von Presse, Fernsehen und Rundfunk das Recht, ihre Informanten und Informationsquellen für den redaktionellen Teil geheim zu halten. Die Einhaltung ist eine wesentliche Voraussetzung für die Aufgabe, die Öffentlichkeit umfassend und unbeeinflusst zu informieren.

Worauf muss beim Datenschutz geachtet werden?

Der Datenschutz gewährleistet, dass mit personenbezogenen Daten kein Missbrauch getrieben wird. Das betrifft in der Medienbranche vor allem die Werbung. Die gesetzlichen Vorschriften sind im Bundesdatenschutzgesetz geregelt. Die wichtigsten sind: Angabe des Zwecks der Speicherung und Speicherung der Daten nur mit Zustimmung des Betroffenen – Recht auf Auskunft über die zu seiner Person gespeicherten Daten – Widerspruch gegen die Datennutzung und Datenweitergabe muss eingehalten werden – nicht mehr benötigte Daten müssen nachweislich gelöscht werden.

Welche Bedeutung hat das Urheberrecht?

Das *Urheberrechtsgesetz (UrhG)* regelt das geistige Eigentum, das wie das materielle Eigentum im Grundgesetz Artikel 14 geschützt ist. Geschützt sind Werke der Literatur, Wissenschaft, Kunst (bildende und darstellende Kunst wie Musik und Tanz sowie Filme). Voraussetzung für den Schutz ist, dass es sich um eine persönliche geistige Schöpfung handelt, die formal und inhaltlich etwas Neues darstellt. Der Anspruch dafür liegt niedrig, auch Schlager und Laienspielstücke fallen darunter.

Sind auch Übersetzungen von Romanen urheberrechtlich geschützt?

Auch sie sind eine geistige Schöpfung und genießen Rechtsschutz. Der Übersetzer muss auf der Titelseite eines Buches namentlich genannt werden, ebenso unter Zeitschriftenartikeln. Diese Nennung gilt auch für Fotografen und Illustratoren.

Wie werden Marktteilnehmer vor Nachteilen geschützt?

Die Vorschriften im Gesetz gegen den unlauteren Wettbewerb schützen Anbieter und Verbraucher von Waren vor unlauteren geschäftlichen Handlungen. Sie ermöglichen auch einen freien, uneingeschränkten Wettbewerb und sind damit Grundlagen der freien Marktwirtschaft. Im Medienwesen betrifft das z. B. Werbeaktionen mit Gewinnspielen oder Preisausschreiben, die eine Verbindung mit einem Abo verschleiern.

2 Programmplanung und Produktentwicklung

2.1 Programme und Profile

Wie kann man eine Zeitung beschreiben?

Eine Zeitung ist ein periodisches Druckerzeugnis, das in der Regel täglich erscheint. Sie hat die Aufgabe, aktuelle Nachrichten und Berichte aus allen Bereichen des öffentlichen Lebens wie Politik, Wirtschaft, Kultur, Sport oder Lokales sowie private Anzeigen schnell zu verbreiten. Die einzelnen Lagen, auch Bücher genannt, sind nicht geheftet. Zeitungen im heutigen Sinne gibt es seit dem Beginn des 17. Jahrhunderts. Zeitungen werden auch in elektronischer Form z. B. im Internet angeboten.

Welche Vor- und Nachteile kann die Übermittlung der Zeitung im Internet für den Empfänger haben?

Vorteile: Der Empfänger erhält jederzeit gezielt nach seinen Interessengebieten die aktuellen Nachrichten frei Haus. In der Regel können Agenturmeldungen innerhalb weniger Minuten nach der Übermittlung an die Zeitungsredaktion empfangen werden.

Nachteile: Der Empfänger ist an den Gerätestandort gebunden. Bei häufiger Benutzung können erhebliche Gebühren entstehen.

Nach welchen Erscheinungsweisen können Zeitungen gruppiert werden?

Tageszeitungen – Wochenzeitungen – Sonntagszeitungen – Morgenzeitungen – Abendzeitungen usw.

Nach welchen Verbreitungsgebieten lassen sich Zeitungen einteilen?

Lokal- bzw. Regionalzeitungen (z. B. für einen Landkreis, eine Stadt) – überregionale Zeitungen (z. B. für einen Regierungsbezirk) – Zeitungen für das Bundesgebiet (national) – Weltblätter (international).

In welchen Formaten erscheinen die Zeitungen in Deutschland?

Die drei gebräuchlichen Formate sind:

- Berliner Format: 31,5 x 47,0 cm (z. B. Westdeutsche Zeitung),

- Rheinisches Format: 35,0 x 51,0 cm (z. B. Münchner Merkur),
- Norddeutsches Format: 40,0 x 57,0 cm (z. B. Berliner Morgenpost).

Darüber hinaus gibt es noch Sonderformate.

Was sind Anzeigenblätter? Anzeigenblätter sind zeitungsähnlich gestaltete Periodika, die in der Regel einmal wöchentlich erscheinen. Bis auf wenige Ausnahmen werden sie kostenlos an alle Haushalte eines umgrenzten Einzugsgebiets ausgegeben. Sie finanzieren sich durch Anzeigen und Beilagen von Prospekten – häufig haben diese Blätter auch einen kleinen redaktionellen Teil. Sie werden von eigenen Verlagen editiert, die häufig mit Zeitungsverlagen verbunden sind.

Vorteile: Totale Haushaltsabdeckung, hohe Auflage, kostenlose Zustellung, günstigerer Wort- und mm-Preis (Millimeterpreis) gegenüber der Tageszeitung.

Nachteile: Wegwerfeffekt beim unfreiwilligen Empfänger, Verstopfung der Briefkästen, Streuverlust durch „tote Briefkästen".

Was versteht man unter einer Boulevardzeitung? Eine Boulevardzeitung („Kaufzeitung") wird überwiegend im Straßenverkauf (z. B. an Kiosken) verkauft. Weil sie fast keine Abonnenten hat, muss sie durch eine auffällige Aufmachung der Titelseite täglich die Aufmerksamkeit der Passanten auf sich lenken.

Wie charakterisiert man eine Lokalzeitung? Lokalzeitungen richten sich mit ihrer Berichterstattung an die Leser einer bestimmten Region (z. B. einen Landkreis). Der Vertrieb ist ausschließlich auf diese Region hin ausgerichtet. Häufig wird der überregionale Teil (vor allem für die Ressorts Politik und Wirtschaft) als Mantel von einer überregionalen Tageszeitung übernommen (z. B. erhält die *Leonberger Kreiszeitung*, die in der Nähe Stuttgarts erscheint, den Mantel von der *Stuttgarter Zeitung*).

Wie kann eine Standortzeitung beschrieben werden?

Es ist eine Zeitung, die nur in einem kleinen, räumlich fest begrenzten Standort verbreitet wird und ihre Berichte hauptsächlich auf diesen Raum bezieht (z. B. Stadtteilzeitung).

Was charakterisiert eine Wochenzeitung?

Wochenzeitungen wenden sich an Leser, die unabhängig von aktuellen Tagesneuigkeiten über Vorgänge vor allem aus dem politischen, wirtschaftlichen und kulturellen Bereich umfassend informiert werden möchten (z. B. *Rheinischer Merkur*). Tagesereignisse werden in größeren Zusammenhängen analysiert und kommentiert. Wochenzeitschriften haben in der Regel eine hohe Leser-Blatt-Bindung.

Welche wichtigen Eigenschaften charakterisieren eine Tageszeitung?

- Aktualität: Tagesnachrichten, Berichte zu Tagesereignissen.
- Publizität: Allgemeinverständlich und lesemotivierend geschrieben.
- Universalität: Offen für alle Bereiche des Lebens.
- Periodizität: Regelmäßige Erscheinungsweise; in der Regel täglich.

Welche Serviceleistungen können dem Leser von einer Tageszeitung angeboten werden?

Das sind Leistungen, die über die Pflichtinformation hinausgehen. Dazu können Reiseangebote, Veranstaltungen von Festen zu bestimmten Ereignissen, Sponsoring von kulturellen Veranstaltungen gehören.

Wie unterscheidet sich der Nutzen der Tageszeitung von Werbeträgern aus den Non-Print-Bereichen

- Sie kann an jedem beliebigen Ort ohne Hilfsmittel gelesen werden.
- Beiträge und Anzeigen können von einer oder mehreren Personen wiederholt gelesen werden.
- Wichtige Beiträge können zur späteren Nutzung archiviert werden.

Was wird mit dem Begriff des Ressorts einer Tageszeitung ausgedrückt?

Ein Ressort ist ein nach inhaltlichen Merkmalen gegliederter redaktioneller Zuständigkeitsbereich. Das Ressort wird von einem Chefredakteur bzw. Ressortleiter geleitet. Er trägt für die in seinem Ressort veröffentlichten Beiträge die presserechtliche Verantwortung.

Wie heißen die klassischen Ressorts einer Tageszeitung?

Politik – Wirtschaft – Lokales – Feuilleton – Sport. Dazu können noch Spezialveröffentlichungen in unregelmäßigen Zeitabständen kommen: z. B. Auto und Verkehr – Urlaub und Reise – Hausbau und Immobilien – Frau und Familie – Technik und Wissenschaft.

Warum kann ein Supplement für eine Tageszeitung wichtig sein?

Viele namhafte Zeitungen bieten ihren Abonnenten ein Wochenend-Magazin an, das auf den Leserkreis zugeschnitten ist. Vor allem Themen aus Kultur und Reise, reich illustriert, sind beliebt. Dazu können auch die TV-Programmbeilagen zählen. Supplemente tragen zur Leser-Blatt-Bindung bei und werben zufällige Leser, ein Abonnement einzugehen.

Warum hat der Leserbrief eine wichtige Bedeutung für eine Tageszeitung?

Mit dem Leserbrief hat derjenige, der selbst nicht publizistisch tätig ist, die Möglichkeit, sich zustimmend oder kritisch zu Artikeln der Zeitung zu äußern. Er macht damit vom Grundrecht der Meinungsfreiheit Gebrauch. Der Leserbrief signalisiert den Zeitungsredaktionen, wie aufmerksam die Artikel gelesen werden. Er trägt auch wesentlich zur Leser-Blatt-Bindung bei. Der Leserbrief wird dem redaktionellen Teil der Zeitung zugerechnet. Die der Redaktion zugeschickten Leserbriefe unterliegen dem Redaktionsgeheimnis.

Zu welchem Teil der Zeitung gehören Besprechungen von Theateraufführungen?

Sie gehören zum redaktionellen Teil und sind in der Regel im Feuilleton zu finden.

Werden Kino- und Theaterprogramme dem redaktionellen Teil der Tageszeitung zugerechnet?

Sie werden wie Anzeigen bewertet und unterliegen damit nicht der redaktionellen Verantwortung. Werden sie jedoch kommentiert oder beurteilt, gehören sie in den redaktionellen Teil, z. B. in das Feuilleton.

Was ist eine amtliche Bekanntmachung?

Das ist die Anzeigenrubrik für Veröffentlichungen von Behörden mit amtlichem Inhalt zu ermäßigtem Anzeigentarif. Im weiteren Sinn gehören auch die Börsenkurse dazu. Bestimmte, meist überregionale Tageszeitungen sind als Pflichtblätter zur Veröffentlichung verpflichtet.

Was wird unter der Pflicht-Publizierung verstanden?

Kapitalgesellschaften wie Aktiengesellschaften sind nach dem Gesetz verpflichtet, ihre Jahresbilanz öffentlich bekannt zu machen.

Wie arbeitet eine Nachrichtenagentur?

Nachrichtenagenturen sind Unternehmen, die sich mit der Beschaffung und der Weitergabe von Nachrichten gegen Honorar befassen. Die Nachrichten werden zentral gesammelt, sortiert und formuliert an feste Bezieher verkauft. Nachrichten sind urheberrechtlich nicht geschützt.

Wie heißen die bedeutendsten Nachrichtenagenturen Deutschlands?

Die größte ist die Deutsche Presseagentur (dpa) mit Sitz in Hamburg. Sie unterhält Landesdienste in den einzelnen Bundesländern. Daneben gibt es *ddd (Deutscher Depeschen-Dienst)*, *sid (Sport-Informations-Dienst)* und Bildagenturen wie *allsport, duomo und magnum.*

Welche bedeutenden ausländischen Nachrichtenagenturen beliefern deutsche Zeitungen?

Reuter, London – ap (The Associated Press), New York – afp (Agence France Presse), Paris – SDA (Schweizerische Depeschen-Agentur), Bern – Interfax, Moskau.

Wer ist presserechtlich für den Wahrheitsgehalt einer veröffentlichten Nachricht verantwortlich, die von einer Agentur kommt?

Verantwortlich ist der Chefredakteur bzw. der verantwortliche Redakteur. Sie haben einlaufende Nachrichten kritisch zu bewerten, bevor diese veröffentlicht werden. Seriöse Presseagenturen liefern in der Regel stimmige Nachrichten.

Wie kann eine Zeitschrift definiert werden?

Eine Zeitschrift ist ein periodisches Druckerzeugnis mit wöchentlicher, vierzehntägiger, monatlicher oder vierteljährlicher Erscheinungsweise. Sie erscheint in der Regel in gleich bleibender äußerlicher Aufmachung, die Bogen sind in der Regel in einem Umschlag geheftet *(siehe Verkehrsordnung für den Buchhandel § 7)*. Zeitschriften geben in längeren Artikeln zusammengefasste Informationen an den Interessentenkreis und unterscheiden sich dadurch von Zeitungen, die hauptsächlich die aktuellen Nachrichten schnell vermitteln. Viele Zeitschriften sind stoffbezogen *(z. B.*

Buchhändler heute) und setzen Fachwissen voraus. Publikumszeitschriften hingegen informieren aus allen Bereichen des Lebens.

Was sind Publikumszeitschriften?

Diese richten sich an einen allgemeinen Leserkreis. Fundierte Fachkenntnisse werden zum Verständnis der Beiträge nicht vorausgesetzt. Dazu gehören Nachrichtenmagazine (z.B. *Der Spiegel*), Frauenzeitschriften (z.B. *Brigitte*), Programmzeitschriften (z.B. *HörZu*), Illustrierte (z.B. *Bunte*). – Special-Interest-Publikationen sind fachbezogen, allgemeinverständlich verfasst und häufig reich illustriert (z.B. *Tennismagazin*).

Was sind die Merkmale einer Fachzeitschrift?

Eine Fachzeitschrift richtet sich an einen fachlich ausgebildeten Leserkreis (z.B. *Buchhändler heute*). Die Beiträge setzen in der Regel ein fundiertes Fachwissen und eine hohe Lesemotivation voraus. Die Anzeigen haben einen hohen Aufmerksamkeitswert.

Wie werden Verbandszeitschriften vertrieben?

Verbandszeitschriften werden allen Mitgliedern von Verbänden bzw. Vereinen unaufgefordert zugestellt (z.B. *Panorama des Deutschen Alpenvereins*). Der Preis für die Zeitschrift ist im Mitgliederbeitrag enthalten. Die Beiträge in diesen Zeitschriften haben Themen zum Inhalt, die sich auf den Zweck und die Ziele des Verbands beziehen. Den Verbandszeitschriften kommt ein hoher Aufmerksamkeitsgrad der Werbung für Produkte zu, die den Verbandsinteressen entsprechen.

Welche Ziele kann eine Kundenzeitschrift verfolgen?

Kundenzeitschriften sind Veröffentlichungen, die in der äußerlichen Gestaltung einer Zeitschrift entsprechen. Häufig werden sie in schriller Aufmachung auf billigem Papier gedruckt. Sie werden von einzelnen Firmen oder einer Branche in regelmäßigen oder unregelmäßigen Abständen zur kostenlosen Verteilung in Briefkästen oder zur Beilage in Tageszeitungen hergestellt, z.B. Sonderangebote einer Lebensmittelladenkette. Diese Zeitschriften sind nicht mit den Kundenzeitschriften von namhaften Industrieunternehmen (z.B. Druckmaschinenhersteller) zu verwechseln, die in der Regel in vornehmer Typografie gestaltet auf edlem Papier gedruckt werden. Sie bieten wichtige Informationen über neue Produkte, Serviceleistungen und die Firmenpolitik.

Wie lässt sich das Buch definieren?

Unter einem Buch versteht man eine Anzahl von bedruckten, beschnittenen und gehefteten Bogen, die von einem Einband zusammengehalten werden. Das Wort leitet sich aus dem germanischen Sprachschatz ab.

Wie kann ein Fachbuch definiert werden?

Fachbücher richten sich an einen fachlich ausgebildeten Leserkreis. Ein bestimmtes Fachgebiet wird gründlich vermittelt. Es werden zum Verständnis Fachkenntnisse des Lesers vorausgesetzt, die durch eine spezielle Ausbildung erworben wurden. Beispielsweise ist dieses Buch, mit dem Sie lernen, ein Fachbuch. Es wird vorausgesetzt, dass Sie im Laufe der Lehrzeit Fachkenntnisse erworben haben.

Wie lässt sich ein Sachbuch beschreiben?

Das Sachbuch richtet sich an einen fachlich nicht ausgebildeten Leser, setzt zum Verständnis daher keine gründlichen Fachkenntnisse voraus. In der Regel werden populärwissenschaftliche Themen vermittelt. Eines der erfolgreichsten Sachbücher der Nachkriegszeit war das Buch *Ceram: Götter, Gräber und Gelehrte.*

Was ist eine Anthologie?

Das griechische Wort heißt auf deutsch Blütenlese. In einer Anthologie werden Beiträge verschiedener Autoren unter einem zusammenfassenden Titel veröffentlicht (z. B. *Sammlung schwäbischer Erzähler*).

Was sind Fortsetzungswerke?

Das sind Publikationen, die in Buchform nach und nach in Teillieferungen vertrieben werden. In der Regel sind die einzelnen Teile nicht gesondert erhältlich. Häufig werden Fortsetzungswerke als Subskription angeboten. Sie sind von *Lieferungen* zu unterscheiden, die aus gefalzten, gehefteten aber nicht gebundenen Druckbogen bestehen. Der Bezieher kann die Druckbogen in eine Decke einbinden lassen; häufig werden dafür fertige Buchdecken angeboten (siehe *Verkehrsordnung für den Buchhandel § 8*).

Welche Arten von „Elektronischen Büchern" gibt es?	• CD-ROM • E-Book (dafür benötigt man ein entsprechendes Lesegerät) • Download im Internet, z. B. Google-Books.
Welche Produkte gehören zu den Non-Books?	Dazu zählen alle Handelsgegenstände des Buchhandels, die keine Bücher oder Zeitschriften sind, z. B. Globen, Wandkarten, Musikkassetten, CDs und CD-ROMs. Die Non-Book-Artikel unterliegen dem vollen Mehrwertsteuersatz und sind nicht preisgebunden. In manchen Buchhandelsbetrieben machen sie einen beträchtlichen Teil des Umsatzes aus.
In welche Fachgruppen lässt sich der Buchhandel einteilen?	• *Herstellender Buchhandel:* Buchverlage, Buchgemeinschaften, Adressbuchverlage, Musikverlage u. ä. • *Verbreitender Buchhandel (Sortimentsbuchhandel):* Vollbuchhandlungen, Fachbuchhandlungen, Antiquariate, Buchverkaufsstellen, Musikalienhandlungen, Versandbuchhandlungen, Bahnhofsbuchhandlungen u. ä. • *Zwischenbuchhandel:* Barsortimentc, Verlagsauslieferungen, Export-/Importbuchhandel u. ä.
Wozu dient die Buchhändlerische Verkehrsordnung?	Sie regelt den Verkehr zwischen dem herstellenden und dem verbreitenden Buchhandel. Dazu gehören: Bezugsformen (z. B. Festbezug), Bezugsbedingungen (z. B. Partiebezug), Verpackung und Beförderung (z. B. direkter Postweg), Rechnungsverkehr (z. B. BAG-Einzug), Störungen bei Erfüllung des Kaufvertrags (z. B. Falschlieferung) und Remittendenwesen.
In welche Aufgabenbereiche ist ein Buchverlag gegliedert?	Geschäftsleitung/Personalabteilung – Rechtsabteilung – Lektorat/Redaktion – Herstellung – Vertrieb und Auslieferung – Werbung und Anzeigen – Presseabteilung (für Bemühungen um Rezensionen) – Betriebswirtschaft/Buchhaltung – Allgemeine Dienste (z. B. Hausmeister).

Nach welchen Editionskriterien können die Buchverlage eingeteilt werden?	Belletristische Verlage – Sachbuchverlage – Fachbuchverlage/Wissenschaftliche Verlage – Kunstbuchverlage – Schulbuchverlage – Musikverlage – Kinder- und Jugendbuchverlage usw.
Was kennzeichnet ein Verlagsprofil?	Es wird durch ein fest umrissenes Verlagsprogramm bestimmt (z.B. medizinischer, wissenschaftlicher Fachverlag). Es kann aber auch durch andere Spezialisierungen geprägt werden wie Niedrigpreisprodukte in einfacher Ausstattung (z.B. Reclams-Universal-Bibliothek). Ein auf dem Buchmarkt bekanntes Profil eines Verlags wird sich auf die Erwartungshaltung des Kunden und damit auf den Umsatz auswirken. Sucht ein Kunde einen Titel, so wird er diesen bei einem bestimmten Verlag suchen, den er von der Werbung her kennt (z.B. Wörterbuch bei Langenscheidt und PONS/Klett). Eine einprägsame Gestaltung kann das Verlagsprofil optisch deutlich machen, z.B. Reclams-Universal-Bibliothek.
Welche Funktion übernimmt der Bahnhofsbuchhandel?	In Bahnhofsbuchhandlungen werden vor allem Taschenbücher und leicht verkäufliche gebundene Bücher sowie Zeitungen, Zeitschriften, Ansichtskarten und Stadtpläne auf dem Bahnhofsgelände an reisende Kunden verkauft. Sie sind nicht an die üblichen Ladenschlusszeiten gebunden und haben ganzjährig an jedem Tag geöffnet. Für die Läden muss eine hohe Pacht (zwischen 8% bis 14% des Umsatzes) an die Deutsche Bahn AG gezahlt werden. Aus diesem Grund räumen die Verlage dem Bahnhofsbuchhandel höhere Rabatte ein; die Belieferung erfolgt von den Verlagen direkt.
Welche Bedeutung kann eine Reisebuchhandlung für einen Verlag haben?	Eine Reisebuchhandlung bietet geeigneten Personen, Firmen oder Verbänden Bücher durch Vertreter an. Die Vertreter arbeiten auf Provisionsbasis. Wegen der kostenintensiven Vertriebsweise werden überwiegend teure und umfangreiche Werke vertrieben (z.B. Lexika, Enzyklopädien, Editionen in kostbarer Ausstattung).

Welchen Vorteil hat eine Fachbuchhandlung für einen Fachbuchverlag?	Eine Fachbuchhandlung pflegt den Verkauf von Büchern und Zeitschriften für ein fest umrissenes Fachgebiet (z. B. Betriebswirtschaft und Steuerwesen). Sie besitzt ein fachlich ausgebildetes Personal, das einen festen Kundenstamm betreut. Fachbuchhandlungen sind damit die wichtigsten Kunden von Fachverlagen.
Welche Bedeutung kann ein Großantiquariat für Buchverlage haben?	Es kauft ausschließlich Restauflagen (sog. Ramschware), für die der Verlag die Preisbindung aufgehoben hat, zu einem ausgehandelten Preis auf. Auch die Rücksendungen der betreffenden Titel vom Buchhandel werden vom Großantiquariat angenommen.
Ist eine Preisgegenüberstellung von Büchern erlaubt?	Die Preise von Nachdrucken ehemals preisgebundener Bücher dürfen dem Preis der Originalausgabe in Veröffentlichungen wie Prospekten gegenübergestellt werden, wenn sie mit der Originalausgabe absolut identisch sind. Liegt diese Identität aber nicht vor, so müssen die Unterschiede zur Originalausgabe deutlich gemacht werden.
Wodurch unterscheidet sich das Barsortiment von der Verlagsauslieferung?	*Barsortiment:* Es kauft Bücher von den Verlagen und vertreibt diese auf eigene Rechnung zum Originaleinzelrabatt der Verlage an Buchhändler und Buchverkaufsstellen. Das Barsortiment führt alle gängigen Titel auf Lager. *Verlagsauslieferung:* Sie handelt im Namen und auf Rechnung des Verlags bei der Lieferung an Buchhandlungen und Buchverkaufsstellen. Auf Wunsch wird auch das Inkasso übernommen. Es werden alle lieferbaren Titel der betreuten Verlage auf Lager gehalten. Eigentümer der Ware bleiben die Verlage.
Welchen Vorteil kann eine Bildschirmzeitung für den Zeitungsverlag haben?	Sie ist ein zusätzlicher Service, der vor allem aktuelle Nachrichten (z. B. Veranstaltungstermine) für eine umgrenzte Region schnell und zielgruppengerecht ohne nennenswerte Produktionsaufwendungen anbietet. Es wird die Suche nach Stichworten oder die Volltextsuche angeboten. In Verbindung mit Werbung erschließen sich damit u. U. neue Umsatzmöglichkeiten.

Was versteht man unter Videotext?

Videotext (Teletext) ist eine Kommunikationsform zur Verbreitung von Nachrichten auch in bildhafter Form, die sich auf Programme eines Fernsehsenders beziehen. Der Nutzer hat damit die Möglichkeit, den Inhalt einer Sendung abzurufen.

Welche „Neuen Medien" können Verlage anbieten?

Diese sog. Neuen Medien übermitteln Daten in digitaler Form auf Datenträger wie CD-ROM, DVD, E-Mail oder Internet. Die Nutzung erschließt neben den Printmedien vielfältige Möglichkeiten, Texte, Bilder, Musikwerke u. ä. zu verbreiten. Ein Buchverlag kann beispielsweise Textteile einer Neuerscheinung vor dem Erscheinen im Internet veröffentlichen.

Wie sind „Elektronische Bücher" für einen Verlag zu bewerten?

Sie werden von einigen Verlagen über einen Online-Shop bzw. sog. elektronische Buchhandlungen gegen einen Kaufpreis angeboten. Auch Bibliotheken bieten E-Books ihren Besuchern an. Häufig kann auch das dafür geeignete Lesegerät mit geordert werden. Das Display eines solchen Gerätes ist ca. 12x18 cm groß, es wiegt ca. 200 g und ist ca. 1 cm dick. Es können unterschiedliche Schriftgrößen für alle Lesergruppen aufgerufen werden. E-Books eröffnen den Verlagen zu den Printmedien neue Absatzmöglichkeiten. Nach Meinung des Börsenvereins unterliegen sie der Preisbindung. Auch sog. Hörbücher auf CD bzw. DVD bieten neue Absatzmärkte.

Ein Problem sind die sog. Google Books, für die Bücher ohne vorherige Anfrage bei den Rechteinhabern und ohne Honorar zu zahlen digitalisiert und ins Internet gestellt werden.

Wozu dient ein Booklet?

Das quadratische Büchlein von 4 bis ca. 32 Seiten wird in die durchsichtige vordere Klappe einer CD- oder DVD-Hülle eingeschoben. Die Größe richtet sich nach der Abmessung der Hülle. Die Vorderseite, in der Regel grafisch werbewirksam gestaltet, weist auf den Inhalt hin. Der Innenteil gibt Auskunft über den Inhalt, die Interpreten, den Autor bzw. Komponisten u. ä. Eine Covercard ist die einfache Form des Booklets. Sie besteht aus einem Blatt, das auf der Vorder- und Rückseite bedruckt ist.

Warum ist der Kopier-schutz für einen elek-tronischen Datenträger wichtig?

Ungenehmigte, unbezahlte Raubkopien anzufertigen, das ist Diebstahl, der den Produzenten schädigt, der Aufwendungen für Honorare, Produktentwicklung, Herstellung, Vertrieb und Werbung aufbringen muss. Außer dem Hinweis auf ein Kopierverbot werden Kopierschutzverfahren angeboten, z. B. nach dem „Red-Book"-Schutzverfahren. Einen lückenlosen Schutz gibt es aber nicht, weil mit spezieller Software diese Verfahren zu umgehen sind.

2.2 Redaktion und Lektorat

Welche verantwortlichen Tätigkeiten gehören zum Aufgabengebiet des Chef-redakteurs?

Er sorgt für die Einhaltung der publizistischen Leit-linie, an deren Festlegung er unter Umständen mit-wirkt, innerhalb seines Ressorts. Außerdem koordi-niert er alle Arbeiten in seinem Ressort. Und er trägt die presserechtliche Verantwortung für die in seinem Ressort veröffentlichten Artikel.

Wie kann die Arbeit des Chefs vom Dienst beschrieben werden?

Als leitender Redakteur ist er für die termingerechte und sachliche Planung des redaktionellen Produk-tionsablaufs verantwortlich. Die redaktionellen Abläufe koordiniert er mit der Anzeigenabteilung, der Druckerei und dem Versand. In der Regel ist er gegenüber anderen Abteilungen oder Betriebsteilen nicht weisungsbefugt.

Wie können die wichtigsten Arbeiten eines Redakteurs im Zeitungsverlag zusam-mengefasst beschrieben werden?

- Er sammelt Nachrichten (recherchiert) und wertet diese für die Veröffentlichung aus.
- Er schreibt selbst Artikel über Themen seines Res-sorts in journalistischer Form.
- Er bearbeitet Fremdbeiträge (redigiert, daher der Name Redakteur) für die Veröffentlichung.
- Er wirkt an der Zusammenstellung der Zeitungs-seiten mit.

Wer darf sich als Journalist bezeichnen?	Journalist ist die nicht geschützte Berufsbezeichnung für diejenigen Personen, die Zeitungs- und Zeitschriftenartikel sammeln, verfassen und bearbeiten. Er kann als Redakteur mit einem festen Anstellungsvertrag gegen Gehalt oder als freier Mitarbeiter gegen Honorar für eine Zeitung arbeiten.
Warum ist ein Online-Redakteur wichtig?	Er bereitet redaktionelle Text- und Bildbeiträge von Zeitungen und Zeitschriften für das Internet auf. Die Texte werden in der Regel gekürzt und mit Links für weiterführende Informationen versehen.
Welche Aufgaben hat ein Bildredakteur zu erledigen?	Dieser arbeitet vor allem in Zeitschriftenverlagen, die Publikumszeitschriften verlegen. Er beschafft Bildmaterial (z. B. von Bildagenturen) und berät bei der Gestaltung der Beiträge den Layouter.
Welche Bedeutung haben Korrespondenten für eine Zeitung?	Korrespondenten arbeiten als fest angestellte oder auf Vertragsbasis als freie Journalisten. Sie liefern mit einem festen Auftrag außerhalb des Verlagsorts Nachrichten oder Berichte über bestimmte Ereignisse (z. B. Sonderkorrespondenten bei den Olympischen Spielen).
Warum tritt in Zeitungs- und Zeitschriftenverlagen in regelmäßigen Abständen die Redaktionskonferenz zusammen?	Diese Konferenzen werden einberufen, um Überschneidungen von Berichten einzelner Ressorts zu vermeiden, Schwerpunkte für die einzelnen Seiten festzulegen und den Umfang zu bestimmen, der den einzelnen Ressorts zusteht. Außerdem wird Kritik an den erschienenen Nummern geübt.
Dürfen von Nachrichtenagenturen übermittelte Texte ohne Rückfrage bearbeitet und veröffentlicht werden?	Redakteure dürfen ohne Rückfrage bzw. Genehmigung die von Nachrichtenagenturen eingehenden Texte für die Belange ihrer Zeitung bearbeiten. Unkommentierte Nachrichtentexte sind urheberrechtlich nicht geschützt.
Wie werden Texte gekennzeichnet, die von Nachrichtenagenturen übernommen werden?	Das Kurzzeichen der Nachrichtenagentur, von der der Text kommt, wird in Klammern vor den Text gesetzt; z. B. (kna) für Katholische Nachrichtenagentur.

Was ist eine Reportage?

Damit wird ein persönlich gefärbter Bericht in journalistischer Form in einer Zeitung oder Zeitschrift bezeichnet. Reportagen beziehen sich auf die Beschreibung von Ereignissen, häufig von aktueller Bedeutung. Viele Reportagen werden mit Fotos illustriert (z. B. Reportage über ein Skigebiet zum Beginn der Wintersaison).

Welche Funktion hat ein Leitartikel für eine Tageszeitung?

Der Leitartikel ist ein zusammenfassender und bewertender Kommentar zu wichtigen Ereignissen des Tagesgeschehens. In der Regel bezieht er sich auf politische Themen. Er steht an hervorragender Stelle einer Zeitung, häufig auf der ersten Seite. Der Leitartikel spiegelt die politische Leitlinie der Zeitung wider.

Welche Bedeutung hat ein Aufmacher für eine Boulevardzeitung?

Die wichtigste Nachricht wird auf der ersten Seite der Zeitung, typografisch besonders auffällig gestaltet (z. B. mit übergroßen Buchstaben, in einer Buntfarbe) gedruckt. Er soll die Leselust wecken und damit zum spontanen Kaufentscheid beim Straßenverkauf (Boulevard) oder Kiosk beitragen.

Wann wird in Buchverlagen die Berufsbezeichnung eines Redakteurs verwendet?

Man spricht von Redakteuren (nicht von Lektoren) in Verlagen, die Sammelwerke editieren: Schulbuchverlage, Lexikonverlage, Wörterbuchverlage, Landkartenverlage usw. Die Hauptaufgabe ähnelt der des Redakteurs im Zeitungs- und Zeitschriftenverlag: Er sammelt und koordiniert die zahlreichen Beiträge bzw. Stichwörter.

Warum ist die Autorenpflege für einen Verlag wichtig?

Der Lektor ist bemüht, Autoren erfolgreicher Titel auch weiterhin an den Verlag zu binden, damit er die künftigen Werke ebenfalls verlegen darf. Ein Stamm guter Autoren ist das wertvollste Kapital eines Verlags. Dazu trägt nicht nur die korrekte Erfüllung aller vertraglichen Pflichten bei, sondern auch die Betreuung der Autoren während des Schreibens. Der Lektor wird daher mithelfen, Schwierigkeiten, die sich für den Autor beim Schreiben ergeben, zu überwinden (z. B. Vorschusszahlung zur Sicherung der Lebensunterhaltskosten, Unterstützung beim Suchen nach Fotos usw.), damit das Manuskript in guter Qualität

und zum vereinbarten Termin dem Verlag übergeben werden kann. Mit besonders wichtigen Autoren
können auch Optionsverträge für künftige Werke
abgeschlossen werden.

Welche Untersuchungen sind zur Feststellung notwendig, ob ein Verlag ein Manuskript veröffentlicht?

- Der Inhalt muss in das Verlagsprogramm passen.
- Es dürfen keine oder nur wenige Konkurrenzprodukte auf dem Markt sein.
- Es muss eine potenzielle Käuferschicht vorhanden sein.
- Es muss so produziert werden können, dass ein kostendeckender und marktgerechter Ladenpreis möglich ist.
- Der Verlag muss für die Veröffentlichung die notwendige personelle Kapazität im Lektorat, der Herstellung und im Vertrieb verfügbar haben.

Nach welchen Kriterien wird ein Lektor das Manuskript bearbeiten?

Orthografie/Grammatik – Stil – Sachliche Richtigkeit – Einheitlichkeit von Angaben (z. B. Maßeinheiten, Abkürzungen) – Eindeutschung ungewöhnlicher Fremdwörter u. ä. Außerdem muss er die Textauszeichnung und Bestimmung der Überschriftenhierarchie dem Hersteller deutlich machen.

Welche Voraussetzungen sollte ein Lektor in einem belletristischen Verlag für seine Arbeit mitbringen?

- Sicherheit im Umgang mit der deutschen Sprache.
- Urteilsvermögen über die literarische Qualität der Manuskripte.
- Er muss selbst Texte schreiben können (z. B. Klappentexte, Anzeigentexte, Gutachten).
- Er sollte wenigstens eine gängige Fremdsprache beherrschen.
- Er sollte über Grundkenntnisse der Kalkulation, der technischen Herstellung (z. B. Typografie), der Werbung und des Vertriebes verfügen.
- Er muss mit anderen Abteilungen des Verlages kooperativ zusammenarbeiten können.
- Er muss den Buchmarkt des von ihm betreuten Programms gut kennen.
- Er muss die Fähigkeit haben, mit oft schwierigen Autoren zusammenzuarbeiten.

Wo kann sich ein Lektor über sein Sachgebiet informieren?	Studium der Fachpresse – Fachliteratur – Besuch von einschlägigen Fachmessen und Kongressen – Kontakt mit führenden Fachleuten – Internet-Recherche usw.
Wer ist Herausgeber?	Sammelwerke wie Lexika, Festschriften, Anthologien und Zeitschriften werden von einem Herausgeber aus einzelnen Beiträgen nach einem bestimmten Ordnungsprinzip zusammengestellt. Der Herausgeber übernimmt in der Regel auch die redaktionellen Arbeiten. Daneben gibt es den Herausgeber einer Zeitung oder Zeitschrift.
Was verbirgt sich hinter dem Begriff Ghostwriter?	Als Ghostwriter wird ein Autor bezeichnet, der in der Regel gegen Entgelt für einen anderen schreibt, der sich als Autor ausgibt. Ghostwriter sind in der Memoiren-Literatur nicht selten.

2.3 Rechte und Lizenzen*

Warum gehen Autoren und Verleger zu beider Vorteil eine Geschäftsbeziehung ein?	• Aus wirtschaftlichen Interessen: Der Autor möchte Honorar und der Verleger Gewinn erzielen. • Aus ideellen Gründen: Der Autor möchte sich in der Öffentlichkeit profilieren, und der Verleger möchte sein Verlagsprogramm verwirklichen. Es kann Fälle geben, in denen der Autor auf ein Honorar zu verzichten bereit ist, nur um sein Buch verlegt zu bekommen, oder der Verleger ohne Aussicht auf Gewinn einen Titel verlegt, um mit dem Werk sein Verlagsprogramm abzurunden.

---

* Es empfiehlt sich, den „Normvertrag für den Abschluss von Verlagsverträgen" zur Beantwortung der Fragen heranzuziehen. Auch die einschlägigen Paragrafen des „Gesetzes über Urheberrecht und verwandte Schutzrechte" sollen aufmerksam gelesen werden. Zu erwartende Änderungen, die in diesem Buch noch nicht berücksichtigt werden können, sind aufmerksam zu beobachten.

Welche Rechte hat der Autor an seinem Werk?

Der Autor hat als Urheber das Persönlichkeitsrecht. Dazu zählen Veröffentlichungsrecht und Schutz vor Entstellung seines Werkes. Und er hat das Verwertungsrecht (Nutzungsrecht). Dazu zählen: Recht zur körperlichen Verwertung als Printwerk und unkörperlicher Verwertung auf elektronischen Medien.

Auf welche Weise kann ein Autor das Urheberrecht und die Nutzungsrechte übertragen?

Das Urheberrecht ist nach §§ 28, 29 UrhG nicht an den Verlag übertragbar, es ist nur vererbbar. Der Autor kann das Nutzungsrecht der Vervielfältigung und Verbreitung insgesamt oder einzeln, zeitlich begrenzt oder unbegrenzt an den Verlag übertragen. Die Festlegung wird in den meisten Fällen im Verlagsvertrag nach §§ 31– 44 UrhG geregelt.

Nutzungsrechte können in körperlicher und unkörperlicher Form ausgeübt werden. Was versteht man darunter?

Körperliche Form: Buch, CD, DVD u.ä.

Unkörperliche Form: Senderecht im Rundfunk, Fernsehaufzeichnung, Aufführungsrecht, Vertonung u.ä.

Darf ein Autor sein Werk in einem Selbstverlag auf den Markt bringen?

Findet ein Autor keinen Verleger, kann er auf eigene Kosten das Werk vervielfältigen und verbreiten. Er kann sich dafür auch eines Verlags bedienen, der die notwendigen Arbeiten auf Kosten des Autors ausführt und evtl. den Vertrieb übernimmt. Ein solcher Verlag wird Kommissionsverlag genannt. Häufig werden schwer verkäufliche Titel von wissenschaftlichen Gesellschaften, Forschungsstellen oder Akademien in einem Kommissionsverlag herausgegeben.

Welche wesentlichen Pflichten übernimmt der Verleger gegenüber dem Autor?

- Die kaufmännische Sorgfalt einer geordneten Verlagsführung, damit er die wirtschaftlichen Voraussetzungen für seine Verpflichtungen erhält (z.B. pünktliche Honorarzahlung, angemessene Werbung).
- Die vertragsgemäße Zahlung des Honorars.
- Den Schutz des Werkes (z.B. Verfolgung von Raubdrucken).
- Vervielfältigung in angemessener Auflagenhöhe.

• Verbreitung durch Werbung, Vertrieb, markt-
gerechtem Ladenpreis und zu branchenüblichen
Bedingungen.

Welche wesentlichen Pflichten hat der Autor gegenüber seinem Verleger?

• Er muss das Manuskript zum vereinbarten Termin
(ggf. einem vom Verlag festgesetzten Nachtermin)
dem Verlag in der vereinbarten Manuskriptform
(in der Regel auf einem elektronischen Datenträger) übergeben.
• Er hat die Pflicht zur Enthaltung, d. h. er darf mit
keinem anderen Verlag einen Vertrag über das
betreffende Werk abschließen.
• Er darf keine Rechte Dritter verletzen.
• Er muss kostenlos Korrektur lesen.
• Er muss bei Bedarf eine Neubearbeitung seines
Werkes vornehmen.

Das gilt auch für Übersetzer.

Was versteht man unter der Auflage eines Buches?

Die Gesamtauflage fasst alle Exemplare eines Titels
zusammen, die der Verlag nach der Vereinbarung des
Verlagsvertrags vervielfältigen und verbreiten darf.
In der Regel orientiert sich die Auflagenhöhe an
dem zu erwartenden Absatz. Nach dem Verkauf der
ersten Auflage können weitere Auflagen hergestellt
werden. In diesen werden Setzfehler ausgemerzt und
Verbesserungen in geringem Umfang eingearbeitet.
Werden umfangreiche Verbesserungen vorgenommen, so muss das auf dem Titelblatt oder im Impressum und im CIP vermerkt sein, z. B. 2., verbesserte
und erweiterte Auflage.

Warum kann ein Verleger einen Optionsvertrag mit einem Autor abschließen?

Der Verleger wird bemüht sein, mit einem erfolgreichen Autor auch für künftige Werke einen Vertrag
(Optionsvertrag) abzuschließen. Damit verpflichtet
sich der Autor, dem Verleger das noch zu schaffende
Werk nach Fertigstellung zur Nutzung anzubieten. Der
Verleger hat damit das Recht, nicht aber die Pflicht,
das Werk zu erwerben. Im § 40 UrhG wird dafür die
schriftliche Form vorgeschrieben. Beide Partner können diesen Vertrag nach Ablauf von 5 Jahren kündigen.

Wie kann ein Verlagsvertrag geschlossen werden?

Es gibt keine verbindlich vorgeschriebene Form. In der Regel wird er in schriftlicher Form abgeschlossen. Der Vertrag kommt rechtsgültig, auch durch die Manuskriptübergabe (stillschweigende Übereinkunft) oder durch mündliche Absprache zu Stande. In diesen Fällen allerdings ohne Regelung der Details (z. B. Honorierung, Nebenrechte usw.). Eine unverlangte Einsendung eines Buchmanuskripts oder eines Zeitungs- oder Zeitschriftenartikels begründet kein Vertragsverhältnis.

Was kann einen Autor dazu veranlassen, den Verlagsvertrag vorzeitig zu kündigen?

Grundsätzlich ist die Kündigung möglich, wenn der Verlag seine Vertragspflichten nicht erfüllt (z. B. kein Honorar zahlt oder mangelhaft wirbt). Ein weiterer Grund ist die gewandelte Überzeugung.

Warum kann der Autor wegen gewandelter Überzeugung vorzeitig vom Vertrag zurücktreten?

Nach § 42 UrhG kann der Autor den Verlagsvertrag vorzeitig lösen, wenn ihm die Veröffentlichung aus schwer wiegenden Gründen nicht mehr zuzumuten ist. Ändert zum Beispiel eine vom Autor nicht vorauszusehende neue wissenschaftliche Erkenntnis alle Aussagen seines Buchs, kann es zurückgezogen oder ggf. umgeschrieben werden. Gleiches kann auch für politische oder religiöse Überzeugungen gelten. Unter Umständen muss der Verleger vom Autor für die bisherigen Auslagen angemessen entschädigt werden.

Der Autor darf jedoch die ursprüngliche Überzeugung dann nicht mehr anderweitig verbreiten, z. B. in Publikationen anderer Verlage. Will er sein Werk nach Rückruf dennoch veröffentlichen, so ist er verpflichtet, dem früheren Verlag das Werk erneut anzubieten.

Wer legt den Titel eines Buches fest?

Der Titel wird in der Regel zwischen dem Verleger und dem Autor abgesprochen. Kommt keine Einigung zu Stande, entscheidet der Verleger, wenn es im Vertrag so vereinbart worden ist. Der Autor darf widersprechen, wenn sein Persönlichkeitsrecht verletzt wird, z. B. wenn ein ernsthaftes Buch eines bekannten honorigen Autors einen flapsigen Titel erhalten soll.

Was muss ein Verlag unternehmen, damit ein Buchtitel rechtzeitig vor dem Erscheinen geschützt ist?

Ein Titelschutz entsteht, wenn der Titel unter Berufung auf *§ 5 Markengesetz (MarkenG)* in einem buchhändlerischen Fachblatt wie *dem Börsenblatt für den Deutschen Buchhandel* öffentlich bekannt gemacht wird. Auch die öffentliche Bekanntgabe in Prospekten oder Verlagskatalogen erwirkt einen Titelschutz. Mit der Veröffentlichung des Werks selbst ist auch dessen Titel automatisch geschützt. Schützbar nach dem *MarkenG* sind nur so genannte starke Titel. Der Schutz endet mit der Titelnutzung.

Welche Bedeutung haben sogenannte starke und schwache Titel?

Es muss zwischen urheberrechtlich geschützten starken und urheberrechtlich nicht geschützten schwachen Titeln unterschieden werden. Starke Titel (z. B. *Tolkien: Der Herr der Ringe*) besitzen eine besondere individuelle Unterscheidungskraft gegenüber schwachen Titeln (z. B. *Der Verlagskaufmann*). Ein schwacher Titel kann zu einem wettbewerbsrechtlich geschützten starken Titel werden, wenn er sich auf dem Markt durchsetzt (z. B. *Hubert Blana: Die Herstellung*).

Wer legt die Ausstattung eines Druckwerks fest?

Die Ausstattung wie Umschlaggestaltung, Typografie, Einbandart usw. wird in der Regel vom Verlag festgelegt. Der Verlag richtet sich dabei nach den Anforderungen des Marktes. Es wird vorausgesetzt, dass der Verleger eine bessere Marktkenntnis hat als der Autor.

In welcher Form kann das Recht der Vervielfältigung vom Autor an den Verlag übertragen werden?

- *Auflagenbezogen*: für alle Auflagen oder nur für eine Auflage.
- *Sprachbezogen*: für alle Sprachen oder nur für eine Sprachengruppe (z. B. Deutsch).
- *Gebietsbezogen*: für alle Staaten, mehrere Staaten (z. B. Bundesrepublik Deutschland, Schweiz und Österreich) oder nur für einen Staat.
- *Zeitbezogen* (z. B. für drei Jahre).

Ist der Autor verpflichtet, dem Verleger mit dem Hauptrecht auch die Nebenrechte einzuräumen?

Dazu ist er nicht verpflichtet. Die Nebenrechte, die er übertragen möchte, müssen ausdrücklich im Verlagsvertrag genannt werden.

Für welche Exemplare erhält der Autor kein Honorar?

Für alle Exemplare, die der Werbung und der Rezension dienen, für Pflichtexemplare der Bibliotheken, Widmungsexemplare und Autorenfreistücke. In der Regel sind dafür 10 % der Auflage bei Neuerscheinungen und 5 % bei Nachdrucken vorgesehen.

Wie werden Übersetzer honoriert?

Übersetzern ist ein angemessenes Honorar zu zahlen. Nach einer Entscheidung des Bundesgerichtshofes sollen Übersetzer ab einer Auflage von 5.000 Exemplaren eine Beteiligung von 0,4 bis 0,8 % am Umsatz erhalten. Beim Verkauf der Nebenrechte an einen Fremdverlag, z. B. für eine Taschenbuchausgabe oder E-Book, soll der Verlag 50 % des Erlöses an den Übersetzer weiterreichen.

Was wird unter Freiexemplaren verstanden, die der Autor für sein Werk vom Verlag erhält?

Der Autor erhält für persönliche Zwecke einige Exemplare kostenlos. In der Regel sind es 5 bis 10 Exemplare pro Tausend-Auflage; Pflicht ist 1 Exemplar pro Tausend-Auflage. Diese Freiexemplare dürfen nicht verkauft werden.

Warum werden Sonderdrucke von Autoren gefertigt?

Nach § 25 *Gesetz über das Verlagsrecht* kann vereinbart werden, dass Autoren von Sammelwerken von ihren Beiträgen eine bestimmte Anzahl Drucke in einen Kartonumschlag eingebunden für persönliche Zwecke erhalten. Mit dieser Vereinbarung braucht der Verlag dem Autor keine kompletten, in der Regel teuren Bücher als Belegstücke zu überlassen.

Wem gehört das Manuskript?

Das Manuskript bleibt Eigentum des Autors. Der Verlag hat die Aufbewahrungspflicht. Nach dem Erscheinen muss der Verlag das Manuskript auf Wunsch des Autors zurückgeben. Manuskripte berühmter Autoren haben einen hohen Marktwert. Diese Regelung betrifft nicht die elektronischen Datenträger.

Was versteht man unter einem Zweitdruck?

Darunter wird ein unveränderter Nachdruck einer Auflage verstanden.

Ist es gerechtfertigt, dass der Verlag von den Erlösen aus dem Lizenzgeschäft in der Regel 50 % der Einnahmen erhält?

Der Verleger hat häufig hohe Aufwendungen, damit ein Lizenzvertrag zu Stande kommt (z. B. Dienstreisen, Messebesuch, Gutachtergebühr usw.). Außerdem treten Verwaltungskosten für die Lizenzbetreuung auf. Diese Aufwendungen werden mit den Einnahmen mitfinanziert.

Welche Formen des Pauschalhonorars werden von den Verlagen gezahlt?

- *Zeilenhonorar:* für Sammelwerke (z. B. für Nachschlagewerke)
- *Seitenhonorar* (z. B. für Übersetzungen)
- *Bogenhonorar:* für Zeitschriften, wobei ein Bogen 16 Seiten umfasst
- *Artikelhonorar:* für Zeitschriften oder für Sammelwerke

Worauf hat der Autor beim Lesen der Korrektur des gesetzten Textes zu achten?

Er muss sich auf die Abweichungen des gesetzten Textes vom Manuskript beschränken, also Setzfehler anzeichnen, die zu Lasten des Satzbetriebs gehen. Nachträgliche Änderungen gegenüber dem Manuskript sollen sich auf das unbedingt Notwendige beschränken (z. B. Berücksichtigung geänderter Fakten). Diese nachträglichen Änderungen sind Autorkorrekturen, die zu Lasten des Verlags gehen und dadurch die Herstellung verteuern. Häufig wird im Verlagsvertrag vereinbart, dass Autorkorrekturen, die 10 % des Satzpreises überschreiten, zu Lasten des Autors gehen.

Welches Recht wird dem Autor mit dem Verlagsvertrag bei der Verramschung seines Titels eingeräumt?

Der Autor hat das Recht, seine Bücher zum Ramschpreis zu kaufen. Dieses Übernahmerecht gilt nur für die Abnahme der gesamten Ramschmenge.

Welche Folgen kann das Verramschen für einen Verlag haben?

Für unverkäufliche oder schwer verkäufliche Werke wird der feste Ladenpreis aufgehoben, damit diese zu einem niedrigeren Ladenpreis auf dem Markt angeboten werden können. Dadurch soll das Lager geräumt werden. Diesen Ladenpreis kann der Buchhändler selbst festlegen. Häufig gehen diese Ramschexemplare an das so genannte „Moderne Antiquariat". Bei Ramschware handelt es sich also nicht um beschädigte oder fehlerhafte Ware. Der Autor ist vorher über die beabsichtigte Verramschung zu informieren.

Wann wird der Verleger einen Titel makulieren?

Makulieren heißt, alle sich auf Lager befindlichen Exemplare eines Titels werden körperlich vernichtet (z. B. der Altpapierverwertung zugeführt). Zu dieser Maßnahme kann sich ein Verleger entschließen, wenn auch über die Verramschung ein Absatz nicht mehr möglich ist. Es gibt auch die Form der Teilmakulierung, um zu hohe Lagerbestände zu reduzieren. Der Autor muss vorher informiert werden. Er hat das Recht, gegen Erstattung der Transportkosten, alle Exemplare auf Wunsch unentgeltlich vom Lager zu nehmen.

Wann gilt der Ladenpreis eines Buches als aufgehoben?

Die Aufhebung des gebundenen Ladenpreises wird in der gelben Beilage des Börsenblatts angezeigt. Dazu können Mitteilungen an die Hauptkunden kommen, die den Sammelrevers unterschrieben haben. Für Bücher mit sichtbaren äußeren Mängeln kann ein Preisnachlass vom Buchhändler ohne Absprache mit dem Verlag gewährt werden.

Warum ist ein Raubdruck für den Buchhandel besonders schädlich?

Ein Raubdruck ist die Ausgabe eines urheberrechtlich geschützten Werks, die ohne Genehmigung des Verlags bzw. des Autors hergestellt und vertrieben wird. Der Raubdrucker kann billiger produzieren. Das Produkt kann unter dem festen Ladenpreis verkauft werden, damit vermindert es den Absatz der regulären Ware. Als Raubdrucke werden ausschließlich nur Werke hergestellt, die bereits am Markt erfolgreich sind und sich daher ohne Werbung risikolos absetzen lassen.

Warum kann ein Raubdrucker seine Bücher billiger produzieren als ein Verlag?

Er zahlt kein Autorenhonorar und Honorare für Abbildungen, Zeichnungen usw. Er druckt in der Regel fotomechanisch und umgeht damit Satz- und Reprokosten. Er verwendet häufig auch minderwertiges Material. Außerdem fallen kaum Werbekosten an.

Was ist ein Plagiat?

Das Wort kommt aus dem Lateinischen und heißt wörtlich „Menschenraub". Darunter wird der Diebstahl geistigen Eigentums verstanden. Eine fremde Leistung wird als eigene geistige Schöpfung ausgegeben und widerrechtlich verwertet. Zum Plagiat zählt auch das Zitieren ohne Namen- und Quellenangabe.

Welche Werke sind urheberrechtlich nicht geschützt?

Nach § 5 UrhG zählen dazu Fahrpläne, Gesetze, Verordnungen, amtliche Erlasse und Bekanntmachungen – also Texte, die im Interesse der allgemeinen Kenntnisnahme veröffentlicht werden müssen. Auch unkommentierte Nachrichten sind nicht geschützt.

Sind Übersetzungen urheberrechtlich geschützt?

Übersetzungen sind nach § 3 UrhG als Bearbeitung wie selbstständige Werke geschützt. Sie stellen eine geistige Schöpfung des Übersetzers dar.

Hat ein Buchverlag Einfluss auf die Übersetzung, nachdem er einem Verlag die Lizenz dafür eingeräumt hat?

Der Lizenz nehmende Verlag verpflichtet sich, das Werk in der dem Original angemessenen Weise übersetzen zu lassen. Der Lizenz gebende Verlag kann für sich das Recht in Anspruch nehmen, die Übersetzung zu prüfen und ggf. zu beanstanden, wenn das vertraglich vereinbart wurde.

Wie muss der Übersetzer in dem von ihm übersetzten Druckwerk genannt werden?

Nach dem *Übersetzungsvertrag* ist der Verlag verpflichtet, den Übersetzer eines Werkes auch ohne dessen ausdrückliche Anweisung namentlich auf der Titelseite zu nennen. Auch in der Werbung muss der Übersetzer genannt werden.

Welche Werke gehören zu den urheberrechtlich geschützten Werken?

Schriftwerke einschließlich Übersetzungen und Bearbeitungen, Musikwerke, Werke der darstellenden Kunst (z.B. Choreografie eines Balletts), Werke der bildenden Kunst, Fotografien, technische wissenschaftliche Zeichnungen und Computerprogramme. Die Dauer des Schutzes richtet sich nach den einschlägigen gesetzlichen Bestimmungen.

Warum sind Computerprogramme urheberrechtlich geschützt?

Die Schutzanforderungen für ein Computerprogramm nach dem *Urheberrechtsgesetz (UrhG)* sind die gleichen wie bei den anderen urheberrechtlich geschützten Werken, insofern das Programm das

Ergebnis eigener geistiger Schöpfung des Programmierers sind. Jedes Übertragen oder Speichern eines Computerprogramms bedarf der Genehmigung des Rechtsinhabers. Unerlaubtes Kopieren (Raubkopie) ist strafbar und macht schadensersatzpflichtig.

Welche Eigenschaften müssen Schriftwerke haben, damit sie urheberrechtlich geschützt sind?

Nach § 2 UrhG sind nur Werke schützbar, die eine persönliche geistige Schöpfung darstellen. Dazu ist Voraussetzung eine individuelle Form und ein individueller Inhalt. Außerdem muss es sich um ein in sich abgeschlossenes Werk handeln.

Wer ist Autor?

Nach § 7 UrhG ist der Urheber, wie der Autor auch genannt wird, der Schöpfer eines Werkes. Im engeren Sinne ist der Autor Verfasser von Texten für Bücher, Zeitschriften und Zeitungen. Im weiteren Sinne werden Fotografen und Illustratoren als Bildautoren und Komponisten von Musikwerken als Musikautoren bezeichnet.

Welche Personengruppe bezeichnet man als Miturheber?

Haben mehrere Personen gemeinsam ein Werk geschaffen, ohne dass sich ihre Anteile aufgliedern lassen, sind sie Miturheber nach § 8 UrhG.

Ist ein Sammelwerk urheberrechtlich geschützt?

Nach § 4 UrhG sind Sammelwerke von urheberrechtlich geschützten Einzelbeiträgen geschützt. Vorauszusetzen ist, dass die Anordnung der Beiträge im Buch eine geistige Schöpfung des Herausgebers darstellt.

Was kann einen Verlag dazu veranlassen, eine bekannte Persönlichkeit als Herausgeber für eine Buchreihe zu berufen?

Als Herausgeber plant er im Auftrag des Verlegers den Aufbau und die Terminierung und sucht geeignete Autoren. Er koordiniert die redaktionellen Arbeiten. Häufig schreibt er eine Einführung und beeinflusst die Werbung. Mit seinem Namen gibt er dem Gesamtwerk Profil. Er ist vom Herausgeber einer Zeitschrift oder Zeitung zu unterscheiden.

Was wird unter anonym und pseudonym verstanden?

Beide Begriffe kommen aus dem Griechischen. Anonym heißt wörtlich „ohne Namen": Statt eines Namens werden Kürzel verwendet (z.B. N.N.). Pseudonym heißt wörtlich „mit falschem Namen": Statt des bürgerlichen Namens werden Künstlernamen verwendet (z. B. schrieb Hans Bötticher unter dem Künstlernamen Joachim Ringelnatz).

Wie lange sind pseudonyme Werke geschützt?

Sie genießen denselben Rechtsschutz wie die namentlich bekannten Autoren, wenn der Name in der Urheberrolle eingetragen ist. Lässt sich der bürgerliche Name nicht ermitteln, beginnt die Schutzfrist nach Abschluss des Jahres der Erstveröffentlichung.

Wie kann das Verlagsrecht definiert werden?

Es regelt das Verhältnis zwischen dem Urheber und dem Verleger. Im Verlagsvertrag findet es seine schriftliche Form.

Welche Vorteile kann eine Koproduktion dem Verlag bieten?

Die Koproduktion ist eine besondere Form der Lizenzvergabe. Im Planungsstadium eines Werkes werden in- und ausländische Verlagspartner gesucht, um gemeinsam zu produzieren (z. B um Repro- und Druckkosten zu senken). Beispielsweise werden aufwändige Bildbände von mehreren Partnern zusammen herausgegeben und hergestellt: Der teure Druck des Bildteils wird für alle Partner ausgeführt, die Texte werden separat in den einzelnen Landessprachen eingedruckt.

Kann das bisherige Produktionsprogramm eines Buchverlages Vorteile für die Arbeit an einem neuen Titel bringen?

Es können bereits vorliegende Erfahrungen genutzt werden: Zusammenarbeit mit einem Buchgestalter, Verbindung mit einer Druckerei, Nutzung von Vertriebswegen, Erfahrungen aus Werbeaktionen usw. Immer häufiger werden deshalb Bücher in der Ausstattung genormt, um Kosten zu sparen. Das gilt besonders für Taschenbücher.

Was bedeutet es, wenn ein Buch in einem Kommissionsverlag veröffentlicht wird?

Der Kommissionsverlag verlegt, bewirbt und vertreibt das Buch im eigenen Namen, das auf Kosten eines Auftraggebers, meist eines Autors, hergestellt wurde. Die Bücher bleiben bis zum Verkauf Eigentum des Auftraggebers, der damit auch das finanzielle Risiko trägt. Der Kommissionsverlag bekommt für seine Arbeit einen Anteil am Umsatz, mit dem er seine Aufwendungen finanziert oder lässt sich die

Herstellungskosten bezahlen. Ein Kommissionsvertrag kann auch mit Verbänden, Kommunen oder wissenschaftlichen Vereinigungen geschlossen werden.

Für welche Verlagsprodukte können mit Erfolg Sponsoren gewonnen werden?

Bei gesponserten Produkten wird der Name des Sponsors deutlich sichtbar auf der ersten Umschlagseite gedruckt. Damit sich die Zielgruppe den Namen einprägt, werden vor allem Reihenwerke gesponsert, die eine große, fest umrissene Zielgruppe erreichen, z. B. Baedekers Allianz-Reiseführer oder die HB-Bildatlanten. Diese Produkte können deshalb zu einem günstigen Ladenpreis angeboten werden.

Kann das Urheberrecht übertragen werden?

Nach § 28 UrhG kann dieses vererbt werden. Man unterscheidet zwischen der Übertragung des Urheberrechts (Grundrecht) und der Einräumung des Nutzungsrechts (Nebenrechte).

Kann das Recht am geistigen Eigentum übertragen werden?

Dieses Recht ist nicht übertragbar. Das geistige Eigentum bleibt untrennbar mit dem Urheber für alle Zeiten verbunden. Der Titel *Die Herstellung* wird immer ein Werk des Autors *Hubert Blana* bleiben, auch wenn die Nutzungsrechte erloschen sind.

Was versteht man unter der Enthaltungspflicht des Autors?

Ein Autor darf sein Werk während der Dauer eines Vertragsverhältnisses keinem anderen Verlag zur Nutzung überlassen.

Welche Maßnahmen gehören zum angemessenen Verbreiten eines Druckwerks?

Dazu gehören alle Werbemaßnahmen, ein marktgerechter Ladenpreis, eine verkaufsfördernde Rabattpolitik, ein marktgerechter Erscheinungstermin, eine angemessene Ausstattung sowie ein gut ausgebautes und funktionierendes Vertriebsnetz.

Darf ein Redakteur Änderungen am Manuskript vornehmen?

Grundsätzlich dürfen Änderungen am Manuskript nur mit dem Einverständnis des Autors vorgenommen werden. Eine Sonderregelung wird für Beiträge in Zeitungen und Zeitschriften dem Redakteur zugestanden. Er darf auch namentlich gekennzeichnete Beiträge nach den Bedürfnissen der Publikationen abändern, ohne jedoch die Grundaussage zu verfälschen. Bei umfangreichen Eingriffen sollte der Autor informiert werden.

Darf eine urheberrechtlich geschützte Fotografie in einer anderen Größe in einem Buch abgebildet werden?

Nach § 62 (3) UrhG ist eine Übertragung in eine andere Größe zulässig. Inhaltliche Veränderungen wie Ausschnitte und Retuschen bedürfen der Einwilligung des Rechtsinhabers.

Welche Artikel aus Zeitungen oder Zeitschriften dürfen ohne Genehmigung von Dritten nachgedruckt werden?

Stellen Artikel eine eigene geistige Schöpfung im Sinne des Gesetzes dar, dürfen sie nicht ohne Genehmigung, auch nicht auszugsweise, nachgedruckt werden. Agenturmeldungen sind hingegen nicht geschützt. Es gibt Publikationen, die ausdrücklich darauf hinweisen, dass ein Nachdruck gewünscht ist (z. B. meinungsbildende Artikel eines Verbands, um eine weit gestreute Öffentlichkeit zu erreichen). Ein solcher Nachdruck verpflichtet zur Quellenangabe.

Welche Auswirkung hat eine Verlagslizenz?

Eine Verlagslizenz liegt vor, wenn ein Verlag von einem anderen Verlag das Recht erhält, ein bestimmtes Werk zu veröffentlichen. Das Verlagsrecht bleibt in diesem Falle beim Lizenzgeber. Eine Lizenz liegt beispielsweise vor, wenn ein Zeitungsverleger das Recht von einem Buchverlag erhält, einen Roman als Fortsetzungsroman zu veröffentlichen.

Wodurch unterscheidet sich das Stückhonorar vom Pauschalhonorar?

Beim *Stückhonorar (Absatzhonorar)* erhält der Autor für jedes verkaufte Exemplar einen vertraglich festgelegten Prozentsatz des Verkaufspreises als Honorar. Es bleibt der vertraglichen Vereinbarung überlassen, ob sich der Prozentsatz vom Ladenpreis, vom Nettopreis oder von anderen Berechnungsgrundlagen errechnet.

Beim *Pauschalhonorar* wird unabhängig von der Auflage eine vertraglich vereinbarte Summe mit dem Erscheinen des Werkes gezahlt. Wird eine bestimmte Absatzzahl überschritten (beispielsweise, wenn der Titel zum Bestseller wird), erhält der Autor für die weiteren Exemplare Absatzhonorar.

Wie wird die Miturheberschaft honoriert?

Falls vertraglich nicht anders vereinbart, erhalten die einzelnen Miturheber Honoraranteile nach dem Umfang ihrer Mitwirkung am Gesamtwerk.

Unter welchen Voraussetzungen wird sich der Autor für das Absatz- oder für das Pauschalhonorar entscheiden?

Er wird das Absatzhonorar wählen, wenn er der Überzeugung ist, dass sein Werk gut verkäuflich ist. Er wird das Pauschalhonorar wählen, wenn er die Vermutung hat, dass sein Werk nur schwer verkäuflich sein wird. Bei hoch spezialisierten Titeln für einen begrenzten Interessentenkreis wird in der Regel das Pauschalhonorar vereinbart.

Welchen Vorteil kann ein Garantiehonorar für den Autor haben?

Der Autor erhält vorab einen Honorarvorschuss, der später mit dem Absatzhonorar verrechnet werden kann. Die Pauschale erhält er aber auch bei schlechtem Verkauf „garantiert", daher der Name.

Beispiel:
Garantiertes Honorar 2.500 Euro, Absatzhonorar 10 % vom Ladenpreis von 25 Euro abzüglich 7 % Mehrwertsteuer.

$$\frac{25 \times 10 \times X}{107} = 2.500$$

$$X = \frac{2.500 \times 107}{25 \times 10}$$

$$X = 1.070$$

Beim Verkauf von 1.070 Exemplaren decken sich das Garantiehonorar und das Absatzhonorar.

Welches Recht überträgt der fest angestellte Redakteur seinem Arbeitgeber?

Er überträgt alle Nutzungsrechte seiner Artikel auf seinen Arbeitgeber. Er bezieht dafür Gehalt.

Wie viele Fotokopien dürfen für private Zwecke honorarfrei angefertigt werden?

Es dürfen Kopien von urheberrechtlich geschützten Vorlagen nur im gebotenen Umfang, allenfalls bis zu 7 Exemplaren von Teilen eines Buchs, angefertigt werden. Die Voraussetzung für dieses Recht ist, dass die Fotokopien nur zum privaten Gebrauch oder Archivzwecke hergestellt werden. Diese Kopien dürfen nicht verbreitet werden.

Dürfen Fotokopien ohne Honorar für Unterrichtszwecke von einem Lehrer hergestellt werden?

Von urheberrechtlich geschützten Vorlagen dürfen Fotokopien für den Schulunterricht in Klassenstärke honorarfrei hergestellt werden. Das gilt jedoch nur für kleine Teile eines Buchs oder einer Zeitschrift (z. B. Kopie eines Gedichts aus einem Gedichtband), ausgenommen, wenn ein Werk seit mindestens zwei Jahren vergriffen ist. Diese Regelung gilt nicht für gewerbliche Einrichtungen der Aus- und Weiterbildung (z. B. kommerziell arbeitende Sprachschulen und Volkshochschulen).

Welchen Zweck verfolgt nach dem UrhG ein Zitat?

Das Zitat darf nur zur Erläuterung bzw. Ergänzung für die eigenen Ausführungen dienen, d.h. zur zustimmenden Unterstützung oder zur Kritik.

Was wird nach dem UrhG unter Groß- und Kleinzitaten verstanden?

Großzitate: Wiedergabe von längeren Passagen aus bereits veröffentlichten Titeln, hauptsächlich in wissenschaftlichen Werken. Zur Quellenangabe (Autor, Titel des Druckwerks, Seitenangabe und Erscheinungsjahr) muss der Verlagsname gesetzt werden.

Kleinzitate: Wiedergabe von einzelnen Wörtern oder Sätzen. Der Verlagsname kann entfallen.

Worauf muss ein Lektor bei der Überprüfung von Zitaten achten?

- Das Zitat muss als solches zweifelsfrei erkennbar sein (z. B. Markierung durch An- und Abführungsstriche).
- Das Zitat darf nicht verändert werden bzw. Änderungen müssen deutlich kenntlich gemacht werden (z. B. durch eckige Klammern).
- Es muss die Quellenangabe nach § 63 UrhG dazugestellt werden.
- Es darf nur aus bereits veröffentlichten Werken oder Reden zitiert werden.

Diese Regeln gelten auch für Werke, deren Schutzfrist erloschen ist.

Welche Bedeutung hat das ausschließliche Nutzungsrecht für einen Verlag?

Nach § 31 UrhG kann der Urheber nur einem Verlag alle Nutzungsrechte übertragen. Es berechtigt den Verlag, diese zu verwerten (z. B. durch Lizenzvergabe an einen Taschenbuchverlag). Jeder Verlag ist bestrebt, vor allem für Erfolg versprechende Titel das ausschließliche Nutzungsrecht zu erhalten.

Was versteht man unter Lizenzvergabe und wie erfolgt die Honorierung?

Lizenzen sind Nebenrechte; dazu gehören beispielsweise Übersetzungen, Buchgemeinschaftsausgaben, Sonderausgaben, Taschenbuchausgaben, Presseabdrucke (z. B. als Fortsetzungsroman in einer Zeitung). In der Regel teilen sich der Verlag und der Autor das Honorar zur Hälfte.

Welche Bedeutung hat die Sozialbindung des Urheberrechts?

Auch das geistige Eigentum unterliegt der Sozialbindung mit Rücksicht auf das Wohl der Allgemeinheit. Die wesentlichen Vorschriften sind:

- Vervielfältigung (Fotokopien) zum persönlichen Gebrauch.
- Entlehnen für andere Werke (Zitate).
- Informationsfreiheit zur raschen und gründlichen Unterrichtung der Öffentlichkeit (Wiedergabe von öffentlichen Reden, Veröffentlichung von Bekanntmachungen, Verwendung für den Schulunterricht usw.).
- Zeitliche Begrenzung des Nutzungsrechts (70 Jahre nach dem Tod des Urhebers).

Inwieweit darf ein Originalwerk bearbeitet werden?

Die Bearbeitung lässt im Wesentlichen die individuelle Eigenart des Originals unangetastet. Jede Bearbeitung muss vom Autor genehmigt sein. Beispielsweise bleiben in der Übersetzung der Inhalt, der Aufbau und die Form gleich, es ändert sich nur die Sprache.

Welche Bedeutung hat die freie Nutzung für den Autor?

Nach § 24 UrhG darf ein Werk, das mit der freien Benutzung anderer Werke geschaffen worden ist, ohne Zustimmung der Urheber der benutzten Werke veröffentlicht werden. Das gilt nicht für ein Musikwerk, aus dem eine Melodie erkennbar in ein neues Werk übernommen wird.

Wie lange ist das Werk eines Autors in der Bundesrepublik Deutschland urheberrechtlich geschützt?

Es ist bis 70 Jahre nach dem Tod des Urhebers geschützt, beginnend mit dem 1. Januar des auf das Todesjahr folgenden Jahres. Bei einer Autorengemeinschaft dauert der Schutz bis 70 Jahre nach Beendigung des Todesjahres des Längstlebenden.

Was bezweckt die Verordnung der Urheberrolle?

Verfasser von anonymen Werken oder Autoren, die unter einem Pseudonym veröffentlichen, können ihren bürgerlichen Namen in die Urheberrolle eintragen lassen. Diese wird im Patentamt in München geführt.

Was ist für die Veröffentlichung von Fotografien zu beachten?

Es wird zwischen zwei Schutzfristen unterschieden:

Lichtbilder: einfache Fotos oder Fotos mit dokumentarischem Wert (z. B. Fotos von der Fußballweltmeisterschaft 1954 in Bern) 50 Jahre nach der ersten Veröffentlichung oder, falls es nicht veröffentlicht wurde, nach der Herstellung.

Lichtbildwerke: (z. B. ein künstlerisches Porträtfoto von Konrad Adenauer) 70 Jahre nach dem Tode des Fotografen.

Die Fristen beginnen nach Ablauf des Kalenderjahrs. Die Abgrenzung ist in der Praxis nicht immer leicht.

Welches grundsätzliche Recht regeln die Welturheberrechtsabkommen (WUA) und die Berner Übereinkunft (BÜ)?

Das Werk eines ausländischen Autors genießt denselben Schutz wie das Werk eines Autors aus dem eigenen Land (Prinzip der Inländerbehandlung).

Wodurch unterscheiden sich das WUA und die BÜ?

WUA: Nach dem Welturheberrechtsabkommen beträgt die Mindestschutzfrist 25 Jahre nach dem Tod des Autors. Für die USA ist der Schutz an die Formvorschrift des Copyrights gebunden.

BÜ: Nach der Berner Übereinkunft beträgt die Mindestschutzfrist 50 Jahre nach dem Tod des Autors.

Der Schutz ist an keine Förmlichkeit gebunden.

Was versteht man unter der Vergabe eines einfachen Nutzungsrechts?

Ein Verlag erhält vom Autor nur ein Nutzungsrecht (z. B. das Recht der Buchveröffentlichung). Die anderen Nutzungsrechte können anderen Verlagen oder Unternehmen übertragen werden (z. B. das Recht zur Verfilmung an eine Filmgesellschaft).

Welche urheberrechtlichen Vorzüge räumt die BÜ den Entwicklungsländern ein?

Falls kein Lizenzvertrag mit einem Verlag eines Entwicklungslandes zu Stande kommt, können geschützte Werke, die dem Unterricht und der Forschung dienen, als Zwangslizenz veröffentlicht werden. Für diese muss jedoch ein angemessenes Honorar gezahlt werden. Der Vertrieb ist nur im eigenen Lande erlaubt. Es gibt eine Aufstellung, welche Länder als Entwicklungsländer gelten.

Was versteht man unter der Breite und Tiefe eines Verlagsprogramms?

Die Breite ist gekennzeichnet durch eine Vielzahl von Titeln, die zum gleichen Themenbereich gehören (z. B. Kommentare zum BGB, HGB, UrhG). Die Tiefe ist gekennzeichnet durch eine inhaltliche Abstufung einzelner Themenbereiche (z. B. BGB-Gesetzestext, BGB-Kommentar, BGB-Gerichtsurteile). Breite und Tiefe bestimmen auch den ökonomischen Wert eines Verlagsprogramms und geben dem Verlag sein Profil.

Was zwingt Buchverlage, den EAN-Strichcode auf die Umschläge ihrer Erzeugnisse zu drucken?

Der 13-stellige EAN-Strichcode (European Article Number) in Balkenform erlaubt dem Buchhändler beim Eingeben in eine scannerlesbare Ladenkasse die schnelle artikelspezifische Erfassung und den Ausdruck auf dem Kassenzettel von Titel, Titelgruppe und Ladenpreis. Außerdem ist damit eine ständige Kontrolle über die Umsatzbewegung möglich, um das Einkaufsverhalten optimal zu steuern. Wichtig ist, dass beim Druck Farben verwendet werden, die ein fehlerfreies Erkennen ermöglichen.

Was bedeutet das © im Copyright-Vermerk?

Nach dem © stehen der Inhaber des Copyrights (z. B. Verlag oder Autor), der Ort und das Jahr der Erstveröffentlichung. Er wird in das Impressum eingesetzt. Praktische Bedeutung hat er nur für den Urheberrechtsschutz in den USA. In der Verlagspraxis wird damit zum Ausdruck gebracht, bei wem die Nutzungsrechte liegen.

Welche Angaben stehen im Impressum eines Buches?

Das Impressum enthält die für den Schutz eines Werks notwendigen Formulierungen (z. B. den Copyright-Vermerk), die Auflagenbezeichnung, den Namen des Verlags mit dem Erscheinungsort und dem Erscheinungsjahr sowie die ISBN. Es können Angaben zum Setzer, Drucker und Buchbinder sowie Angaben zum Umschlag-Designer oder Grafiker der Abbildungen hinzugefügt werden. Manche Verlage nennen die verwendete Schriftart und Schriftgröße und geben die Papierqualität an. Es sind die Vorschriften der Landespressegesetze zu berücksichtigen. Zum Impressum werden die CIP-Angaben gestellt.

Beispiel:

Die Deutsche Bibliothek – CIP-Einheitsaufnahme

Ein Titeldatensatz für diese Publikation ist bei Der Deutschen Bibliothek erhältlich.

Das Werk und seine Teile sind urheberrechtlich geschützt. Jede Verwertung in anderen als den gesetzlich zugelassenen Fällen bedarf deshalb der vorherigen schriftlichen Einwilligung des Verlages.

Der vorliegende Titel erscheint im Lexika Verlag in der Robert Krick Verlag GmbH + Co. KG, Eibelstadt.

© 2010 Robert Krick Verlag GmbH + Co. KG
Druck: Schleunungdruck, Marktheidenfeld
Printed in Germany
ISBN 978-3-89694-448-1

2.4 Bibliografie

Welche Bedeutung kann die Deutsche Nationalbibliografie für das Lektorat haben?

Der wöchentlich erscheinende Neuerscheinungsdienst basiert auf den Meldungen der Verlage an das *Verzeichnis lieferbarer Bücher (VLB)* und wird als Informationsdienst gegen Gebühr angeboten. Sie erlaubt mit der CD-ROM-Ausgabe schnelle Recherchen über alle erschienenen Bücher, Zeitschriften einschließlich der Übersetzungen deutschsprachiger Werke und fremdsprachiger Werke, die in Deutschland verlegt werden. Sie bietet somit einen Überblick über den gesamten Bereich, in dem ein Verlag wirkt. Das kann verlegerische Entscheidungen beeinflussen.

Welche Bedeutung hat das Verzeichnis Lieferbarer Bücher?

Das VLB auf CD-ROM oder als Online-Datenbank ist für den vertreibenden Buchhandel und die Bibliotheken ein wichtiges Nachschlagewerk über alle deutschsprachigen Bücher in Deutschland, Österreich und der Schweiz. Es wird von der BuchhändlerVereinigung GmbH in Frankfurt am Main herausgegeben. Das nach Autoren/Titeln/Stichwörtern geordnete Verzeichnis wird durch ein Schlagwortregister und ein Verzeichnis nach ISBN ergänzt. Daneben gibt es das Verzeichnis lieferbarer Schulbücher (VLS). Die vollständige Übersicht über Novitäten bietet die Deutsche Nationalbibliographie Reihe N.

Welche Auskunft gibt die ISSN?

Die *Internationale Standardserien-Nummer* ist eine Identifikationsnummer für periodisch erscheinende Druckerzeugnisse. Vergeben wird sie von der Deutschen Nationalbibliothek in Frankfurt am Main. Sie besteht aus zwei Gruppen zu je vier Stellen. Sie gibt aber keine Auskunft über den Verlag oder die sprachliche Herkunft.

Welche Produkte bekommen eine ISBN?

Bücher – Landkarten – CD-ROM – DVD

Hat die ISBN Vorteile für den Verlag?

Sie ermöglicht eine zweifelsfreie Identifikation der Edition für die Lagerhaltung, Titelrecherche und für den Bestellvorgang.

**Wie baut sich
die ISBN auf?**

Die *Internationale Standardbuch-Nummer* besteht aus 13 Ziffern in 5 Teilen, die durch Bindestriche oder Lücken getrennt sind.

Zum Beispiel:

ISBN: 978-3-89694-446-7
für „ABC des Buchhandels" im Lexika-Verlag

978	Buchprodukt, vergeben von EAN International
3	Sprachgruppe für den deutschsprachigen Raum
89694	Verlagsnummer, vergeben von der Internationalen ISBN-Agentur
446	Titelnummer, vom Verlag vergeben
7	Prüfziffer, die sich mit einem Verfahren aus den vorangegangenen Ziffern errechnet.

3 Das Vertriebswesen

3.1 Vertrieb von Zeitungen und Zeitschriften

Wie ist ein Lesezirkel organisiert?

Lesezirkel sind selbstständige Unternehmen, die von Zeitschriftenverlagen Teilauflagen zu günstigen Konditionen beziehen. Grundsätzlich wird von einem Lesezirkel die Mehrfachnutzung der Zeitschriften angeboten. Titel verschiedener Zeitschriftenverlage werden nach Kundenwünschen in Mappen mit Werbeaufdrucken zusammengestellt und an die Kunden vermietet. Die Gebühr ist für die aktuelle Erstmappe am höchsten und ermäßigt sich bei jedem weiteren Leihverkehr (abnehmender Nutzen aktueller Anzeigen); sie hängt aber auch von Qualität und Quantität ab. Die Mappen werden vor allem in den Wartezimmern der Ärzte und bei Friseuren ausgelegt, aber zunehmend auch an private Haushalte vergeben.

Warum können Zeitschriftenverlage trotz negativer Verkaufserlöse an Lesezirkeln interessiert sein?

Durch die organisierte Mehrfachnutzung der Mappen – die Verleihfrequenz liegt bei ca. 3,5 – erreicht man einen hohen LpN-Wert (Leser pro Nummer) und erzielt damit eine größere Reichweite. Zwar ist der Vertriebserlös nicht kostendeckend, ein Ausgleich erfolgt jedoch über erhöhte Anzeigenerlöse.

Nach welchen organisatorischen und ökonomischen Aspekten wickelt der Verlag einer Publikumszeitschrift den Vertrieb ab?

1. *Vertrieb über den Pressegrosso:* Ein Grossounternehmen kann den Einzelnummernvertrieb an die Einzelverkaufsstellen zuverlässig, rationell und damit kostengünstig ausführen. Es übernimmt auch die Remissionsabwicklung.

2. *Das Abonnentengeschäft:* Der Absatz kann zuverlässig kalkuliert werden, weil keine Remissionen anfallen.

Wie wird die Pressefreiheit durch die Verbreitungsfreiheit vom Pressegrossisten gewahrt?

Er ist durch rechtliche Bestimmungen und organisatorische Auflagen gebunden, in seinem Vertriebsgebiet

- alle Titel zu führen (Bezugspflicht) und
- alle Kunden zu beliefern (Belieferungsanspruch).

Der Grossist stellt für die Einzelverkäufer ein Sortiment individuell zusammen. Dieses Sortiment soll dem Einzelhändler hohe Verkaufschancen bieten, die Remissionen gering halten und neuen Titeln Einführungschancen auf dem Markt bieten. Eine Zusammenstellung nach den Wünschen des Einzelhandels nach Gründen der Rentabilität (z.B. nur gängige Zeitschriften) oder nach der Weltanschauung (z.B. nur katholische Zeitschriften) ist daher nicht zulässig.

Was wird durch das Dispositionsrecht geregelt?

Unter dem Dispositionsrecht versteht man das Recht der Zeitungs- und Zeitschriftenverleger, die Bezugsmenge seiner Editionen gegenüber dem Grossisten zu bestimmen. Der Verleger trägt für die richtige Mengenzahl das unternehmerische Risiko. Diesem Dispositionsrecht steht das „Remissionsrecht" der Einzelhändler bzw. der Grossisten gegenüber, nicht verkaufte Exemplare gegen Gutschrift zurückzugeben.

Welchen Vorteil hat das Alleinauslieferungsrecht für den Verlag?

Für ein genau festgelegtes Vertriebsgebiet wird einem Pressegrosso-Unternehmen vom Verlag der Vertrieb seiner Zeitung bzw. Zeitschrift exklusiv übertragen (Gebietsmonopol). Weil das Unternehmen für dieses Gebiet den Markt genau kennt und somit die Zahl der zu liefernden Exemplare steuern kann, verringert sich das Remissions-Risiko. In Folge der dadurch entstehenden höheren Auflagensicherung können Druckkosten minimiert werden, wodurch insgesamt ein Rationalisierungseffekt für die Finanzierung erreicht wird.

Unter welchen Voraussetzungen kann die Belieferung eines Einzelhändlers vom Pressegrossisten abgelehnt werden?

Die Belieferung kann abgelehnt werden, wenn der Einzelhändler nicht die für den Verkauf notwendigen Voraussetzungen erfüllt. Gründe dafür können sein:

- Der Einzelhändler macht einen zu geringen Umsatz mit Presseerzeugnissen (z. B. Lebensmittelhändler).
- Seine Geschäftstätigkeit ist nicht dazu geeignet, Zeitungen und Zeitschriften zu vertreiben (z. B. Drogerie).

Mit Probelieferungen kann geprüft werden, ob sich eine Belieferung lohnt.

Darf eine Kioskverkaufsstelle eine vom Grossisten gelieferte, ihm nicht genehme Zeitung zurückweisen?

Weil der Grossist nach marktüblichen Vorgaben die Sortimentsgestaltung vornimmt, darf er das nicht.

Warum ist ein Gebietsschutz für den Grossisten notwendig?

Eine abzuschätzende Umsatzgröße durch ein ungefährdetes Absatzgebiet erlaubt dem Grossisten, seine Dispositionsaufgabe erfolgreich wahrzunehmen. Das ist auch für die Verkaufspolitik eines Verlags von Vorteil. Außerdem lassen sich dadurch Remissionen reduzieren.

Welche Folgen hat das Gebietsmonopol für den Pressegrossisten?

Nach § 16 GWB hat der Grossist die Ersttags-Belieferungspflicht, d. h. jeder Verlag hat mit seinen Titeln Zugang und jeder Kunde bekommt den gleichen Rabatt.

Welchen Zweck verfolgt die Verwendungsbindung im Pressevertrieb?

Weil die Absatzwege Bahnhofsbuchhandel (BaBu), Lesezirkel (LZ) und Werbender Buch- und Zeitschriftenhandel (WBZ) zu Sonderkonditionen („Funktionsrabatt" als Ausdruck unterschiedlicher Bewertung der Absatzwege) beliefert werden, ist es nicht erlaubt, aus diesen Lieferungen Exemplare im normalen Einzelverkauf am Kiosk einzusetzen.

Welche Programmbereiche können Pressevertriebsgesellschaften neben Presseerzeugnissen noch führen?

Sie können Taschenbücher, Comics, einfache Trivialliteratur (sog. „Romanhefte") u.ä. anbieten.

Ist ein Zeitungsverlag berechtigt, einen Einzelhändler direkt unter Umgehung des Pressegrosso zu beliefern?

Er ist grundsätzlich dazu berechtigt, einen Einzelhändler direkt zu beliefern. Aber nach § 26, Abschnitt 2, des Kartellgesetzes muss er dann auch alle anderen Einzelhändler beliefern, wenn diese es wünschen. Allerdings würden die Einzelhändler dadurch alle Vorteile verlieren, die ihnen das Pressegrosso bietet.

Wie kommt ein Abonnement zu Stande?

Ein Abonnement ist ein Auftrag zur fortgesetzten Lieferung jeder Ausgabe einer Zeitung oder Zeitschrift. Der Kunde gibt dem Verlag seine Bestellung auf einer Bestellkarte an. Der Verlag gibt dem Kunden eine Auftragsbestätigung. In der Regel ist ein Abonnement bis zur Kündigung zeitlich unbefristet.

Welche Angebotsformen für die Gewinnung von neuen Abonnenten können für einen Zeitungs- oder Zeitschriftenverlag erfolgreich sein?

- Werbung zum Abschluss eines Abo-Vertrags für einen bestimmten Zeitraum (z.B. 1 Jahr) ggf. mit automatischer Vertragsverlängerung, falls keine Kündigung erfolgt.
- Geschenkabonnement, bei der ein Schenker für einen Beschenkten ein Abo für eine bestimmte Zeit abschließt und die Möglichkeit besteht, dass der Empfänger ein weiterführendes Abo abschließt.
- Testabo für einen kurzen Zeitraum, häufig gekoppelt mit günstigem Rabatt und sonstigen Zugaben.
- Prämienabo, bei der ein Leser gegen Prämie einen neuen Abonnenten vermittelt (LwL = Leser werben Leser).

Welche rechtlichen Folgen hat eine Negativ-Option für den Zeitungsverlag?

Die Vertriebsabteilung sendet einem potenziellen Kunden unaufgefordert und kostenlos in einem bestimmten Zeitraum (z.B. 14 Tage) Ausgaben einer Zeitung mit dem Hinweis, dem Verlag vor dem Ablauf der Frist eine Mitteilung zu geben, falls er an einem Abonnement nicht interessiert ist. Die Zusendung nicht bestellter Ware ist nach UWG nicht erlaubt. Es kommt daher kein Abonnementsvertrag über „stillschweigende Annahme" zu Stande, wenn der Kunde die vom Verlag geforderte Mitteilung nicht gibt.

Welchen Wert drücken Druckauflage, Verkaufsauflage und verbreitete Auflage aus?

1. *Druckauflage:* Sie bezeichnet die Gesamtzahl der gedruckten Exemplare abzüglich der Makulatur.

2. *Verkaufsauflage:* Sie bezeichnet die Gesamtzahl der über Einzelverkauf und Abo-Bezug verkauften Exemplare (Druckauflage abzüglich Remittenten).

3. *Verbreitete Auflage:* Sie bezeichnet die Gesamtzahl der verkauften Exemplare zuzüglich der kostenlos abgegebenen Exemplare (Werbestücke u. ä.).

Diese drei Auflagenwerte fließen in die IVW-Auflagenliste (IVW = Informationsgemeinschaft zur Feststellung der Verbreitung von Werbeträgern e. V.) ein und haben deshalb Bedeutung für das Anzeigengeschäft.

Welche Bedeutung kommt dem Begriff der verbreiteten Auflage zu?

Die verbreitete Auflage ist die Bemessungsgrundlage für das Anzeigengeschäft.

Beispiel:

50.000 Exemplare werden verkauft

5.000 Exemplare gehen kostenlos als Werbestücke, Besprechungsstücke, Archivstücke u. ä. ab.

55.000 Exemplare beträgt die verbreitete Auflage.

Die verkaufte und abgerechnete Auflage erzielt den Verkaufserlös.

Welche Probleme können sich bei der Ermittlung der Umschlaghäufigkeit einer Tageszeitung ergeben?

Rund 80 % aller Tageszeitungen werden in den Morgenstunden zwischen 5.00 Uhr und 11.00 Uhr verkauft. Bei einer Inventur am Tagesanfang wäre die Liefermenge der durchschnittliche Lagerbestand. Bei einer Inventur in einer Nachmittagsstunde wäre die Remissionsmenge der durchschnittliche Lagerbestand. Die Umschlaghäufigkeit einer Zeitung ist daher nur schwer zu ermitteln.

Wie errechnet sich die Handelsspanne im Pressevertrieb?

Der Abgabepreis des Verlags abzüglich der Mehrwertsteuer (ermäßigter Satz) ist die Berechnungsgrundlage für die Handelsspanne des Einzelhändlers und des Grossisten. Die Spanne beträgt für den Einzelhändler ca. 18 % bei Objekten mit hoher und ca. 20 % bei Objekten mit niedriger Auflage.

Worin besteht der Sinn des Remissionsrechts für das Pressewesen?

Presseerzeugnisse können nur verkauft werden, solange sie aktuell sind. Presseverlage haben daher großes Interesse daran, dass ihre Erzeugnisse im Einzelhandel in genügend hoher Anzahl zum Verkauf vorrätig sind. Überlieferungen sind dabei nicht zu vermeiden. Mit dem Recht zur Remission wird dem Einzelhändler die Möglichkeit geboten, großzügig zu bestellen, weil die unverkauften Exemplare nach Ablauf der Angebotszeit vom Pressegrosso gutgeschrieben werden. Es ist jedoch zu beachten, dass die Handelsspanne nur für die verkauften Exemplare gewährt wird. Sinnvoll ist die Remissionspolitik aber nur, wenn der dadurch erzielte Mehrumsatz die hohen Remissionskosten übersteigt.

Nach welchen Bestimmungen ist das Remissionsrecht verankert?

Die Remission wird neben den einschlägigen gesetzlichen Bestimmungen für Buchverlage in der Buchhändlerischen Verkehrsordnung geregelt. Für die Zeitungs- und Zeitschriftenverlage ist das Remissionsrecht in den *Allgemeinen Geschäftsbedingungen (ABG)* festgeschrieben.

Wodurch können Remissionen ausgelöst werden?

• Die Verkaufsreserve ist zu hoch angesetzt.
• Eine Nachlieferung kurz vor dem Ende der Angebotszeit konnte nicht mehr umgesetzt werden.
• Exemplare sind beschädigt oder verbunden (technische Remission).

Bei welchen Produkten sind Ganzstück-Remissionen üblich?

Die Ganzstück-Remission wird bei Titeln angewendet, die nicht der Aktualität hinsichtlich der Erscheinungsweise unterliegen und die daher jederzeit erneut ins Angebot genommen werden können wie Romanhefte, Rätselhefte, Comics u. ä.

Bei Hochpreis-Titeln wie MERIAN, GEO etc. empfiehlt sich die Ganzstück-Remission deshalb ganz besonders.

Welchen Vorteil hat die körperlose Remission für die Zeitungs- und Zeitschriftenverlage?

Die Verlage sollen entlastet werden. Die Remissionen werden vom Pressegrossisten gesammelt, gezählt, bewertet und anschließend vernichtet.

Wie können Verlage die körperlose Remission kontrollieren?

Die körperlose Remission ist nur mit einer EDV-Anlage beim Grossisten möglich, die einen Datenverbund zwischen der Abrechnung mit den Einzelhändlern und den Verlagen ermöglicht. Der Grossist liefert dem Verlag die Listen der EDV-Abrechnung mit seinen Einzelhändlern, in der die Gutschriften ausgewiesen sind. Kein Grossist wird mehr Gutschriften erteilen, als er Remissionen erhalten hat. Zusätzlich werden Stichprobenkontrollen der Lagerreserven unternommen. Die körperlose Remission und deren Bedingungen werden zwischen dem Verlag und dem Grossisten in einem Vertrag rechtsverbindlich festgelegt.

Welche Komponenten bestimmen im Wesentlichen die Versandkosten von Presseerzeugnissen?

Erscheinungsweise, Gewicht und entgeltungspflichtige Beilagen.

3.2 Vertrieb von Büchern und digitalen Medien

Welche Aufgaben übernimmt eine Verlagsauslieferung für einen Buchverlag?

Die Verlagsauslieferung (VA) übernimmt alle Funktionen der Auslieferung und hält dazu alle lieferbaren Titel auf Lager. Zu den Leistungen gehören je nach Vereinbarung: Lagerung – Bestellwesen und Fakturierung – Debitorenbuchhaltung – Auslieferung/Versand – Remissionsbearbeitung – Bestandskontrolle – Statistik – Honorarabrechnung – EDV-Leistungen allgemeiner Art.

Wie werden die Leistungen der Verlagsauslieferung berechnet?	Die Verlagsauslieferung erhält vom Verlag eine prozentuale Beteiligung am Umsatz zuzüglich Spesenerstattung, z.B. für verauslagte Portokosten. Die gelagerte Ware bleibt Eigentum des Verlags. Die Verlagsauslieferung kann auf eigene Rechnung liefern, jedoch nur nach den Bedingungen des Verlags hinsichtlich der Rabatte und Zahlungsziele.
Wer übernimmt das Inkasso-Risiko bei der Verlagsauslieferung?	Auf Wunsch übernimmt die Verlagsauslieferung gegen zusätzliche Gebühr für die betreute Ware das Inkasso-Risiko.
Welche wesentlichen Kosten kann der Verlag einsparen, wenn er sich der Fremdauslieferung bedient?	• Personalkosten für Auftragsbearbeitung, Fakturierung, Debitorenbuchhaltung, Lagerverwaltung u.ä. • Raumkosten für Lagerhallen und Büroräume u.ä. • Ausstattungskosten für EDV-Anlagen, Fuhrpark u.ä. • Sonstige Kosten für Lagerversicherung, Formulare u.ä.

Außerdem entfällt die unterschiedliche Kapazitätsauslastung z.B. bei saisonalen Schwankungen. In der Regel werden sich daher Verlage mittlerer Größe am vorteilhaftesten der Dienstleistungen einer Fremdauslieferung bedienen.

Wie arbeitet ein Barsortiment?	Das Barsortiment ist ein Großhandelsunternehmen. Es liefert in eigenem Namen, auf eigene Rechnung und auf eigenes Risiko. Welche Titel geführt werden, entscheidet sich nach der Gängigkeit und Rentabilität. Umfangreiche Lagerkataloge und elektronische Datenbanken geben Aufschluss über die geführten Titel.
Wie errechnet sich der Barsortiments-Rabatt?	Der Rabatt, der dem Barsortiment beim Kauf der Bücher von den Verlagen zugestanden wird, ist die Summe aus Grundrabatt und Funktionsrabatt (Wiederverkäufer-Rabatt). Beide werden auf der Basis des gebundenen Ladenpreises berechnet. Die Barsortimente verpflichten sich im Regelfall, die von ihnen

gelieferten Bücher zu dem Rabatt abzugeben, den der Buchhändler beim Kauf von Einzelexemplaren vom Verlag bekommen würde.

Wodurch kann sich das Barsortiment für die Verlage von Nutzen erweisen?

Das Barsortiment erspart den Verlagen und deren Auslieferungen die Ausführung kostspieliger Einzelbestellungen. Das Barsortiment hält besonders die Backlist der Verlage – Titel, die bereits vor längerer Zeit erschienen sind – ständig auf Lager. Die umfangreichen Kataloge des Barsortiments, insbesondere der Schlagwortkatalog, erschließen dem Benutzer die ganze Vielfalt und Breite der Verlagsprogramme.

Welche Unternehmen des Buchhandels werden hauptsächlich von den Barsortimenten beliefert?

Vor allem Buchhandlungen und Buchverkaufsstellen. Der Buchhändler kann schnell und kostengünstig Titel bestellen und wird täglich beliefert. Als Serviceleistung berät das Barsortiment (z. B. durch Vertreter) die Sortimenter über Markttrends, über die Erstausstattung bei Unternehmensgründung u. ä. Der Einzelhändler wird davon entlastet, alle einschlägigen Fachorgane nach Neuerscheinungen durchsehen zu müssen. Für diese Leistungen haben in der Regel die Barsortimente Kontokorrentverhältnisse vereinbart, d. h., dass die Kunden Dekaden- oder Halbmonatsrechnungen erhalten. Dadurch reduzieren sich in den Buchhandelsbetrieben die Buchhaltungskosten.

Lohnt sich die Bestellung von Einzeltiteln beim Barsortiment?

Beim Barsortiment können viele verschiedene Titel der unterschiedlichsten Verlage in Einzelexemplaren in einer Lieferung bezogen werden. Die Lieferung erfolgt in der Regel von heute auf morgen.

Wie können die Bestellungen der Sortimentsbuchhandlungen beim Barsortiment spürbar vereinfacht werden?

Bestellungen werden über ein Bestellterminal in den Computer des Barsortiments eingegeben. Unmittelbar nach dem Bestellvorgang wird dem Besteller mitgeteilt, welche Titel nicht lieferbar sind. Unklare Bestellungen werden sofort zurückgewiesen. Dadurch können Remittenden vermieden werden. Die Zustellung der bestellten Titel erfolgt sofort zum nächstmöglichen Termin, in der Regel am folgenden Tag.

Was versteht man unter Besorgungsgeschäft?

Manche Barsortimente besorgen auch Titel für ihre Kunden, die sie nicht auf Lager habe. Beim Besorgungsgeschäft ist allerdings eine Belieferung über Nacht nicht möglich.

Welchen Vorteil kann ein elektronisches Datenbanksystem des Barsortiments dem Kunden bieten?

Zusätzlich zur Bestellabwicklung kann der Kunde sofort Auskunft über die aktuellen Preise, Lieferkonditionen und Verfügbarkeit der angefragten Titel erhalten. Dadurch werden lästige und zeitraubende telefonische oder schriftliche Auskünfte vermieden.

Welchen Nutzen bietet die Bestellung über ein Terminal des Zwischenbuchhandels?

Grundsätzlich werden die Bestellzeiten wesentlich beschleunigt. Durch sofortige Fakturierung wird der Geldeingang beim Verlag verkürzt und damit die Liquidität des Unternehmens verbessert. Arbeitsintensive und fehleranfällige Schreibarbeiten (z. B. Tippen von Rechnungen oder „Zahlendreher" bei Buchnummern) werden vermieden. Über Schnittstellen der PC-Programme können die Daten der Auslieferung direkt der Buchhaltung, der Lagerbuchführung, der Statistik und anderen Abteilungen zur Bearbeitung bzw. Bewertung zugeführt werden.

Welche Bedeutung kommt dem Warenwirtschaftssystem im Buchhandel zu?

Mit einem EDV-gestützten Warenwirtschaftssystem ist die Rationalisierung des gesamten Buchhandels möglich. Dieses bietet Transparenz über den Einkauf, die Lagerhaltung und den Verkauf. Besondere Bedeutung wird auf die Titelerfassung, die Titelaktualisierung und das Bestellwesen gelegt. Über Schnittstellen und mit spezieller Verbindungssoftware können gegen Gebühr dafür notwendige Daten aus den Datenbanken großer Verlagsauslieferungen oder Barsortimente in den Computer des Buchhändlers eingespielt werden.

Welche Bedeutung kommt dem VLB zu?

Das *Verzeichnis lieferbarer Bücher (VLB)* nennt Autor, Buchtitel und Stichwort, es verfügt über ein ISBN-Register, ein alphabetisches und numerisches Verlagsregister. Es wird durch ein Schlagwortregister ergänzt. Neben der Buchform wird es auf CD-ROM, gegenwärtig fünfmal jährlich, angeboten. Es erlaubt dem Buchhändler, schnell festzustellen, ob der gewünschte Titel lieferbar ist, und ihn ggf. über ein Terminal zu bestellen. Auch Barsortimente bieten ihre Kataloge, gegenwärtig monatlich, auf CD-ROM an.

Wie wird ein Sortiments-buchhändler informiert, falls ein bestelltes Buch nicht lieferbar ist?

Der Börsenverein des Deutschen Buchhandels hat dafür Meldeziffern zusammengestellt, die für Verlagsauslieferungen gelten. Bestellungen auf nicht lieferbare Titel können vorgemerkt werden.

⓪   Nicht bei uns – diesen Titel führen wir nicht
①   Lieferbar innerhalb 14 Tagen, Bestellung ist vorgemerkt
②   Lieferbar innerhalb 6 Wochen, Bestellung ist vorgemerkt
③   Lieferbar innerhalb 6 Monaten, Bestellung ist vorgemerkt
④   Noch nicht erschienen, Bestellung ist vorgemerkt
⑤   Erscheinen noch unbestimmt, Titel wird vor Erscheinen neu angeboten
⑥   Vergriffen, Termin der Neuauflage unbestimmt, Titel wird vor Erscheinen neu angeboten
⑦   Vergriffen, keine Neuauflage, Bestellung abgelegt
⑧   Nur fest lieferbar – bitte neu bestellen
⑨   Bestellung unklar, bitte mit neuen Angaben neu bestellen

Barsortimente haben dafür andere Meldeziffern.

Was bedeutet Büchersam-melverkehr (BSV) im Verlagswesen ?

Der Büchersammelverkehr ist ein Zustell-, Abhol- und Weiterleitungsdienst großer Barsortimente. Dieser funktioniert unabhängig von der Deutschen Post. Die Leistungen umfassen:

• Auslieferung der Buchhandelsbestellungen.
• Mitnahme von Beischlüssen einzelner Verlage und Waren der Verlagsauslieferung (in der Regel täglich).

- Transport von Remittenden von den Buchhandlungen an die Verlage oder Verlagsauslieferungen.

Was kann die Ursache für Remittenden sein?

- Technische Mängel: Verdeckte Mängel (z. B. vertauschte Druckbogen) und offene Mängel (z. B. zerstoßene Buchkanten) bei der Herstellung der Bücher sowie Transportschäden (z. B. Wasserschaden).
- Falsche Lieferung: Entgegen der Bestellung hat der Verlag falsche Titel oder Bücher in der falschen Anzahl geliefert.
- Falsche Bestellung: In Ausnahmefällen gewähren Verlage ihren guten Kunden die Rücksendung irrtümlich bestellter Bücher.
- Lieferung mit befristetem Rückgaberecht oder AC (à condition).
- Verlag gibt einen Rückruf bekannt.

Wie wird das Remissionswesen für Defektexemplare rationalisiert?

Die Rücksendung von Defektexemplaren ist zeitaufwändig und teuer. Es kann daher die *Vereinfachte Remission (VR)*, auch *körperlose Remission* genannt, angewendet werden. Dabei genügt es, Teile des Buchs (z. B. Titelblatt, Defektbogen, Umschlag) an den Verlag zurückzusenden, damit dieser den Ersatzanspruch prüfen kann. Für das defekte Exemplar wird Ersatz geleistet oder eine Gutschrift gewährt.

Muss ein Verlag nach Aufhebung des Ladenpreises seine beim Sortimenter lagernden Bücher zurücknehmen?

Der Verlag ist verpflichtet, die innerhalb der letzten 12 Monate gelieferten Bücher, die noch beim Buchhändler vorrätig sind, zurückzunehmen. Es erfolgt eine Gutschrift über den Nettopreis.

Welche Funktion erfüllt die Remissionspflicht für den Vertrieb der Buchverlage?

Der Sortimentsbuchhandel soll dadurch angeregt werden, vermutlich schwer verkäufliche Titel auf Lager zu nehmen, um sie bei Bedarf den Kunden zeigen zu können. Im Gegensatz zum Festbezug können dafür die Bezugsformen fest mit RR *(Rückgaberecht)* oder AC *(à condition)* gewählt werden. Für den Verlag und den Sortimenter sind diese Bezugsformen mit höheren Kosten verbunden und sollten daher nur angewendet werden, wenn berechtigte Verkaufschancen bestehen.

Warum beschäftigen größere Buchverlage Vertreter?

Der Verlagsvertreter besucht die Buchhandlungen seines Vertretungsgebiets in einem bestimmten Turnus (in der Regel halbjährlich) und stellt die Neuerscheinungen sachkundig vor. Er verkauft Neuerscheinungen und Backlisttitel nach den Konditionen des Verlags und entscheidet über die Remissionsberechtigung nicht verkäuflicher Titel. Zu seiner Aufgabe gehört es, die Produkt- und die Preispolitik des Verlags zu vertreten. Er nimmt auch die Wünsche und Beschwerden der Buchhandlungen entgegen. Weil sich der Buchhändler für den Vertreter Zeit nehmen muss, gewähren die Verlage für Bestellungen über einen Vertreter einen höheren Vertreterrabatt. Vertreter können freie Handelsvertreter nach HGB § 84 oder Angestellte des Verlags sein.

Mit welchen Maßnahmen kann ein Buchverlag den Verkauf seiner Produkte fördern?

Grundsätzlich gibt es:

- Werbung (Advertising): z. B. Anzeigen in Fachzeitschriften, Prospekte u. ä.
- Verkaufsförderung (Sales Promotions): z. B. Schaufensterwettbewerbe, Lieferung von Verkaufshilfen wie Buchständer u. ä.
- Öffentlichkeitsarbeit (Public Relations): z. B. Autorenlesungen, Rezensionswesen u. ä.

Wodurch kann ein Verlag die Werbeaktion einer Buchhandlung unterstützen?

Er wird für bestimmte Titel Sonderrabatte gewähren, die mit bestimmten Aktionen verbunden sind. Solche Aktionen können z. B. Büchertische auf Kongressen, Dichterlesungen, Schaufenstergestaltungen u. ä. sein.

Mit welchem Nachlass wird eine wissenschaftliche Bibliothek beliefert?

Der Nachlass wird von den Verlagen festgelegt. Eine große Anzahl vornehmlich wissenschaftlicher Verlage erlaubt 5 %, andere 10 % Nachlass. Sonderbedingungen sind möglich und im Einzelfall anhand des Sammelrevers zu prüfen.

Was sind die Voraussetzungen für nachlassberechtigte Bibliotheken?

- Es muss sich um eine wissenschaftliche Bibliothek handeln.
- Die Bibliothek muss einen öffentlich-rechtlichen Träger nachweisen (also z. B. keine Firmen- oder Verbandsbibliotheken).
- Die Bibliothek muss jedem wissenschaftlich Arbeitenden zugänglich sein.

Dazu zählen auch Volksbüchereien, soweit sie jedermann zugänglich sind und einen öffentlich-rechtlichen Träger haben.

Was kann einen Buchverlag dazu veranlassen, der Konditionspolitik besondere Aufmerksamkeit zu widmen?

Mit den auf den einzelnen Kunden zugeschnittenen Konditionen kann ein Verlag den Verkauf seiner Produkte steigern. Dazu zählen Zahlungsbedingungen wie Skonto und Valuta und Lieferbedingungen wie Partie, Versandkostenübernahme, Remissionen und Beteiligung an Werbemaßnahmen.

Dürfen Verlage ihren Kunden Mindestbestellgrößen vorschreiben?

Nach den *Wettbewerbsregeln des Börsenvereins des Deutschen Buchhandels* dürfen für Bestellungen, die beim Verlag oder der Verlagsauslieferung getätigt werden, keine Mindestbestellgrößen gefordert werden.

Welchen Nutzen kann der AC-Bezug für den Verlag haben?

Die Ware wird gegen Lieferschein (nicht gegen Rechnung) an den Buchhändler geliefert. Der Buchhändler kann die Ware über einen längeren Zeitraum, der vom Verlag festgelegt wird, bei sich behalten und bei Nichtverkauf zurückgeben. Nur die verkauften Bücher sind zu bezahlen. Dadurch können schwer verkäufliche Werke, z. B. wissenschaftliche Werke oder hochpreisige Kunstbücher, beim Buchhändler verkaufsanregend präsent gehalten werden. Die Absatzchancen dieser Werke können dadurch gesteigert oder überhaupt erst möglich gemacht werden.

Wodurch unterscheiden sich die Bezugsformen fest mit RR und fest mit UR?

Der Buchhändler erhält die Ware mit der Rechnung und verpflichtet sich in beiden Fällen, die Ware anzunehmen und zum Fälligkeitstag zu bezahlen. Er hat aber das Recht, innerhalb einer vom Verlag festgelegten Frist (in der Regel zwischen 14 Tagen und 3 Monaten) die nicht verkaufte Ware zurückzugeben.

- *Fest mit RR:* Rückgabe gegen Gutschrift; übliche Bezugsform bei teuren wissenschaftlichen Werken.
- *Fest mit UR:* Rückgabe gegen Ersatzlieferung; üblich bei Taschenbüchern.

Warum wird die Bezugsform Standing order im Buchhandel verwendet?

Im Rahmen einer Vereinbarung zwischen Buchhändlern und Verlagen oder Barsortimenten erhalten die Buchhandlungen sofort nach dem Erscheinen eines neuen Titels oder einer Neubearbeitung unaufgefordert Exemplare zugesandt. Barsortimente stellen zudem wichtige Novitäten in den Themengattungen zusammen, die der Buchhändler abonniert hat. Die Lieferungen können fest, fest mit RR oder AC erfolgen. Standing order bietet dem Buchhändler den Vorteil, jederzeit aktuelle Titel seiner Angebotsschwerpunkte auf Lager zu haben. Er muss dazu keine aufwändigen Neuerscheinungsbeobachtungen (z. B. Börsenblattanzeigen) unternehmen. Der Verlag wiederum hat seine Neuerscheinungen sofort beim Buchhändler präsent.

Wie werden Mängelrügen behandelt?

Man unterscheidet zwischen offenen Mängeln (z. B. beschädigte Ware wie zerstoßene Buchkanten bei unsachgemäßer Verpackung) und versteckten Mängeln (z. B. falsche Druckbogenanordnung). In beiden Fällen haftet der Verlag nach den Vorschriften des BGB (§ 477), des HGB (§ 377) und der Verkehrsordnung für den Buchhandel (§ 2). Offene Mängel müssen dem Verlag innerhalb von 14 Tagen nach Erhalt der Ware gemeldet werden. Der Verlag liefert einwandfreie Exemplare und leistet Portoersatz. Versteckte Mängel müssen in der Regel innerhalb von 6 Monaten nach Erhalt der Ware gemeldet werden. Allerdings kann der Verlag gegen Entschädigung die Ware auch noch später zurücknehmen.

Was versteht man unter Portoersatzstücken?

Verlage beteiligen sich an Portokosten in der Form von mitgelieferten Freistücken. Diese sind nicht honorarpflichtig. Portoersatzstücke festigen die Kundenbeziehung.

Welchen Vorteil bietet die Verkehrsordnung dem Verlag?

In der *Verkehrsordnung für den Buchhandel (VeO)* sind die Handelsbräuche zwischen den Geschäftspartnern – Verlagen, Zwischenbuchhandel und Sortimentsbuchhandel – erfasst, um einen branchenüblichen Geschäftsverkehr zu ermöglichen. Dazu zählen die Bezugsbedingungen und das Remittentenwesen.

Welche Bedeutung haben Rabatte für den Vertrieb eines Buchverlages?

Der Rabatt ist ein wichtiger Faktor für den unternehmerischen Erfolg des Verlages. Wegen der Ladenpreisbindung kann der verbreitende Buchhandel vor allem mit günstigen Rabatten zum vermehrten Einkauf angeregt werden. Zu den Rabatten zählen:

- *Mengenrabatt:* Gewährung bei Abnahme einer größeren Stückzahl
- *Staffelrabatt:* Mit zunehmender Stückzahl der bestellten Titel
- *Partie (Naturalrabatt):* Zur Bestellung einer bestimmten Anzahl eines gleichen Titels werden ein oder mehrere Exemplare kostenlos dazu gegeben, z. B. 11/10 (10 bestellte Exemplare/ein zusätzliches Exemplar). Bei der Partieergänzung kann der Bezug auch in mehreren Tranchen erfolgen.
- *Messerabatt:* Bei Bestellung auf Buchmessen
- *Einführungsrabatt:* Bei Einführung einer neuen Buchreihe oder Produktgruppe
- *Aktionsrabatt:* Bei besonderen Anlässen, z. B. Autorenlesungen, Schaufensterwettbewerben u. ä.
- *Reiserabatt:* Bestellung bei einem Verlagsrepräsentanten

Welchen Vorteil hat der Einführungsrabatt für einen Buchverlag?

Der Einführungsrabatt ist ein zeitlich beschränkter Rabatt, der dem Buchhändler vom Verlag gewährt wird. Er kann z. B. für eine neue Produktgruppe gewährt werden, um den Buchhändler zu Bestellungen anzuregen, damit die Titel im Laden präsent sind.

Warum gewähren Buchverlage den Buchhandlungen einen höheren Vertreter(Reise)rabatt?

Der Verlagsvertreter schreibt in der Regel während seines persönlichen Besuchs durch gezielte Information, Beratung und Vermittlung von Verkaufshilfen größere Aufträge. Dies will der Verlag durch einen höheren Rabatt unterstützen. Mit größeren Bestellungen reduzieren sich zugleich die Kosten für den Vertrieb und die Auslieferung im Verlag. Gleiches gilt für den Messerabatt.

Was versprechen sich Verlage, wenn sie einen Subskriptionspreis anbieten?

Der Subskriptionspreis ist ein zeitlich begrenzter Vorzugspreis, der ca. 10 % bis 20 % unter dem Ladenpreis liegt. Der Subskribent verpflichtet sich mit einer verbindlichen Vorausbestellung zur Abnahme und Bezahlung des Werkes, wenn dieses erschienen ist. In der Aufforderung (Einladung) zur Subskription müssen der spätere Ladenpreis, die Ausstattung und der Fertigstellungstermin genannt werden. Der Subskriptionspreis wird beim Erscheinen aufgehoben. Der Verlag erhält damit einen Überblick über den Absatz. Vor allem mehrbändige, umfangreiche Werke können somit mit verringertem Risiko verlegt werden.

Mit welchen Bezugsbedingungen kann ein Buchverlag die Sortimentsbuchhandlungen zu größeren Bestellungen anreizen?

- *Valuta:* Die Frist zwischen der Lieferung der Ware und dem Zahlungstermin wird verlängert. *Beispiel:*
  Rechnungsdatum und Lieferung 15. April
  Valuta 60 Tage 14. Juni (Leerzeit)
  Zahlungsziel zusätzlich 60 Tage
  Fälligkeitstermin netto 13. August
  Valuta wird häufig bei Vertreterbestellungen gewährt.
- *Bonus:* Bei Überschreitung einer bestimmten Umsatzgröße wird eine Gutschrift erteilt, in der Regel 1 % bis 2 % der Umsatzgröße.
- Bezugsformen mit Rückgaberecht und AC. Durch diese Maßnahmen soll der Kunde vor allem finanzielle Dispositionsfreiheit erhalten und dennoch Ware im Geschäft körperlich anbieten können.

Wie errechnet sich der Rabatt bei einem Partiebezug?

Das kostenlos mitgelieferte Exemplar muss dem Rabatt der übrigen Exemplare zugeschlagen werden.

Beispiel:

Partie 11/10, Rabatt 30 %

10 Exemplare zu 30 % = 300 %

1 Exemplar zu 100 % = 100 %

$$\frac{300\,\% + 100\,\%}{11} = 36,36\,\% = 36\,\% \text{ Rabatt.}$$

Mit welchen Maßnahmen kann ein Buchverlag den Partiebezug des Sortimenters anregen?

Viele Verlage räumen den Sortimentern innerhalb einer bestimmten Frist das Recht zur Partieergänzung ein. Beispielsweise wird eine Erstbestellung von 5 Exemplaren innerhalb von 3 Monaten zu einer Partie von 11/10 aufgestockt. Damit hat der Verlag mehr Bücher des gleichen Titels im Sortiment zum Verkauf vorrätig.

Kann die Gewährung eines Bonus für einen Verlag von Vorteil sein?

Beim Überschreiten einer mit dem Kunden vereinbarten Umsatzvorgabe gewährt der Verlag die Zahlung einer einmaligen Summe. Der Vorteil liegt darin, dass sich Rabatte beim Kunden kaum als größere Summen niederschlagen, während eine solche Zahlung registriert wird. Der Bonus reizt daher zu höherem Umsatz.

Welchen Zweck erfüllt die Kreditliste des Deutschen Buchhandels?

Die nur für Verlage bestimmte Kreditliste gibt den Verlagen vor der Auslieferung ihrer Titel Auskunft über die Kreditfähigkeit und die Zahlungsmoral der zu beliefernden Buchhandlung (z. B. Anzahl der Zahlungsbefehle, Unterdeckung bei der BAG). Sie kann Einfluss auf die Konditionen in den Liefer- und Zahlungsbedingungen haben, die der Verlag mit der Buchhandlung vereinbart. Damit sollen z. B. durch Lieferung gegen Vorkasse oder per Nachnahme an unsichere Kunden gerichtliche Zahlungsbefehle oder kostenintensive Mahnverfahren von vornherein vermieden werden. Die jährlich erscheinende Kreditliste mit monatlichen Ergänzungen ist vertraulich zu behandeln. Sie kann vom Verlag Pfalzgraf & Heinrich, Hamburg, bezogen werden.

Wann wird ein Verlag sich der Verleger-Inkasso-Stelle bedienen?

Diese Inkasso-Stelle in Hamburg treibt auf Wunsch die Forderungen von Verlagen oder Verlagsauslieferungen von zahlungssäumigen Kunden ein. Dazu tritt der Verlag die Forderungen an die Inkasso-Stelle ab. Dem Verlag werden dadurch kostspielige Mahnverfahren erspart. Er muss nicht selbst mit seinen Geschäftspartnern in lästige Verhandlungen treten.

Welchen Vorteil kann ein Monatskonto für den Verlag haben?

Mit dem Monatskonto addiert der Sortimenter alle Fakturen, die innerhalb eines Monats anfallen und überweist den Gesamtbetrag (z. B. am 20. eines jeden Monats). Dadurch reduziert sich der Aufwand in der Buchhaltung des Verlags. Für den Buchhändler kann sich u. U. das Zahlungsziel verlängern, was seine Liquidität positiv beeinflusst.

Was bedeutet zahlbar nach Empfang?

Die Verbindlichkeit ist innerhalb von 30 Tagen nach Rechnungseingang zu begleichen. Damit der Verlag schneller den Rechnungsbeitrag vom Kunden bekommt, wird er ein Skonto von 2 bis 3 % für eine Zahlung innerhalb von 8 bis 14 Tagen gewähren.

Wer trägt die Kosten für die Zusendung der Ware?

Nach der *Verkehrsordnung für den Buchhandel* trägt der Abnehmer die Kosten für die Zusendung. Bei größeren Bestellungen wird über die Lieferbedingungen zwischen dem Verlag und der Buchhandlung verhandelt (z. B. Versandkostenbonus in Prozent vom Rechnungswert).

Warum ist die Preisbindung in Deutschland für Printmedien von gesellschaftspolitischer Bedeutung?

Die Preisbindung ist die wirtschaftliche Voraussetzung für ein dichtes Netz von Buchhandlungen jeder Art und von Verkaufsstellen für Zeitungen und Zeitschriften. Unabhängig von der geographischen Lage (z. B. Großstadt oder abgelegene Kleinstadt) und der Geschäftsgröße (z. B. Großsortiment mit hohem Bestellanteil oder Buchverkaufsstelle) kann der Kunde

Bücher, Zeitschriften und Zeitungen überall zum selben Preis erwerben. Ohne Preisbindung würde die Gefahr bestehen, dass die vom Gesetz vorgeschriebene Meinungs- und Verbreitungsfreiheit eingeschränkt wäre, weil nur noch umsatzträchtige Bestseller von wenigen Verlagen über Großbuchhandlungen auf dem Markt angeboten würden.

Welche Produkte unterliegen der Ladenpreisbindung?

Dazu zählen Printwerke wie Bücher, Landkarten, Musiknoten. Ein Buch oder eine Zeitschrift mit einer eingelegten CD fällt auch darunter, wenn sie eine Zugabe ist.

E-Books und Hörbücher sind nach Meinung des Börsenvereins ebenfalls preisgebunden, weil sie als typische Verlagsprodukte anzusehen sind.

Tonträger wie eine Musik-CD sind nicht preisgebunden. Ob die Preisbindung auch für CD-ROMs gilt, ist noch nicht entschieden. Gegenwärtig sind sie nicht preisgebunden, weil sie nach Inhalt, Herstellung, Nutzung und Vertrieb nicht einem Printwerk gleichzustellen sind.

Wie wird die Ladenpreisbindung aufrechterhalten?

Der verbreitende Buchhandel verpflichtet sich mit seiner Unterschrift unter den Sammelrevers, die vom Verlag vorgegebenen Ladenpreise einschließlich der vertraglich vereinbarten Sonderpreise einzuhalten. Nachlässe, Skonti u. ä. an den Endverbraucher sind daher nicht statthaft. Der Verlag kann Sonderpreise festlegen, z. B. Subskriptionspreise. Bei Verstößen gegen die Preisbindung werden die Verlage die Lieferung einstellen, außerdem können Konventionalstrafen verhängt werden.

Im *Gesetz über die Preisbindung für Bücher (Buchpreisbindungsgesetz)* von 2002 in der Fassung 2006 wird die Preisbindung in Deutschland detailliert geregelt [siehe Seiten 240 ff.].

Unter welchen Voraussetzungen wird ein Buchverlag die Ladenpreisbindung aufheben?

Der Ladenpreis wird vom Verlag aufgehoben, wenn der Absatz so gering ist, dass es wirtschaftlich nicht mehr möglich ist, den Titel zu führen. Die Aufhebung wird im *Börsenblatt des Deutschen Buchhandels* angezeigt. Sortimenter haben das Recht, die im Lager befindlichen unverkauften Exemplare zu remittieren oder sie zu einem niedrigeren Preis im *Modernen Antiquariat* zu verkaufen. Dafür erhalten sie vom Verlag eine Differenzgutschrift. Vor der Aufhebung muss der Autor informiert werden.

Wie kann ein Verlag eine zeitgemäße Preisauszeichnung auf Büchern anbringen?

Er bringt auf der vierten Umschlagseite oder der Verpackung auf einem Selbstklebe-Etikett den Ladenpreis ausgeschrieben und in Balkenform codiert an. Dafür verwendet er den EAN-Strichcode, der aus der 13-stelligen European Article Number besteht. Diese Strichcodes können von scannerfähigen Ladenkassen gelesen werden. Der Buchhändler kann die für ihn nützlichen Informationen im Code hinterlegen, z. B. für eine permanente Bestandskontrolle.

4   Marketing und Werbung

Was ist der Unterschied zwischen Werbung und Öffentlichkeitsarbeit?	Werbung konzentriert sich auf die Bekanntmachung eines Produkts und will zum Kauf animieren. Öffentlichkeitsarbeit will das Unternehmen als Ganzes vorstellen, um das Image zu heben (z. B. Förderung des Umweltschutzes durch Verwendung von Recycling-Papier), Vertrauen zu schaffen (z. B. gleich bleibende Qualität) oder Pflege sozialer Aspekte (z. B. Sponsern einer Krankenhaus-Bibliothek).
Kann Human Relations die Wettbewerbfähigkeit eines Verlags stärken?	Wenn es gelingt, gute Mitarbeiter an das Unternehmen zu binden, z. B. mit Sozialleistungen, Prämien oder Ehrungen, wirkt sich das auf die Arbeitsmoral positiv aus. Finanzielle Anreize werden auch innerbetriebliche Verbesserungsvorschläge hervorbringen. Besonders wichtig ist dafür eine offene Informationspolitik der Geschäftsleitung.
Was versteht man unter einer Zielgruppe?	Für die Marktforschung wird eine fest definierte Personengruppe ausgewählt, die mit der Werbebotschaft erreicht werden soll (z. B. für eine medizinische Zeitschrift: Ärzte in Krankenhäusern).
Welche Ziele werden mit der Marktforschung verfolgt?	Es werden alle den Markt beeinflussenden Faktoren systematisch gesammelt und bewertet. Dazu gehören:

• der Anteil der eigenen Produkte auf dem Markt,
• das Verhalten der Konkurrenz,
• der Marktbedarf und seine künftige Entwicklung.

Das Ergebnis der Marktforschung ist eine wichtige Grundlage für unternehmerische Entscheidungen. |
| Welche Methoden der Marktforschung können für einen Verlag erfolgreich sein? | Mit der Marktforschung will ein Verlag vor allem Informationen über Zielgruppe, Stellung seiner Produkte auf dem Markt und die Auswertung von Werbeaktionen bekommen. Informationen aus Sekundärquellen (z. B. Auswertung allgemeiner Statistiken, Trends, Werbeaktionen von Konkurrenz- |

verlagen u. ä.) sind kostengünstiger als eigene Erhebungen (z. B. Kundenbefragung, Beauftragung eines PR-Instituts u. ä.). Direkte Erhebungen haben dafür größere Aussagekraft.

Welche wichtige Möglichkeit zur Primärerhebung gibt es?

Man bedient sich dazu der Methoden der Marktforschung:

- *Befragung:* Eine Zielgruppe wird mit einem Fragebogen interviewt (z. B. Kundenumfrage nach Altersaufbau, Einkommensstruktur, nach Bekanntheitsgrad des Unternehmens u. ä.).
- *Beobachtung:* Das Kaufverhalten einer Zielgruppe wird über eine längere Zeit hinweg beobachtet.

Die Primärerhebung wird vorgenommen, wenn noch keine Informationen über das Marktverhalten eines neuen oder eines geplanten Produkts vorliegen.

Wie wirkt die Direktwerbung?

Der Werbende wendet sich direkt an den Kunden, z. B. mit kundengerechten, „persönlich" formulierten Werbebriefen, Ansichtsendungen u. ä., die im Allgemeinen einen hohen Aufmerksamkeitsgrad erregen. Zielgenaue Streuung des Versandes an potenzielle Kunden nach einer aktuellen Kundenkartei ist von Wichtigkeit, um Kosten (Streuverlust) zu minimieren. Der Erfolg der Kampagne kann z. B. an der Zahl neuer Abonnenten kontrolliert werden.

Worauf muss bei der Direktwerbung geachtet werden?

Spezielle Rechtsvorschriften dafür gibt es nicht, es gelten die Vorschriften des UWG. Diese Werbeform spricht den potentiellen Kunden persönlich an und berührt daher seine Individualsphäre. Bei Telefonwerbung, Telefaxwerbung, E-Mail-Werbung und SMS-Werbung muss der Angerufene seine Einwilligung zum Empfang vor der Werbemaßnahme geben. Es muss ihm die Möglichkeit gegeben werden, diese Einwilligung jederzeit zu widerrufen. Wichtig ist, dass der Werbende seine Identität und seine Absichten klar und eindeutig bekannt gibt.

Wodurch unterscheiden sich Intermedia-Vergleich und Intermedia-Selektion?

Beim *Intermedia-Vergleich* werden verschiedene *Mediagruppen*, z. B. TV, Rundfunk und Printmedien miteinander verglichen. Bei der *Intermedia-Selektion* wird die Auswahl einzelner Werbeträger einer *Mediagruppe* zueinander bewertet, z. B. Maschinenmarkt in Fach- und Firmenzeitschriften

Welche Bedeutung hat die Erwartungshaltung gegenüber der Werbung?

Die Nutzer haben bestimmte Erwartungen an den redaktionellen und Anzeigenteil eines Mediums (z. B. Fachzeitschrift für das Grafische Gewerbe). Durch diese Haltung konzentriert sich das Interesse auf ganz bestimmte Aspekte (z. B. informative, sachlich formulierte Artikel und Anzeigen über Offsetdruckmaschinen). Die Werbung muss der gewünschten Zielsetzung entsprechen, sie soll Impulskäufe auslösen, Abonnenten binden und neue Abonnenten gewinnen.

Was versteht man unter Mediamix?

Im Rahmen einer Werbekampagne wird in unterschiedlichen Medien wie Fernsehen, Großflächen-Plakatwänden, Anzeigen in Tageszeitungen usw. gleichzeitig geworben, beispielsweise, um eine neue Frauenzeitschrift bekannt zu machen. Gegenüber der einmaligen oder einkanaligen Werbung wird diese Werbung Erfolg haben. Sie ist kostenintensiv und erfordert daher eine exakte strategische Planung.

Warum ist die Aufstellung eines Werbeplans zwingend notwendig?

Ein sorgfältig aufgestellter Werbeplan verhindert weitgehend den Streuverlust und vermindert die Kosten. Ein Werbeplan muss Folgendes berücksichtigen:

- Die Aufschlüsselung der Kosten für die Herstellung der Werbemittel (z. B. Druckkosten), die Kosten für die Verteilung (z. B. Beilage in einer Tageszeitung), die Kosten für die Marktanalyse (z. B. Gehälter für Interviewer) u. ä.
- Die Terminierung der Werbemaßnahmen wie Erstwerbung, Nachfasswerbung u. ä.
- Die Koordinierung mit anderen Werbemaßnahmen (z. B. Werbung für Kinderbücher mit Werbung für Sprechkassetten mit Märchentexten).

**Was bewirkt
die AIDA-Formel?**

Attention: Aufmerksamkeit erwecken
Interest: Interesse wecken
Desire: Wunsch wecken
Action: Kauf auslösen.

Diese Faktoren sind die Grundlagen jeder erfolgreichen Werbung.

**Was sind die Grunddaten
für jede Werbeplanung?**

Beschreibung des Produktes – Zeitpunkt des Erschei-
nens – Zielgruppenanalyse – Festlegung der Werbeträger und Werbemittel – Planung der Vertriebswege
– Planung des Umsatzes für einen bestimmten Zeitraum. Es wird ein Werbeplan aufgestellt, und die Kosten werden mit dem Werbeetat abgestimmt.

**Aus welchen Vorgaben
kann der Werbeetat
aufgestellt werden?**

Der Werbeetat ist der Gesamtbetrag, der für eine
Werbeaktion in einem bestimmten Zeitabschnitt
zur Verfügung steht. Er errechnet sich aus einem
bestimmten Prozentsatz vom erwarteten Umsatz,
häufig 10 %. Es kann aber auch ein höherer Betrag
festgelegt werden, um ein Umsatzziel zu erreichen
(z. B. eine neue Zeitschrift auf dem Markt durchzusetzen oder das Absinken der Abonnentenzahl zu
bremsen). Diese Etat-Festlegung ist effektiver als die
Festlegung aus dem erwarteten Umsatz. Häufig werden Schwerpunkt-Titel festgelegt, für die besonders
geworben werden soll.

**Welche Vorteile kann ein
Panel bieten?**

• *Verbraucherpanel:* Es wird eine repräsentative
Stichprobe von Einzelpersonen bzw. Haushalten
erhoben.
• *Handelspanel:* Stichprobe über Unternehmen.

Ausgewählte Gruppen werden über einen längeren
Zeitraum hinweg zum gleichen Erhebungsgegen-
stand befragt, z. B. über Kaufverhalten oder Werbemaßnahmen.

**Welche Aufgabe hat die
Mediaforschung?**

Es werden die Abhängigkeiten und Auswirkungen eines
Werbeträgers (z. B. eines Prospekts für eine Fachzeitschrift für Marketing) auf eine bestimmte Zielgruppe
untersucht (z. B. auf auszubildende Medienkaufleute).

Was bedeutet Gemein-schaftswerbung?

Unternehmen artverwandter Branchen verknüpfen ihre Werbeaktivitäten, z.B. Aktion „Bücher kaufen beim Buchhändler". Unternehmen unterschiedlicher Branchen werben gemeinsam, z.B. Werbung für einen bestimmten Einkaufsort wie „Einkaufen am Marktplatz". Diese Werbung wird von allen Beteiligten gemeinsam finanziert. Es wird der Absatz einer oder mehrerer Branchen, nicht einzelner Produkte gefördert.

Welche wichtigen Auswahlverfahren für die Werbeträgeranalyse gibt es?

- *Randomstichprobe:* Es handelt sich um ein Zufallsauswahlverfahren. Die zu befragenden Personen werden nach dem Zufallsprinzip ausgewählt.
- *Quotenstichprobe:* Es werden repräsentative Befragungen nach vorgegebenen Kriterien vorgenommen, z.B. Jugendliche zwischen 18 und 21 Jahren, Auszubildende in Metallberufen.

Die Quotenstichprobe erzielt bessere Ergebnisse zur Hochrechnung für die gesamte Zielgruppe.

Welchen Nutzen haben Mediadaten?

Diese werden von Zeitungs- und Zeitschriftenverlagen in regelmäßigen Abständen veröffentlicht. Sie enthalten alle Angaben zu dem Printmedium wie Auflage, Erscheinungsweise, Anzeigenpreise, Druckverfahren, Verbreitungsgebiet usw. Sie dienen allen, die berufsmäßig werben wie Werbeagenturen und Mediaagenturen als Entscheidungshilfe. Diese Daten werden in der Regel ins Internet gestellt.

Welchen Zweck verfolgt die Mediaanalyse?

Mit mathematisch abgesicherten Stichprobenerhebungen wird die Wirkung der Werbeträger (z.B. einer Frauenzeitschrift) untersucht nach:
- Leserschaft pro Ausgabe, Leserschaftswachstum und soziodemographischer Zusammensetzung der Leserschaft (z.B. nach Beruf, Einkommen, Kinderzahl etc.).
- Reichweite, wie viel Prozent der Gesamtbevölkerung oder einer fest umrissenen Gruppe (z.B. allein erziehende Frauen, Frauen in Hessen) durchschnittlich von der Gesamtauflage erreicht werden. Man bezieht sich dabei auf die Leser pro Ausgabe.

Welche Erkenntnisse lassen sich aus der Mediaanalyse für die Werbeplanung gewinnen?	Exakte Terminplanung – gezielte Streuung von Werbemitteln – direkte Ansprache der Leserschaft – Gestaltung der Werbemittel u. ä.
Welche Marketingziele kann ein Verlag mit der Herausgabe einer neuen Zeitschrift verfolgen?	Umsatz erhöhen – zusätzliche Marktanteile erwerben – Bekanntheitsgrad des Verlags steigern – Basis für neue Produkte schaffen (z. B. eine Buchreihe, die sich an die Zeitschrift anlehnt).
Mit welchen Mitteln kann ein Verlag den Vertrieb seiner Zeitschriften ankurbeln?	Effektive Maßnahmen können sein: Einführungsrabatte – Leser werben Leser-Aktionen – Verkaufshilfen – Anzeigen in Tageszeitungen – Sonderpreise für besondere Personengruppen, z. B. Studenten.
Warum kann es sinnvoll sein, zuerst die Vertriebswerbung und erst dann die Anzeigenwerbung für eine Zeitschrift zu steigern?	Vor allem die Verbreitung (Verkauf, Leser pro Blatt usw.) bestimmt den Erfolg der Anzeigenwerbung. Je besser die Zeitschrift bei der Zielgruppe verbreitet ist, desto effektiver wirken Anzeigen.

Welche wesentlichen Informationen benötigt ein Zeitschriftenverlag für eine erfolgreiche Werbeplanung?

- *Konkurrenzsituation:* Welche ähnlichen Zeitschriften gibt es bereits auf dem Markt? Wie sind diese schwerpunktmäßig aufgebaut? Was kosten diese? usw.
- *Preisentwicklung:* Welchen Preis kann man auf dem Markt fordern? Zu welchem Preis und in welcher Ausstattung kann die Zeitschrift produziert werden? usw.
- *Nachfragetrend:* Wird die Thematik weiterhin aktuell bleiben? Wird die Bedeutung zunehmen? usw.
- *Zielgruppe:* Richtet sich die Zeitschrift an eine ganz bestimmte Zielgruppe, die bisher noch nicht angesprochen wurde? Muss in einen bereits besetzten Markt eingedrungen werden (Verdrängungswettbewerb)? usw.
- *Allgemeine wirtschaftliche Entwicklung:* Wird die Kaufkraft der Zielgruppe zunehmen? usw.

Welche Bedeutung hat der Tausend-Kontakt-Preis?

Früher bildete der ungenaue Tausend-Auflagen-Preis (TP), der wenig über die effektive Reichweite des betreffenden Mediums aussagt, die Planungsgrundlage für den Anzeigenpreis. Die Formel lautet:

$$\frac{\text{Preis pro Anzeige x 1.000}}{\text{Auflage (Vertriebs-, Druck- oder Verkaufsauflage)}} = TP$$

Genauer ist der Tausend-Kontakt-Preis (TKP), bei dem der Preis pro 1.000 Werbeträger in das Verhältnis zur Zahl der Werbeträgerkontakte gesetzt wird.

$$\frac{\text{Preis pro Anzeige x 1.000}}{\text{Zahl der Kontakte mit dem Werbeträger}} = TKP$$

Zahl der Kontakte mit dem Werbeträger

Was bedeutet der LpE-Wert?

LpE steht für Leser pro Exemplar. Er nennt die Zahl der Leser, die durchschnittlich ein Exemplar einer Zeitung oder Zeitschrift innerhalb eines bestimmten Zeitintervalls lesen oder durchblättern. Die Zahl liegt durchschnittlich zwischen 1 und 6 Lesern.

$$\frac{\text{Gesamtzahl der Leser innerhalb eines Zeitintervalls}}{\text{verbreitete Auflage innerhalb eines Zeitintervall}} = LPE$$

Beispiel:

$$\frac{\text{36 Millionen Leser innerhalb einer Woche}}{\text{12 Millionen Auflage innerhalb einer Woche}} = LPE\ 3$$

Der LpE-Wert erhöht sich spürbar, wenn eine Zeitung oder Zeitschrift von mehreren Personen in einem Haushalt gelesen wird.

Was besagt der LpN-Wert?

LpN heißt Leser pro Nummer. Er gibt die Gesamtzahl der Leser an, von einer Leseranalyse ermittelt, die eine durchschnittliche Ausgabe einer Zeitung oder Zeitschrift gelesen oder durchgeblättert haben. Er wird durch die Ermittlung des letzten Lesevorgangs erhoben. Es ist zu beachten, dass z. B. Fachzeitschriften häufig im Umlauf eines Unternehmens von mehreren Personen gelesen werden.

Auflage x LpN = NpN-Wert (Nutzer pro Nummer)

Beispiel:

8.000 Auflage x durchschnittlich 4 Leser
= 32 000 Leser.

Was sagt Leser pro Ausgabe (LpA) aus?

Im Gegensatz zu LpN wird die Nutzungswahrscheinlichkeit als durchschnittliche Leserschaft einer Zeitungs- oder Zeitschriftennummer ermittelt. Es wird also danach gefragt, wie häufig eine Nummer von der Leserschaft gelesen, d. h. genutzt wird. Das betrifft vor allem Fachzeitschriften und Fachzeitungen, in denen wichtige Artikel häufig mehrmals gelesen werden. Dafür sind auch Lesezirkel von großer Bedeutung.

Welche Bedeutung hat die Reichweite einer Zeitschrift für den Zeitschriftenverlag?

Die Reichweite nennt die Prozentzahl der Bevölkerung, die von der Zeitschrift als Käuferzielgruppe erreicht werden kann.

Beispiel:

Eine Zeitschrift für das Grafische Gewerbe hat eine Auflage von 10.000 Exemplaren, der LpE-Wert beträgt 3. Die Gesamtleserschaft umfasst daher 30.000 Leser. Der Anteil der Offsetdrucker an der Leserschaft liegt bei 35 %. Eine Anzeige für Druckfarben, die sich speziell an Offsetdrucker richtet, erreicht demzufolge 35 % von 30.000 Lesern, das sind 10.500 Personen.

Wie errechnet sich die Netto-Reichweite?

Die Netto-Reichweite nennt die Anzahl der Personen, die mit einem Werbemittel mindestens einmal Kontakt gehabt hat. Doppel- und Mehrfachkontakte bleiben unberücksichtigt, d. h., eine Person geht in die Berechnung nur einmal ein, egal, wie viele Kontakte auf sie entfallen. Überschneidungen werden also eliminiert. Die Netto-Reichweite ist für die Mediaanalyse von Bedeutung.

Welche beiden Formen der Überschneidung gibt es für die Leseranalyse?

Diese sind für die Anzeigenschaltung von Bedeutung.

* *Externe Überschneidung:* Sie nennt die Überschneidung zwischen den Lesern mehrerer Medien der gleichen Art (z. B. *Zeitung für Deutschland und Lokalzeitung*). Es sind Doppel- oder Mehrfachleser. Zur Ermittlung der Nettoreichweite dürfen die Leser nur einmal in die Berechnung eingehen. Exklusivleser beschränken sich auf das Lesen eines Mediums innerhalb der gleichen Art (z. B. Lesen nur der Lokalzeitung).
* *Interne Überschneidung (Kumulation):* Sie nennt die Überschneidung zwischen den Nutzern der verschiedenen Ausgaben des gleichen Mediums (z. B. Wochentagsausgaben, Sonntagsausgaben oder Sonderausgaben einer Lokalzeitung). Durch wiederholte Schaltung einer Anzeige in den verschiedenen Ausgaben hat ein Leser mehrfach Kontakt mit der Anzeige.

Kann die Produktpolitik Einfluss auf den Erfolg einer Zeitschrift haben?

Zur Produktpolitik zählen

* **Verwendbarkeit:** Format, übersichtliche Anordnung des Inhalts, Haltbarkeit der Heftung usw.
* **Erscheinungsbild:** Typografische Gestaltung, Farbigkeit, Umschlaggestaltung, Papiersorte usw.

Entsprechen diese Komponenten der Erwartungshaltung der Zielgruppe, können Abonnenten gebunden und neue Abonnenten gewonnen werden.

Worauf muss bei einer sachgerechten Streuplanung geachtet werden?

- *Streugebiet* (z. B. Großraum Berlin)
- *Streuzeit* (z. B. aus Aktualitätsgründen sofort)
- *Streudichte* (z. B. wie oft Anzeigen in Berliner Zeitungen geschaltet werden)

Dem Streuversand muss eine sorgfältige Zielgruppenuntersuchung vorausgehen, um teure Streuverluste zu vermeiden.

Welche Maßnahmen können den Erfolg einer Werbung zu Fall bringen?

Grundsätzlich wird trotz guter Werbung ein Verlagsprodukt nur schwer verkäuflich sein, wenn es den Erwartungen des Marktes nicht voll gerecht wird. Gründe dafür können sein:

- Falsche Preispolitik (z. B. zu hoher „abschreckender" Ladenpreis)
- Falsche Vertriebswege (z. B. zu niedrige Rabatte)
- Falscher Inhalt (z. B. Behandlung teilweise veralteter Sachverhalte)
- Falsche Zeit (z. B. Kalenderauslieferung erst im Dezember)

Welche Maßnahmen sind für den Werbeplan zur Abonnentenwerbung für eine Fachzeitschrift von Bedeutung?

- Bestimmung der Zielgruppe (z. B. Anzahl der interessierten Personen, berufliche Qualifikation dieser Personen u. ä.).
- Fachbezogene Werbebotschaft (z. B. Darstellung des Nutzens für die Berufspraxis).
- Ansprechende Werbemittelgestaltung (z. B. humorvolle Texte, witzige Zeichnungen).
- Richtiger Zeitpunkt (z. B. vor einer Fachmesse).
- Flankierende Maßnahmen (z. B. Preisausschreiben).

Welche technischen Hilfen können bei der Einzelverkaufswerbung für Zeitungen und Zeitschriften eingesetzt werden?

An Kiosken, wo die für den Aushang zur Verfügung stehenden Flächen beschränkt sind, empfehlen sich die „Zeitungsleiter" zur Aufnahme von Zeitungen in Schuppenform, der „Zeitungsturm" als freistehender Ständer, die „Händlerschürze" zum Aushang von aktuellen Nachrichten oder „Stumme Verkäufer" zur Selbstbedienung.

Was ist zu tun, um im Rahmen des Produktrelaunch eine Zeitschrift neu zu gestalten?

Ein Produktrelaunch kennzeichnet eine umfassende Änderung eines am Markt eingeführten Produkts. Eine optische Veränderung bringt eine neue typografische Gestaltung oder eine neue Covergestaltung. Eine *physische Veränderung* bringt ein neues Format oder besseres Papier. Mit diesen Maßnahmen soll einer rückläufigen Umsatzentwicklung gegengesteuert werden.

Warum hat die Leser-Blatt-Bindung Priorität für einen Zeitungs- und Zeitschriftenverlag?

Der Leser soll an das von ihm abonnierte oder regelmäßig gekaufte Periodikum möglichst eng emotional gebunden werden. Entscheidende Voraussetzung dafür ist die Glaubwürdigkeit des redaktionellen Teils. Der Leser muss immer das Bewusstsein haben, dass „seine" Zeitung oder Zeitschrift ihm von Nutzen ist. Auch der Leserbrief ist ein wichtiges Mittel, den Leser mit seiner Zeitung oder Zeitschrift zu verbinden, bietet er ihm doch die Möglichkeit, zu Artikeln kritisch oder zustimmend in der Öffentlichkeit Stellung zu nehmen. Auch kleine Geschenke sind dafür nützlich, wie Kalender, Regionalfahrpläne u. ä.

Welche Möglichkeiten gibt es, den Einzelverkauf einer Boulevardzeitung werbemäßig zu unterstützen?

Verkaufshilfen wie Händlerschürze, Zeitungsleiter, stumme Verkäufer u. ä. – Verkaufsfördernde, reißerisch aufgemachte Gestaltung der Titelseite – Anbieten von Gewinnspielen – Organisierung von Freizeitaktivitäten.

Welche Vorteile hat ein Abonnement für den Bezieher und den Verlag?

Für den Bezieher: Bequeme und pünktliche Zustellung ins Haus, billigerer Bezugspreis als im Einzelverkauf und bargeldlose Zahlung.

Für den Verlag: Genaue Auflagendisposition und damit stimmige Kalkulation, geringe Remission, keinen Wiederverkäufer-Rabatt und dadurch geringeres Produktionsrisiko.

Welchen Effekt hat die Werbung „Leser werben Leser"?

Bei *„Leser werben Leser"* werben in der Regel nur Abonnenten, die mit ihrer Zeitung bzw. Zeitschrift zufrieden sind. Die persönliche Überzeugungskraft, die ein privates Werbegespräch zur Voraussetzung hat, kann vom Verlag durch Prospekte, Anzeigen u. ä. nicht erreicht werden. Angemessene Sachprämien im Wert bis zur Hälfte des Jahresbezugspreises bieten zusätzlichen Anreiz, sich für die Werbung eines neuen Abonnenten einzusetzen. Ein aus freien Stücken bestelltes Abo hat die längste Haltbarkeit. Der Anteil der über LwL zu Stande gekommenen Abos beträgt bei einer Tageszeitung 50 % bis 70 %.

Was kann ein hohes Durchschnittseinkommen des Leserkreises für die Anzeigenwerbung bedeuten?

Diese Zielgruppe wird in der Regel neuen Produkten gegenüber aufgeschlossen und damit auch ausgabenfreudig sein. Daher wird sich an diese Zielgruppe bevorzugt Werbung für hochwertige Markenartikel, teure Gesellschaftsreisen u. ä. richten.

Welche Bedeutung kommt den so genannten Multiplikatoren bei der Werbung für ein Verlagsprodukt zu?

Multiplikatoren sind meinungsbildende Personen. Diese erhalten vom Verlag kostenlose Werbeexemplare mit der Bitte, das Verlagsprodukt zu empfehlen. Wichtige Multiplikatoren sind Hochschullehrer, Verbandsfunktionäre, Journalisten u. ä. Die Empfehlungen dieser Personen haben eine hohe Werbewirkung und tragen daher wesentlich zum erfolgreichen Verkauf bei. Außerdem wird der Werbeetat nur unwesentlich belastet.

Wie kann wirkungsvoll für das Gesamtprogramm eines Buchverlags geworben werden?

- Übersichtlich gestaltetes Verlagsgesamtverzeichnis (z. B. gegliedert nach Autoren, Sachgruppen, Titeln, Schlagwörtern)
- Auffallendes, unverwechselbares Design (z. B. Farbe, Schrift, Logo)
- Themen- oder Saisonverzeichnis (z. B. Neuerscheinungen zur Urlaubszeit)
- Vertreterbesuche in Sortimentsbuchhandlungen, die das Programm des Verlags vorstellen (z. B. Herbstnovitäten)
- Messestände (z. B. zur Frankfurter Buchmesse)
- Büchertische bei Lesungen und auf Kongressen
- Professionelle Homepage

Kann eine Rezension werbewirksam sein?

Die von einem unabhängigen, fachkompetenten Dritten verfasste Besprechung, z. B. eines Fachbuchs im redaktionellen Teil einer Fachzeitschrift, hat im Allgemeinen einen höheren Aufmerksamkeitsgrad als die Eigenwerbung des Verlags. Positive Rezensionstexte werden gern in Eigenanzeigen zitiert. Bis auf die Versendung eines unberechneten Rezensionsexemplars entstehen dem Verlag kaum Aufwendungen. Das Rezensionswesen wird in der Regel von der Presseabteilung des Verlages betreut.

Welche Gründe können für einen Verlag mit einem fest umrissenen Programm zur Stagnation des Absatzes führen?

Wandel des allgemeinen Bewusstseins bzw. das Aufkommen neuer Sinnrichtungen – Marktsättigung durch zu viele Anbieter – Veränderung des Käuferkreises (z. B. altersgemäßes Ausscheiden einer Zielgruppe) usw.

In welche Gruppen kann die Werbung für Bücher eingeteilt werden?

- Einzeltitelwerbung (z. B. Pilzführer).
- Titelgruppenwerbung (z. B. Naturführer mit Titeln für Pilzsammler, zur Vogelbestimmung usw.).
- Werbung für das Gesamtprogramm eines Verlags (z. B. Programm eines Sachbuchverlags mit Naturführern, Bücher über Astronomie usw.).

Welche Werbemaßnahmen empfehlen sich für die Einzeltitelwerbung?

- Prospekte mit ausführlicher Beschreibung des Inhalts, Abdruck des Inhaltsverzeichnisses, Abbildungsbeispiele, Pressestimmen u. ä.
- Anzeigen in einschlägigen Fachzeitschriften oder Zeitungen.
- Bemühungen um Rezensionen in wichtigen Zeitungen und Zeitschriften.
- Autorenlesungen bei belletristischen und Sachbuchtiteln.
- Versand von Leseproben oder Vorabexemplaren an Buchhändler.

Auf welche Weise kann in einem Buch geworben werden?

Es dürfen nach den Postbestimmungen für Büchersendungen bis zu zwei Anzeigenseiten geschaltet werden, die auf andere Bücher des eigenen Verlags hinweisen, Auch der Klappentext eines Schutzumschlages kann Hinweise auf andere Bücher des Verlags bringen.

Wie kann für eine Titelgruppe wirkungsvoll geworben werden?

- Zusammenstellung von informativen Titelgruppenverzeichnissen (z. B. für alle Titel der Naturführer).
- Vorstellung der Bücher auf Büchertischen bei Fachkongressen für in der Regel hoch motivierte Fachleute.
- Schaufensterwerbung mit dem Anreiz des Schaufensterwettbewerbs
- Sachgebiets-Sammelanzeigen in einschlägigen Presseorganen.

Mit welchen effektiven Werbemaßnahmen kann ein Buchverlag den Buchhändler bei der Einführung einer neuen Buchreihe unterstützen?

Indirekte Unterstützung können Anzeigen in Zeitungen und Zeitschriften, Fernsehspots, Hinweise im Rundfunk, Rezensionen, Messeauftritte sein.

Direkte Unterstützung bieten Displays, Plakate, Schaufenstermaterialien, Prospekte, Autorenlesungen.

Welche Vorteile hat das Mail Order für den Buchverlag?

Die Werbewirksamkeit ist wegen der persönlichen Ansprache des Empfängers hoch. Mit Hilfe von EDV-Programmen werden Briefe mit dem PC geschrieben, die den Empfänger persönlich ansprechen. Die Sendungen können zudem genau nach Streugebieten (z. B. Steuerberater im Rhein-Main-Gebiet) und nach Streuterminen (z. B. 1. Oktober) versendet werden. In der Regel wird diese Werbung auf dem Postweg versandt, zunehmend auch per Mail, wenn es der Empfänger wünscht.

Ist der Ladenpreis eines Buchs ein wichtiges Marketinginstrument?

Der Ladenpreis eines Buchs unterliegt der Preisbindung. Der Wiederverkäufer, z. B. der Sortimentsbuchhändler, kann sich einer veränderten Nachfragesituation nicht durch eine flexible Ladenpreispolitik anpassen. Marktpolitik kann daher nur über den Nettopreis, den Einkaufspreis des Wiederverkäufers, vorgenommen werden. Mit hohen Rabatten und günstigen Zahlungszielen (z. B. Valuta) soll der Wiederverkäufer zu erhöhtem Bezug und damit zu größeren Verkaufsanstrengungen angeregt werden.

Warum kann der Subskriptionspreis für Bücher ein wirkungsvolles Marketinginstrument sein?

Bereits vor dem Produktionsbeginn erhält der Verlag auf Grund von verbindlichen Bestellungen die Möglichkeit, Auflagenhöhe und Bindequoten genau zu bestimmen. Über die Subskription ist es in vielen Fällen überhaupt erst möglich, teure wissenschaftliche Werke oder umfangreiche Nachschlagewerke kostendeckend zu verlegen.

Welche Marketingmaßnahmen sind für Bücher am Beispiel eines Reiseführers wichtig?

- *Produktgestaltung:* z. B. die Gestaltung des Schutzumschlags mit einem Farbfoto, Bindeausstattung mit einem Wasser abweisenden cellophanierten Umschlag.
- *Preispolitik:* Festlegung eines für die Kaufkraft der Zielgruppe angemessenen Marktpreises z. B. für jugendliche Abenteuerreisende.
- *Vertriebsschwerpunkte:* Verkauf über Spezialsortimente für Reiseliteratur, über Bahnhofsbuchhandlungen.
- *Werbemaßnahmen:* Anzeigenserien in Reisezeitschriften, in Vereinszeitschriften (z. B. von Wandervereinen), Beilagenwerbungen in Tageszeitungen an Wochenenden vor Beginn der Ferienzeit).

Welche Sonderpreise können Verlage für ihre Druckerzeugnisse festlegen?

Ungeachtet der Ladenpreisbindung können Verlage Sonderpreise festlegen, an die der Buchhandel gebunden ist:

- *Subskriptionspreis:* Verringerter Preis für die verbindliche Bestellung noch vor dem Produktionsbeginn.
- *Serienpreis:* Verringerter Preis bei geschlossener Abnahme einer Reihe.
- *Umtauschpreis:* Verringerter Preis beim Kauf einer Neuauflage, wenn die ältere Auflage zurückgegeben wird (z. B. bei Lexika).

Auch der sog. Ramschpreis ist ein Sonderpreis.

Warum wird empfohlen, den Bekanntheitsgrad des eigenen Verlags zu ermitteln und ggf. zu fördern?

Auf den Bekanntheitsgrad des Verlags bei den wichtigen Zielgruppen lassen sich mit Erfolg Werbemaßnahmen für neue Produkte aufbauen. Beispiele dafür können sein:

- Einheitlich gestaltete Reihentitel (z. B. Manesse Bibliothek der Weltliteratur)
- Einprägsames unverwechselbares Verlagssignet (z. B. der gepunktete PONS-Schriftzug auf Wörterbüchern des Ernst-Klett-Verlags).
- Erfolgreiche Autoren, so genannte „Zugpferde" (z. B. Tolkien für die Reihe *Hobbit* Presse des Verlags Klett-Cotta).

Interessenten werden sich über alle Produkte der einschlägigen Verlage informieren lassen und können daher erfolgreich beworben werden.

5 Das Anzeigengeschäft

Warum ist eine deutliche Anzeigenkennzeichnung erforderlich?

Nach den Richtlinien des Zentralausschusses der Werbewirtschaft e. V. (ZAW) müssen private und geschäftliche Mitteilungen durch das Wort ANZEIGE gekennzeichnet werden, wenn die Anzeige auf Grund der Gestaltung mit dem redaktionellen Teil verwechselt werden kann. Es gibt Anzeigen, die bewußt der Gestaltung des redaktionellen Teils angeglichen werden, um unabhängig-objektiv zu wirken.

Wie ist AMF für Zeitschriftenverlage zu bewerten?

AMF sind von der *Kommission Anzeigen-Marketing Fachzeitschriften* herausgegebene Media-Informationen. Sie dienen zur Planung von Werbe- bzw. Anzeigenkampagnen.

Was versteht man unter einer digitalen Anzeige?

Der Anzeigenkunde liefert die Anzeigendaten in der von ihm gewünschten Gestaltung auf digitalem Weg an den Verlag, z. B. als PDF-Datei. Der Vorteil liegt darin, dass es zu keinen Fehlern bei der Übertragung auf das Printmedium kommen kann. Für den Inhalt ist der Anzeigenkunde verantwortlich.

Welche Bedeutung haben Kennziffern-Zeitschriften?

Darin tragen Anzeigen eine Kennziffer, mit der weitere Informationen kostenlos oder gegen eine Schutzgebühr vom Verlag oder vom Anzeigenkunden angefordert werden können. Sie erlauben dem Anzeigenkunden und dem Verlag eine Beurteilung seiner Werbung.

Bietet eine Kuponanzeige Vorteile?

Sie ist eine besonders effektive Werbeanzeige. In der Anzeige steht ein Abschnitt (Kupon), mit dem weitere Informationen angefordert werden können. Der Vorteil liegt darin, dass der interessierte Leser direkt angesprochen wird. Häufig ist damit die Aufforderung verbunden, künftig regelmäßig Produkt-Informationen – in der Regel über das Internet – zu bekommen. Die dabei vom Interessenten gelieferten persönlichen Daten wie Name, Anschrift, Alter können in einer Kundenkartei gespeichert werden. Dabei sind die Vorschriften des Datenschutzes zu beachten.

Wie sind Anzeigenportale zu bewerten?

Ein Anzeigenportal von Anzeigenverlagen bietet Gewerbebetrieben und Privatpersonen die Möglichkeit, kostenlos Kleinanzeigen im Internet zu veröffentlichen. Sie bieten zugleich die Möglichkeit, mit einer Suchmaske gezielt das Gewünschte zu finden. Die Anzeigen können wie in Tageszeitungen nach Rubriken angeordnet sein, z. B. Wohnungs-Vermietungen in einem Stadtkreis. Gegenüber dem Printmedium kann die Anzeige sofort nach der Erledigung gelöscht werden.

Wie wirken sich Internet-Anzeigen auf Verlage mit Printmedien aus?

Im Internet oder auf Handys geschaltete Anzeigen sind eine ernst zu nehmende Konkurrenz zu Anzeigen in Zeitungen und Zeitschriften. Sie haben eine riesige Verbreitung und sind schnell zu aktualisieren. Sie werden häufig bei der Internet-Recherche zu den Suchbegriffen gestellt. Immer ist aber die notwendige Hardware notwendig. In Printmedien geschaltete Anzeigen hingegen können ohne Hardware gelesen werden. Oft wirken sich diese ungebetenen elektronischen Anzeigen störend aus.

Welche Vorteile hat eine Banner-Werbung im Internet?

Es handelt sich um eine meist streifenförmige Werbefläche, die einen Link enthält, der zur Webseite des Werbenden führt, wo der Interessent ausführliche Informationen bekommt.

Wie wird die Internetwerbung dem Anzeigenkunden berechnet?

Es gibt viele Berechnungsmöglichkeiten. Verbreitet ist die erfolgsorientierte Zahlung, d. h. der Werbende zahlt nur für die Ergebnisse, wenn Nutzer auf die Anzeige klicken. Das erlaubt dem Anzeigenkunden zu erfahren, wie oft seine Werbung aufgerufen wird. Das bedeutet aber noch nicht, dass sie auch aufmerksam gelesen wird oder es zum Kauf kommt.

Wie lassen sich Anzeigenarten nach Inhalt und Auftraggeber gliedern?

- *Dienstleistungsanzeigen*, z. B. von Banken, Versicherungen, Touristikunternehmen.
- *Markenartikelanzeigen* von Produkten gleich bleibender Qualität und mit empfohlenen Richtpreisen, z. B. Kosmetik, Auto, Reisen.

- *Rubrikanzeigen* von Privatleuten hauptsächlich in Tageszeitungen und Anzeigenblättern.
- *Geschäftsanzeigen*, z. B. von lokalen Lebensmittelhändlern, Modehäusern, Gartencentern.

Warum erfreuen sich Titel-Kopf-Anzeigen großer Beliebtheit?

Titel-Kopf-Anzeigen sind kleine, hochpreisige Anzeigen neben einem Zeitungs- oder Zeitschriftentitel auf der ersten Seite. Bei regelmäßiger Schaltung wird ein hoher Aufmerksamkeitsgrad erreicht.

Was versteht man unter einer Streifenanzeige?

Eine Streifenanzeige geht über die ganze Satzbreite und über die Spalten hinweg und steht häufig am Fuße im redaktionellen Teil.

Was ist eine Textteil- und eine Panoramaanzeige?

- *Textteilanzeigen* sind Anzeigen, die mit mindestens drei Seiten an den redaktionellen Text und nicht an andere Anzeigen angrenzen. Sie haben einen hohen Aufmerksamkeitsgrad und werden deshalb zu einem erhöhten Preis berechnet.
- *Panoramaanzeigen* sind Anzeigen, die über den Bund hinaus auf die andere Seite überlaufen. Der in der Anzeige enthaltene Bund wird bei der Berechnung mit einbezogen.

Wie kann man eine Eckanzeige beschreiben?

Sie ist an zwei Seiten vom redaktionellen Text umgeben und erstreckt sich in der Regel über mehrere Textspalten.

Wie wird eine Eckanzeige berechnet?

Sie wird zum Anzeigenteilpreis unter Berücksichtigung eines Umrechnungsfaktors abgerechnet.

Was ist eine Inselanzeige?

Eine Inselanzeige wird an allen vier Seiten vom redaktionellen Text umgeben. Wegen des hohen Aufmerksamkeitsgrads wird häufig ein höherer mm-Preis verlangt.

Worauf muss bei Anschnittanzeigen geachtet werden?

Anschnittanzeigen laufen bis zum Beschnitt. Fotos müssen ca. 3 mm über den Beschnitt hinausgehen, damit nach dem Schneiden des Produkts auf das richtige Format kein weißer Streifen sichtbar wird.

Was versteht man unter einem Anzeigenumbruch?

Anzeigen werden nach Seitenzugehörigkeit und Rubriken zusammengestellt, z. B. Privater Autoverkauf/ Fabrikat Audi/Erstzulassung 2006.

Was soll ein Anzeigensplitting in einer Zeitung oder Zeitschrift bewirken?

Eine Anzeige wird in unveränderter Aufmachung nicht in allen Exemplaren geschaltet, sondern nur gesplittet in Teilen der Auflage. Man unterscheidet zwischen dem geographischen und dem mechanischen Split. Beim *geographischen Split* wird nach geographischen Gesichtspunkten (z. B. Nielsen-Gebieten) mit unterschiedlichen, für die Gebiete zutreffenden Motiven für ein Produkt geworben, um erhöhte Aufmerksamkeit ganz bestimmter Zielgruppen zu erzielen (z. B. oberbayerischer Autoverkäufer im Trachtengewand). Beim *mechanischen Split* wird in allen Exemplaren von Nummer zu Nummer abwechselnd mit unterschiedlichen Motiven geworben, um Neugier zu erwecken und Spannung zu erzielen (z. B. ein Autotyp auf einer Passstraße im Hochgebirge und vor einem Grandhotel). Das Gleiche gilt auch für Prospektbeilagen und Internet-Anzeigen.

Was können die Motive für ein Anzeigensplitting sein?

• *Geographischer Split:* Vermeidung von Streuverlusten.
• *Mechanischer Split:* Test von Anzeigenmotiven, um die ansprechendsten zu finden, z. B. mit Kupon-Anzeigen.

Was kann ein Auftraggeber mit einer Chiffreanzeige beabsichtigen?

Die auch Kennzifferanzeige genannte Anzeige setzt an die Stelle des Namens und der Anschrift des Inserenten eine Kennziffer. Alle unter dieser Nummer eingehenden Zuschriften werden vom Verlag, in der Regel gegen eine Chiffregebühr an den Inserenten weitergeleitet oder zur Abholung bereitgehalten. Der Verlag verpflichtet sich zur Vertraulichkeit (Chiffregeheimnis), denn der Auftraggeber will aus persönlichen Gründen anonym bleiben (Ausnahme bei staatsanwaltlichen oder finanzamtlichen Ermittlungen). Bei Stellensuche kann mit einem Sperrvermerk die Weiterleitung an bestimmte Firmen verhindert werden.

Welche Verpflichtung geht der Verlag bei Chiffreanzeigen ein?

- Er verwahrt die Angebote und leitet sie an den Kunden weiter.
- Er behält sich das Recht vor, eingehende Angebote zur Ausschaltung des Missbrauchs zu Prüfzwecken zu öffnen.
- Er bewahrt die Angebote 4 Wochen lang auf, falls eine Abholung durch den Kunden vereinbart ist.
- Er bewahrt über seinen Kunden Stillschweigen (Chiffregeheimnis).

Was versteht man unter einer Hifi-Insetting-Anzeige?

Es sind vorproduzierte Endlosanzeigen, die in die Zeitungsproduktion einlaufen.

Was sind rubrizierte Anzeigen?

Bei Gelegenheitsanzeigen muss vom Auftraggeber nicht ausdrücklich die Aufnahme unter eine Rubrik vorgeschrieben werden. Die Anzeigenabteilung muss vielmehr von sich aus die Anzeige der richtigen Rubrik zuordnen, z. B. Verkauf eines Hundes in der Rubrik „Tiermarkt".

Darf ein Verlag die Anzeige eines Rechtsanwalts oder Arztes, der für seine Praxis wirbt, aufnehmen?

Eine Anzeige ist nur zu bestimmten Anlässen erlaubt, z. B. Eröffnung einer Praxis oder Rückkehr aus dem Urlaub. Doch immer öfter werben sie mit Kollektivanzeigen für ihre Dienste.

Welche Bedeutung können See-and-Write-Anzeigen haben?

Darunter versteht man Anzeigen, in die eine Postkarte integriert ist, die der Leser herausnehmen und ausgefüllt an den Werbetreibenden schicken soll. Damit können Bestellungen aufgegeben werden. In vielen Fällen wollen die Werbetreibenden aber nur die Wirksamkeit der Anzeige überprüfen. Deshalb wird der Leser zu Gewinnspielen eingeladen, an denen er mit der Sendung der Karte teilnimmt.

Was kann einen Verlag dazu veranlassen, eine Eigenanzeige zu schalten?

Mit einer Eigenanzeige wirbt der Zeitungs- oder Zeitschriftenverlag in eigener Sache. Anlässe können sein: die Bedeutung der eigenen Publikation hervorzuheben, um neue Anzeigenkunden oder Abonnenten zu gewinnen oder andere Objekte des Verlags wie Sonderveröffentlichungen u. ä. vorzustellen. Häufig werden dazu „Füller" verwendet, um nicht belegten Raum mit Anzeigen aufzufüllen.

Dürfen Wahlanzeigen zurückgewiesen werden?

Die Presse darf den Abdruck von politischen Anzeigen und Leserzuschriften verweigern. Die Pressefreiheit umfasst nach dem Bundesverfassungsgericht auch den Anzeigenanteil einer Zeitung. Selbst wenn die Tageszeitung eine Monopolstellung inne hat, stellt dies keine unzulässige Beeinträchtigung der Wahlfreiheit dar. Daran ändert sich nichts, auch wenn entgegengesetzte Meinungen abgedruckt werden. Die Presse ist somit bei Auswahl und Verbreitung von Nachrichten und Meinungen frei. Der Deutsche Presserat empfiehlt, den Grundsatz der Chancengleichheit bei Wahlanzeigen vor demokratischen Parteien zu beachten.

Warum wird zwischen dem Redaktions- und Anzeigenbereich im Zeitungs- und Zeitschriftenverlag unterschieden?

- Damit soll die Unabhängigkeit der Redaktion vom Anzeigenkunden gewahrt werden.
- Die Redaktion ist nicht zu Gegenleistungen für Anzeigenkunden verpflichtet.
- Der Leser soll Vertrauen in eine objektive Berichterstattung des redaktionellen Teils bewahren können.

Welche Aufgaben kommen einer Full-Service-Agentur zu?

- *Marketing:* Markt- und Konkurrenzbeobachtung
- *Planung:* Werbekonzeption, Mediaplanung
- *Gestaltung:* Typografische Gestaltung mit Schrift, Grafiken, Fotos u. ä.
- *Produktion:* Auftragsvergabe und Auftragsüberwachung

Was wird unter Konkurrenzausschluss einer Werbeagentur verstanden?

Sie verpflichtet sich, keine weiteren Kunden aus dem gleichen Wirtschafts- oder Produktbereich zu betreuen.

Welche Media-Unterlagen schicken die Verlage der Werbeagentur zu?

- Quantitative Analysen, z. B. Verbreitungsgebiete
- Qualitative Analysen, z. B. Verbrauchergewohnheiten

Was sind soziodemographische Merkmale einer Zielgruppe?

Dazu gehören Angaben über Geschlecht, Alter, Einkommen, Schulbildung, Beruf, Familienstand.

Was versteht man unter dem Begriff Nielsen?

Deutschland ist in 7 Regionen vergleichbarer Wirtschaftseinheiten zur Planung von Werbekampagnen aufgeteilt, die Nielsen-Gebiete heißen. Nielsen IIIb z. B. ist Baden-Württemberg.

Worauf muss die Anzeigenabteilung einer Tageszeitung bei der Aufnahme von Fremdbeilagen achten?

Größe der Beilage – Gewicht – Stärke (Umfang) – Anlieferungstermin – Platzierung.

Warum sind die Kosten für eine Sonderbeilage in einer Lokalzeitung von geringerer Höhe als in einer überregionalen Tageszeitung?

Lokalzeitungen werden den Abonnenten nahezu ausschließlich durch Zusteller zugestellt. Überregionale Tageszeitungen müssen zur Belieferung ihrer Kunden oft den Postdienst in Anspruch nehmen, wodurch höhere Kosten entstehen können.

In einem Verbreitungsgebiet erscheinen zwei Tageszeitungen. Was kann einen Auftraggeber veranlassen, eine Anzeige in der Tageszeitung mit niedrigerer Auflage zu schalten?

Nicht immer ist die Höhe der Auflage für den Anzeigenerfolg entscheidend, auch wenn ein günstiger Preis pro Leser angeboten wird. Gründe können in der Leserstruktur liegen, z. B. höheres verfügbares Einkommen durch berufliche Qualifikation, höhere Seriosität des redaktionellen Teils.

Was kann eine Tageszeitung veranlassen, sich um ein Anzeigenkollektiv zu bemühen?

In einem Anzeigenkollektiv werden Anzeigen verschiedener Anzeigenkunden unter einem Motto zusammengestellt, z. B. „Geschäfte rund um den Marktplatz". Das Motto wird vom Verlag vorgegeben. Jeder Inserent erhält eine eigene Rechnung, um unterschiedliche Rabattierungen zu vermeiden, die Anzeigenkunden benachteiligen würden. Mit einem Anzeigenkollektiv können neue Anzeigenkunden gewonnen werden.

Zu welchem Zweck wird eine Sonderveröffentlichung in eine Tageszeitung aufgenommen?

Eine Sonderveröffentlichung erscheint zu einem bestimmten Anlass. Sie enthält neben dem redaktionellen Teil bezahlte Anzeigen. Für eine Sonderveröffentlichung muss ein öffentliches Interesse vorliegen (z. B. Einweihung einer neuen Fabrikanlage in einem städtischen Gewerbegebiet). Auf den redaktionellen Teil kann der Anzeigenkunde keinen Einfluss nehmen.

Wer sind Auftraggeber für Anzeigen?

Grundsätzlich unterscheidet man zwischen direkten Auftraggebern und gewerbsmäßigen Anzeigenvermittlern.

Direkte Auftraggeber sind Gelegenheitskunden wie Privatpersonen, Firmen, öffentliche Institutionen (z. B. Deutsches Rotes Kreuz) oder Behörden (z. B. für amtliche Bekanntmachungen). Zu den *gewerbsmäßigen Anzeigenvermittlern* gehören Anzeigenvertreter, Werbeagenturen und Annoncenexpeditionen.

Welchen Vorteil hat ein Anzeigenverbund von Tageszeitungen?

Anzeigen werden gezielt nach Kundenwünschen in mehreren Tageszeitungen geschaltet, deren Verbreitungsgebiete benachbart sind. Die Anzeigen haben damit eine größere Effektivität.

Welcher Unterschied besteht zwischen dem Anzeigenteil und dem redaktionellen Teil einer Zeitung oder Zeitschrift?

- *Anzeigenteil:* Gegen Bezahlung steht der Anzeigenteil jedem Interessenten zur Veröffentlichung offen.
- *Redaktioneller Teil:* Die Beiträge werden von der Ressortleitung für die Veröffentlichung ausgewertet und zu Seiten zusammengestellt.

Wie arbeitet ein Anzeigenvertreter?

Er arbeitet als freier Handelsvertreter im Sinne des Handelsgesetzbuchs im Namen und auf Rechnung des von ihm vertretenen Verlags (im Gegensatz zur Werbeagentur). Für seine erfolgreichen Abschlüsse erhält er Provision. Er pflegt den Kontakt mit Anzeigenkunden der von ihm vertretenen Zeitung oder Zeitschrift und versucht, das Vertrauen in die Wirksamkeit von Anzeigen zu gewinnen bzw. zu festigen. Er berät auch über die Gestaltung und elektronische Erfassung.

Welchem Zweck dient die IVW-Auflagenkontrolle?

Die *Informationsgemeinschaft zur Feststellung der Verbreitung von Werbeträgern e. V. (IVW)* kontrolliert die Auflage und Verbreitung von Zeitschriften und Zeitungen ihrer Mitglieder. Die von der IVW herausgegebene Auflagenliste gibt dem Anzeigenkunden verbindliche Auskunft über die Auflagenhöhe (Druckauflage) und die Auflagenstruktur (Abo-Verkauf, Einzelnummern-Verkauf, kostenlose Werbeexemplare). Außerdem wird der Prozentsatz der Remissionen angegeben. Der Werbende kann somit die Verbreitung und Werbewirksamkeit seiner Anzeigen besser abschätzen. Verlage, die das IVW-Signet im Impressum führen, verpflichten sich zur wahrheitsgemäßen Auskunft. Seit 1997 werden auch die von den Verlagen gemeldeten Abrufzahlen ihrer Online-Angebote geprüft. Es gelten die Richtlinien in der Fassung vom 26.5.2009.

Welche Informationen bieten die drei AMF-Karten?

- *AMF-Karte 1:* Umfanganalyse (Gesamtumfang, Umfang des redaktionellen und des Anzeigenteils)
- *AMF-Karte 2:* Auflagenanalyse (Druckauflage, Verkaufsauflage, verbreitete Auflage)
- *AMF-Karte 3:* Leseranalyse (Einteilung nach Wohngebieten, Einkommen, Alter, Geschlecht usw.)

Was kann einen Verlag dazu veranlassen, einen Anzeigenauftrag abzulehnen?

- *Rechtliche Gründe:* Verstöße gegen Gesetze (z. B. Jugendschutz)
- *Technische Gründe:* Ungeeignete Druckvorlagen (z. B. Textteilanzeigen in falscher Spaltenbreite)
- *Kaufmännische Gründe:* Schlechte Zahlungsmoral des Kunden
- *Unzumutbarkeitsgründe:* Unvereinbarkeit mit der Tendenz (z. B. Erotik-Anzeige in einer Kirchenzeitung)

Die Verantwortung trägt der Anzeigenleiter.

Wie kann der erfolgreiche Einsatz von Werbemitteln und Werbeträgern den Kunden einer Tageszeitung empfohlen werden?	Dafür stehen der Anzeigenabteilung die Untersuchungen der Media-Analyse zur Verfügung (z. B. Allensbacher Werbeträgeranalyse). Sie beruhen auf statistischen Erhebungsmethoden, welche Werbemittel (z. B. Prospekte, Beihefter usw.) und Werbeträger (z. B. Donnerstagsausgabe, Wochenendausgabe usw.) Erfolg versprechen.
Was kann zur Anzeigenstruktur einer regionalen Tageszeitung gesagt werden?	In einer Tageszeitung werben überwiegend Firmen aus dem Verbreitungsgebiet. Außerdem sind die Anzeigenmärkte rubriziert (z. B. Automarkt, Wohnungsmarkt). Anzeigen können kurzfristig geschaltet werden. Markenartikel werden eher in überregionalen Publikumszeitschriften beworben.
Wie wirkt sich Streuverlust bei Anzeigen aus?	Streuverlust tritt ein, wenn Werbeträger die Leser, die zur Zielgruppe gehören, nicht erreichen, z. B. Reiseangebote für Senioren in Jugendzeitschriften. Damit werden Werbegelder verschwendet.
Warum können Programmzeitschriften für den Anzeigenmarkt interessant sein?	Sie werden im Haushalt von vielen Personen gelesen und mehrfach oft täglich in die Hand genommen.
Anzeigenvertreter einer Zeitschrift können nach Nielsen-Gebieten eingesetzt werden. Ist das von Vorteil?	Nielsen-Gebiete gliedern Deutschland in einigermaßen gleiche Wirtschaftsräume. Diese Einteilung erleichtert die Marktforschung, Werbekampagnen und die Steuerung des Außendienstes.
Welche wichtigen Aufgaben muss ein selbstständiger Generalvertreter wahrnehmen, um für einen Zeitschriftenverlag erfolgreich arbeiten zu können?	Der selbstständige Generalvertreter ist kein Angestellter des Verlags, sondern freier Handelsvertreter, der auf Vertragsbasis gegen Provision arbeitet. In der Regel ist die Berichtspflicht ein Bestandteil des Vertrags. Seine Aufgaben umfassen: Verbindungen zu allen Werbetreibenden und Werbeagenturen seines Gebiets zu pflegen, die Zeitschriften zu präsentieren, Abgabe von Preisangeboten, Erläuterung der Mediadaten, Darstellung und Erläuterung von Mediaanalysen, Informationen über mögliche Optimierungsprogramme, Ratschläge zur technischen Produktion.

Welchen Sinn kann ein Anzeigen-Copy-Test für eine Tageszeitung haben?

Mit diesem Copy-Test kann anhand von Testpersonen das Mediennutzverhalten untersucht werden. Das schließt die Untersuchung ein, wie eine Anzeige gesehen, aufmerksam gelesen, wiedererkannt und gemerkt wird. Damit sind unter Umständen eine Schätzung der Werbewirksamkeit von neuen Anzeigen und Werbekampagnen möglich.

Welche Aufgabe leistet die Anzeigenverwaltung in einem Zeitungs- und Zeitschriftenverlag?

Sie bearbeitet die Aufträge und sorgt für die Druckunterlagen, die an die Druckerei gehen (Filme, Manuskripte, Mails, Datenträger). Sie überwacht die Ausführung (Korrektur lesen) und versendet die Belege. Sie stellt Rechnungen aus und überwacht den Zahlungseingang. Außerdem kann sie für die betriebliche Bewertung Statistiken führen. In bestimmten Fällen wird sie auch die Anzeigenannahme von privaten Gelegenheitsanzeigen betreuen.

Worin liegt der Unterschied zwischen Malstaffel und Mengenstaffel?

- *Malstaffel (Treue-Rabatt):* Der Kunde erhält Rabatt nach der Häufigkeit der Anzeigenaufträge unabhängig von der Anzeigengröße (z. B. 12 Anzeigen zu 8 % Rabatt), sonst könnten wenige große Anzeigen durch viele kleine Anzeigen unverhältnismäßig höher rabattiert werden.
- *Mengenstaffel:* Die Rabatthöhe richtet sich nach der abgenommenen mm-Menge innerhalb eines Abschlussjahrs, z. B. 12.000 mm zu 15 % Rabatt.

Welchen Zweck hat die Veröffentlichung des Tausender-Kontaktpreises?

Mit diesem können vergleichbare Werbeträger miteinander verglichen und damit unterschiedliche Anzeigenpreise gerechtfertigt werden.

Was sind die wesentlichen Bestandteile einer Anzeigenpreisliste?

Anschrift des Verlags – Titel des Objekts – Nummer der aktuellen Preisliste mit Gültigkeitsdauer – Preis für Formatanzeige (Millimeter-Anzeige, Beihefter, Beilage, Sonderinsertion) – Rabatte (Mal- und Mengenstaffel) – Belegungsmöglichkeiten – Anlieferungsdaten – Allgemeine Geschäftsbedingungen.

Auf welcher Basis beruht der Listenpreis einer Anzeige in der Tageszeitung?

Er beruht auf dem Preis für 1 mm in Spaltenbreite. Platzierungswünsche oder zusätzliche Farben erhöhen den Anzeigenpreis.

In welchem Zusammenhang steht die Karenzzeit zum Anzeigengeschäft?

Sie umfasst den Zeitraum ab Gültigkeitsdatum einer neuen Anzeigenpreisliste für laufende Aufträge, für die noch die Konditionen der alten Preisliste in Anwendung kommen. Sie beträgt in der Regel 3 Monate.

Was sind die Bestandteile einer Anzeigen-Auftragsbestätigung?

Auftrag (Datum/Kunde/Objekt) – Anzeige (Format, Anzahl) – Preis – Platzierung – Farbangaben – Termin für die Vorlagenablieferung – Art der Vorlagen – Erscheinungstermin – Unterschrift des Anzeigenleiters oder seines Mitarbeiters.

Was bedeutet vertragsrechtlich die Auftragsbestätigung im Anzeigengeschäft?

Die Annahme tritt in Kraft, wenn zum Zeitpunkt der Auftragsbestätigung Text und ggf. Abbildungen vorliegen. Ansonsten kann die Anzeigenabteilung die Anzeige auf Grund des Inhalts (z. B. Verstoß wegen unlauterem Wettbewerb), der Herkunft (z. B. dubioser Auftraggeber) oder technischer Mängel (z. B. ungeeignete Druckvorlagen) ablehnen.

Ein Kunde will seine Anzeige nicht bezahlen, weil seiner Meinung nach der erwünschte Werbeerfolg nicht eingetreten ist. Ist das rechtens?

Der Verlag ist nicht für den Werbeerfolg verantwortlich. Der Kunde muss zahlen.

Wie kann sich die Anzeigenabteilung bei Umbruchdifferenzen auf Zeitungsseiten verhalten?

Bei Unterfüllung kann sie freien Raum mit Eigenanzeigen oder kostenloser Werbung für gemeinnützige Zwecke (z. B. „Brot für die Welt") belegen. Bei Überfüllung kann sie Anzeigen, die nicht termingebunden sind, herausnehmen und später veröffentlichen.

Unter welchen Voraussetzungen können Beilagenaufträge von der Anzeigenabteilung eines Zeitungsverlags abgelehnt werden?

Beilagen, die beim Leser den Eindruck erwecken, dass sie durch Aufmachung und Format Bestandteil der Zeitung sind, dürfen zurückgewiesen werden. Die Anzeigenabteilung wird sich deshalb vor der Auftragsannahme ein Muster zeigen lassen.

In welcher Weise haftet der Verlag für eine von ihm fehlerhaft gestaltete und gedruckte Anzeige in einer Zeitung?

Der Auftraggeber hat nach AGB Ziffer 10 Anspruch auf Zahlungsminderung oder eine einwandfreie Ersatzanzeige. Eine Wandelung ist nicht möglich. Diesen Anspruch hat er aber nur in dem Ausmaß, in dem der Zweck der Anzeige beeinträchtigt worden ist. Die Reklamation muss innerhalb von 4 Wochen nach dem Eingang der Rechnung und des Belegs geltend gemacht sein.

Fehlerhafte Anzeigen können sein:
• Unrichtige Angaben (z. B. falsche Adressenangabe), falsche Rubrizierung (z. B. Mietgesuch unter Tiermarkt)
• Unvollständiger Abdruck (z. B. Fehlen der Preisangabe)
• Unleserlicher Abdruck (z. B. undeutliche oder farbabweichende Reproduktionswiedergabe eines angebotenen Objekts wie das Bild eines Autos).

Was ist bei der Berechnung von Anzeigen zu beachten?

Größe der Anzeige – Mal- und Mengenstaffel – Platzierung – Chiffregebühr – Direktkunde oder Agentur als Auftraggeber – Skonto – Mehrwertsteuer – Aufschläge für zusätzliche Leistungen (z. B. Zweitfarbe).

Wie wird der Anzeigenpreis für den Anzeigenkunden errechnet?

Grundpreis (Spalte x Höhe)
– Kombinations- oder Sonderrabatt in %
= Kundennetto
+ Mehrwertsteuer

= Rechnungsendbetrag

Beispiel:
Grundpreis für eine Anzeige 10.000 Euro
Nachlassrabatt 20 %.

Grundpreis:	10.000 Euro
– 20 % Rabatt	2.000 Euro
= Kundennetto	8.000 Euro
+ 19 % MwSt.	1.528 Euro

Rechnungsendbetrag:	9.528 Euro

Welchen Einfluss hat der Tausenderpreis auf den Anzeigenpreis?

$$\frac{\text{Tausenderpreis x verbreitete Auflage}}{1.000} = \text{Anzeigenpreis}$$

Beispiel:
Tausenderpreis 40 Euro;
verbreitete Auflage 200.000 Ex.

$$\frac{40 \times 200.000}{1.000} = 8.000 \text{ Euro}$$

Wie errechnet sich der Insertionspreis?

$$\frac{\text{Tausender-Seitenpreis x Auflage}}{1.000} = \text{Insertionspreis}$$

Beispiel:
Tausender-Seitenpreis 94 Euro,
Auflage 610.000 Exemplare

$$\frac{94 \times 610.000}{1.000} = 57.340 \text{ Euro}$$

Wie wird die Anzeige der Werbeagentur berechnet?

Kundennetto
– Agenturprovision
= Agenturnetto
+ 19 % MwSt

= Rechnungsendbetrag

Beispiel mit den obigen Zahlen bei 15% Agenturprovision:

Kundennetto	8.000 Euro
– 15 % Agenturprovision	1.200 Euro
= Agenturnetto	6.800 Euro
+ 19 % MwSt.	1.292 Euro
Rechnungsendbetrag	8.092 Euro

Die Mittlerprovision wird vom Verlag getragen. Der Inserent zahlt nicht mehr als bei direkter Auftragsvergabe.

Wie wird eine Sonderinsertion berechnet?

Berechnung einer Anzeige mit angeklebter Rückantwortkarte ohne Beteiligung einer Werbeagentur:

Grundpreis (Spalte x Höhe)
– Kombinations- oder Sonderrabatt
+ Technische Mehrkosten (für die Karte)

= Kundennetto
+ zusätzliche Postgebühren

= Rechnungsnetto
+ Mehrwertsteuer

Rechnungsendbetrag

Beispiel:
Grundpreis der Anzeige 12.500 Euro; Rabatt 15 %; Technische Mehrkosten 1.750 Euro; zusätzliche Postgebühr 900 Euro.

Grundpreis	12.500 Euro
– 15 % Rabatt	1.875 Euro
+ Technische Mehrkosten	1.750 Euro
Kundennetto	12.375 Euro
+ Postgebühren	900 Euro
= Rechnungsnetto	13.275 Euro
+ 19 % MwSt.	2.522 Euro
Rechnungsendbetrag	15.797 Euro

Wie wird eine Streifenanzeige berechnet?

Anzeigenhöhe in mm x Spalten x mm-Preis – Mengenrabatt.

Beispiel:
100 mm Anzeigenhöhe, 6 Spalten, mm-Preis 3 Euro, Rabatt 2 %.

100 mm x 6 Spalten x 3 Euro =	1.800 Euro
– 20 % Mengenrabatt	360 Euro
=	1.440 Euro
+ 19 % MwSt.	273,60 Euro
Rechnungsendbetrag	1.713,60 Euro

Welche Auflagenarten sind zu unterscheiden?

Durchschnittliche Auflage – durchschnittlich verkaufte Auflage – durchschnittlich tatsächlich verkaufte Auflage.

Kann die Auflagenminderung zu einer Minderung des Anzeigenpreises führen?

Eine Auflagenminderung kann bei einem Abschluss über mehrere Anzeigen zu einem Anspruch auf Preisminderung führen. Diese kann bei einer Auflage bis zu 50.000 Exemplaren 20 %, bei einer Auflage über 500.000 Exemplaren 5 % betragen.

6 Beschaffung und Lagerung

Welche Aufgaben sind im Beschaffungs-Management enthalten?	Grundlage ist die Lebensdauer eines Produktes, z. B. einer Wörterbuch-Reihe. Zu den Aufgaben gehören: Beschaffungsplanung (Bedarfsplanung/Bestellplanung) – Lieferantenauswahl – Angebotsplanung und Angebotsprüfung – Produktion – Erfolgskontrolle.

Wie können sich Unternehmen einen Überblick über mögliche Bezugsquellen verschaffen?	• Messen und Ausstellungen • Vertreterbesuche • Fachzeitschriften (Bezugsquellennachweise) • Adressbücher • Branchenfernsprechbücher (z. B. Gelbe Seiten der Telekom) • Anzeigen • Nachrichten der Verbände

Welche wichtigen Aufgaben hat die Beschaffung in einem Unternehmen zu erledigen?	• Marktbeobachtung der Bezugsquellen • Führung einer Lieferantenkartei • Anfrage und Bearbeitung von Angeboten • Durchführung der Bestellung • Überwachung des Liefertermins • Wareneingangskontrolle • Kontrolle der Rechnung

Nach welchen Kriterien können Angebote verglichen werden?	Grundsätzlich können nur die Produkte gleicher Qualität bei gleicher Lieferzeit und bei gleichen Liefer- und Zahlungsbedingungen miteinander verglichen werden. Es werden außerdem die Einstandspreise geprüft, die sich aus Grundpreis, Rabatten, Verpackung, Transportgebühren sowie aus der Gewährung von Sonderkonditionen wie Skonto errechnen.

Welche Funktion hat eine gut geführte Lieferantenkartei in einem Verlagsunternehmen?	Sie erleichtert das schnelle Auffinden von Lieferanten. Aus der Kartei können herausgelesen werden: Name des Ansprechpartners – Liefer- und Zahlungsbedingungen – Rabatte – Lieferzeiten – Stückpreise – angebotenes Warensortiment u. ä.

Worauf ist bei der Beschaffungszeit zu achten?

Die Beschaffungszeit ist der Zeitraum von der Bedarfsermittlung bzw. Bestellzeit bis zur Anlieferung der Ware an das Lager. Bei der Festlegung des Liefertermins sind Lieferzeit und Transportweg sowie die Zeit für die Wareneingangskontrolle zu berücksichtigen. Eine großzügige Bemessung der Beschaffungszeit ist vor allem bei Lieferung aus dem Ausland und bei Sonderanfertigungen zu empfehlen.

Worin liegt der Unterschied zwischen dem Bestellpunkt-Verfahren und dem Bestellrhythmus-Verfahren?

- *Bestellpunkt-Verfahren:* Die Bestellung erfolgt bei Bedarf (z. B. Nachdruck eines Buches, dessen Mindestbestand in Kürze erreicht wird).
- *Bestellrhythmus-Verfahren:* Die Bestellung wird nach festen periodischen Lieferterminen vorgenommen (z. B. Beschaffung von Papier für den Zeitungsdruck).

Welche ist die optimale Bestellmenge?

Diese ermittelt sich aus der mengen- und zeitmäßigen Abstimmung des Bedarfs unter Berücksichtigung der Beschaffungskosten, den Lagerkosten und den Zinskosten für die Kapitalbindung.

Wann wird die optimale Bestellmenge erreicht?

Diese ist gegeben, wenn Kostennachteile wegen zu langer Lagerhaltung (z. B. verzinsbare Kapitalbindung) durch Preisvorteile (z. B. Rabatte) bei großen Einkaufsmengen ausgeglichen werden.

Welcher Zusammenhang besteht zwischen der Beurteilung der Qualität und der Preisplanung?

Bei der Qualitätsprüfung wird geprüft, ob der Wert des Produkts dem Preis entspricht. Bei gleicher Qualität wird die Ware mit dem niedrigeren Preis gewählt. Verlängerte Lieferfristen oder bekannte Unzuverlässigkeit einzelner Anbieter können Ausnahmen notwendig machen.

Welche wesentlichen Tätigkeiten werden in der Lagerverwaltung ausgeführt?

Lagerdisposition – Eingangskontrolle von Rohmaterialien (z. B. Überzugsleinen für Buchdecken) und Fertigprodukten (z. B. Firmenprospekten) – Pflege des Lagergutes durch sachgerechte Lagerung (z. B. richtige Raumtemperatur und Luftfeuchtigkeit im Papierlager) – Kontrolle des Bestandes und Meldung zu Nachlieferungen – Lagerbuchhaltung.

Unter welchen Bedingungen empfiehlt sich die Fremdlagerung?	Sie empfiehlt sich bei kleinen Lagermengen, bei Lagergut, das nicht in die eigenen Lagerräume passt, sowie für Lagergut, für das besondere Lagerbedingungen notwendig sind (z. B. klimatisierte Lagerräume für Papier).
Welche Risiken können in einem Buchlager auftreten?	Brand – Feuchtigkeitseinbruch – Verfärben der cellophanierten Umschläge unter extremer Lichteinwirkung – Verformen der Bücher bei zu geringer oder zu hoher Luftfeuchtigkeit – Verschmutzen bei mangelhafter Verpackung u. ä.
Warum ist eine Lagerhaltung für einen Buchverlag notwendig?	Warenbeschaffung und Warenabsatz lassen sich nur in den seltensten Fällen genau aufeinander abstimmen. Die Lieferbereitschaft muss aber über einen längeren Zeitraum – bei wissenschaftlichen Büchern oft über viele Jahre hinweg – aufrechterhalten werden. Bei Saisonartikeln (z. B. Schulbüchern) muss das ganze Jahr über auf Vorrat gedruckt werden, um bei Beginn der Nachfrage komplett mit allen dafür benötigten Titeln lieferbereit zu sein. Bei Nachdrucken muss häufig die Lieferfähigkeit der alten Auflage bis zur Fertigstellung der Neuauflage möglich sein.
Inwiefern kann die Lagerhaltung die Funktion des Preisausgleichs erfüllen?	• Eine umfangreiche Lagerhaltung dient als „Puffer" für saisonale Preisschwankungen, wenn große Materialmengen für die Produktherstellung benötigt werden. Dadurch können die Preise für diese Produkte über einen längeren Zeitraum hinweg stabil gehalten werden (z. B. kann sich die Lagerung einer größeren Menge eines Standardpapiers stabilisierend auf den Buchpreis auswirken). • Die zeitlich vorverlagerte Beschaffung und Bezahlung von Rohstoffen ermöglicht eine kostendeckende Vorkalkulation neuer Produkte über einen längeren Zeitraum hinweg.

Welche Möglichkeit hat ein Verlag, wenn er beim Einkauf von Material versteckte Mängel festgestellt hat, die den Gebrauch unmöglich machen?

Er kann den Umtausch gegen einwandfreie Ware verlangen, die Rücknahme gegen Gutschrift und Beschaffung von Ersatz fordern oder auf Erstattung des Kaufpreises bestehen. Es sind die einschlägigen Bestimmungen des BGB und des HGB zu beachten.

Welche Bedeutung hat die Gewährung von Skonti für den Warenbezug?

Viele Lieferanten gewähren ihren Kunden Skonto (Barzahlungsrabatt) bei umgehender Bezahlung des Rechnungsbetrags (in der Regel 8 bis 14 Tage nach Rechnungserstellung). Damit reduziert sich der Rechnungsbetrag vor allem bei größeren Summen erheblich. Der Käufer muss genügend Kapital flüssig haben, um die Rechnung bezahlen zu können. Sollte er aber dafür einen kurzfristigen Kredit von seiner Bank in Anspruch nehmen müssen, ist zu prüfen, ob der Skontovorteil die Bankzinsen überwiegt.

Welche Preisnachlässe können Lieferanten anbieten?

Skonto als Barzahlungsrabatt – Bonus als nachträglicher Rabatt auf den getätigten Umsatz in einem bestimmten Zeitraum (z. B. Jahresumsatz-Bonus – Rabatt als Mengen-Rabatt für bestimmte Abnahmemengen – Treue-Rabatt für langjährige Zusammenarbeit – Zeitrabatt für Saisonware – Rabatt für mindere Qualität (2. Wahl) – Funktions-Rabatt wie Großhandels-Rabatt. Die Rabatte sind im Gesetz über Preisnachlässe geregelt.

Welche Bezugskosten treten beim Einkauf von Papier auf?

Bezugskosten sind mit dem Einkauf von Waren verbunden (Einkaufsnebenkosten). Dazu gehören Frachtkosten, Transportversicherung, Kosten für die Bestellabwicklung, ggf. Einfuhrzölle.

Was versteht man unter einem Meldebestand?

Mit ihm wird der Bestellzeitpunkt ermittelt, damit bis zum Eintreffen der Nachbestellung der Mindestbestand nicht unterschritten wird.

Welche Bedeutung hat der Meldebestand?

Dieser wird auch Bestellbestand genannt. Es ist derjenige Bestand, bei dessen Erreichung eine Meldung von der Lagerverwaltung an die Einkaufsabteilung gegeben wird. Es muss der Bedarf während der

Beschaffungszeit berücksichtigt werden. Der Meldebestand liegt also über dem Mindestbestand.

Welche Bedeutung kommt dem Mindestbestand zu?

Der Mindestbestand wird auch „Eiserner Bestand" genannt. Damit wird die Vorratsmenge bezeichnet, die nicht unterschritten werden darf, wenn ein Unternehmen ständig lieferbereit sein will. Eine Nachbestellung über den Meldebestand ist terminlich so abzustimmen, dass der Vorrat ergänzt ist, bevor der Mindestbestand angegriffen wird.

Welche Gründe lassen es sinnvoll erscheinen, einen „Eisernen Bestand" zu halten?

Plötzlich ansteigende Nachfrage – Transportverzögerungen – Fertigungsschwierigkeiten beim Lieferanten – Engpässe bei Rohstoffen (z. B. Papier) - Streiks usw.

Nach welcher Formel wird die Lagerumschlagshäufigkeit errechnet?

$$\frac{\text{Warenzugang}}{\text{durchschnittlicher Lagerbestand}} = \text{Lagerumschlagshäufigkeit}$$

Beispiel:
Warenzugang 910.000 Exemplare, durchschnittlicher Lagerbestand 130.000 Exemplare

$$\frac{910.000}{130.000} = 7$$

Die Lagerumschlagshäufigkeit beträgt 7.

Wie wirkt sich eine hohe Lagerumschlagshäufigkeit für einen Verlag aus?

Dadurch wird die Lagerdauer verkürzt. Es werden Lagerkosten gesenkt sowie der Kapitaleinsatz durch Kapitalbindung vermindert. Eine Methode, die Lagermenge zu minimieren, bietet die Just-in-Time-Methode, bei der Lieferanten sofort die bestellte Ware liefern. Die Bereithaltung wird daher auf das Lager des Lieferanten abgewälzt.

Wie wirkt sich die Steigerung der Lagerumschlagshäufigkeit von 4 auf 6 aus?

Diese Steigerung hat eine Verminderung der Lagerdauer zur Folge, d. h. höherer Umsatz bei gleichem Kapitaleinsatz.

Beispiel:

$$\frac{360 \text{ Tage}}{4} = 90 \text{ Tage}$$

$$\frac{360 \text{ Tage}}{6} = 60 \text{ Tage}$$

Die Ware muss statt 90 Tage nur durchschnittlich 60 Tage auf Lager gehalten werden.

Welche Risiken kann ein zu hoher Lagerbestand haben?

Die gelagerte Ware kann veralten (z. B. ein Buchtitel ist nicht mehr aktuell) oder bei unsachgemäßer Lagerung verderben (z. B. Feuchtigkeit lässt Papier wellen). Er kann die Neuproduktion verzögern (z. B. verbesserte Neuauflagen). Es wird viel Kapital in den gelagerten Beständen gebunden.

Wie errechnet sich die durchschnittliche Lagerdauer?

$$\frac{360 \text{ Tage}}{\text{Lagerumschlagshäufigkeit}} = \text{durchschnittliche Lagerdauer}$$

Beispiel:
Die Lagerumschlagshäufigkeit beträgt 7.

$$\frac{360 \text{ Tage}}{7} = 51,42, \text{ also rd. } 51 \text{ Tage}$$

Die durchschnittliche Lagerdauer beträgt 51 Tage.

Wie wird der durchschnittliche Lagerbestand eines Jahres ermittelt?

$$\frac{\text{Wertbestand am Jahresbeginn} + \text{Wertbestand am Jahresende}}{2} = \text{durchschnittl. Lagerbestand eines Jahres}$$

Beispiel:
Wertbestand am Jahresbeginn 60.000 Euro; Wertbestand am Jahresende 70.000 Euro

$$\frac{60.000 + 70.000}{2} = 65.000$$

Der durchschnittliche Lagerbestand eines Jahres beträgt 65.000 Euro.

Es ist aber auch die Rechnung nach folgender Formel möglich:

$$\frac{\text{Anfangsbestand} + 12 \text{ Monatsbestände}}{13} = \begin{array}{l}\text{durchschnittlicher} \\ \text{Lagerbestand} \\ \text{eines Jahres}\end{array}$$

Aus welchen Kosten setzen sich die Lagerkosten zusammen?

- Aus den Lagerungskosten (z. B. Kosten für die Lagergebäude), einschließlich Versicherungen,
- aus den Lagerverwaltungskosten (z. B. Lagerbuchhaltung) und
- aus den Behandlungskosten für das Lagergut (z. B. Einordnen in die Regale).

Wodurch lassen sich Lagerkosten senken?

- Durch die Senkung der durchschnittlichen Lagerdauer (Steigerung der Lagerumschlaghäufigkeit),
- durch Rationalisierung der Lagerverwaltung (z. B. Einsatz von speziellen EDV-Programmen),
- durch Anmieten preisgünstiger Nebenlager und durch die Mechanisierung der Lagerungsvorgänge (z. B. Einsatz von automatisch gesteuerten Transportbändern oder Hochlagern).

Zunehmende Bedeutung hat auch die Just-in-Time-Produktion.

7   Produktion*

7.1 Datenhandling

Was versteht man unter Cross Media Publishing?

CMP bedeutet, dass aus einer einheitlichen Datenquelle, z. B. einer Datenbank, verschiedene Medien wie Buchausgaben, Zeitschriftenartikel, Internet-Auftritte u. ä. hergestellt werden können. Daher dafür auch der Begriff Single Source Publishing.

Welche Bedeutung hat DTP für die Druckvorlagenherstellung?

Mit Desktop-Publishing-Systemen werden alle Arbeiten ausgeführt, die bis zur Herstellung von Druckvorlagen (z. B. für die Belichtung auf Druckplatten) notwendig sind. Diese umfassen die Erfassung von Texten und Bildern, deren Bearbeitung und das Zusammenstellen von ganzen Druckseiten (Text-/Bildintegration/elektronischer Bildschirmumbruch) bis zum Imprimatur. Eine strenge Trennung von Satz- und Reproarbeiten ist damit nicht mehr möglich.

Kann DTP für die Redaktion bzw. Lektorat von Vorteil sein?

Die vom Reporter oder Autor ohne Formatierung erfassten und gespeicherten Texte können als Datei zur Weiterverarbeitung mit speziellen Programmen, wie z. B. Rechtschreibeprogramm oder Layoutprogramm, benutzt werden. Für den Inhalt trägt der Verfasser die Verantwortung.

Wie eignet sich das DTP-System zur Vervielfältigung von Text und Bildern?

Die Daten können online direkt aus dem Rechner oder offline auf elektronische Datenträger gespeichert, mit dem Laserdrucker, Digitaldrucker oder Tintenstrahldrucker ein- oder mehrfarbig vervielfältigt bzw. „gedruckt" werden. In Kompaktanlagen können die Blätter geheftet und ggf. zu Broschüren gebunden werden. Häufig gibt es Beschränkungen

---

*   Wegen der sich ständig weiter entwickelnden Technologie, vor allem im Bereich der Druckvorstufe (Satz, Reproduktion), können sich neue Fragen ergeben und andere überflüssig werden. Es empfiehlt sich daher, einschlägige Fachbücher, vor allem aber die Fachpresse, regelmäßig und aufmerksam zu lesen. Aktuelle Informationen sind auch im Internet zu finden.

auf wenige Papierformate. Diese Art der Vervielfältigung eignet sich für *Print on Demand* (Druck auf Nachfrage) in niedriger Auflagenzahl.

Wo wird der Tintenstrahldrucker eingesetzt?

Er gehört in die Kategorie der Non-Impact-Drucker, die ohne eigenen Druckträger auskommen. Bei diesem berührungslosen Verfahren werden Tintentröpfchen elektronisch so auf das Papier gesteuert, dass Buchstaben und Bilder daraus gebildet werden. Es lassen sich je nach Gerätetyp Zeichen von guter Qualität auf Normal- oder Fotopapier drucken. Er findet Anwendung in handelsüblichen PC-Druckern sowie in der Druckvorstufe für Digitalproofgeräte und Großformatplotter zur Prüfung der Vorlagen.

Wo findet der Laserdrucker Verwendung?

Mit dem Laserdrucker werden Ausdrucke hergestellt, die zum Korrekturlesen dienen. Er kann auch für den Auflagendruck im Digitaldrucker für Print on Demand eingesetzt werden. Der Laserdrucker arbeitet nach dem Prinzip der Xerographie, d. h., die Zeichen bauen sich aus geschmolzenem Toner auf, der auf das Papier übertragen und eingebrannt wird. Die Zeichen werden auf der Pixelebene zusammengestellt.

Wie arbeitet ein Laserstrahlbelichter?

Die digital gespeicherten Text- bzw. Bilddaten werden mit einem Laserstrahl, einem gebündelten Lichtstrahl auf Pixelebene, auf Papier oder Film aufgezeichnet. Die Auflösung liegt zwischen 1.200 bis 3.600 dpi. Dadurch werden extrem scharfe Konturen erreicht. Im Computer-to-Plate-Verfahren (CTP) können auch Druckplatten für den Offsetdruck belichtet werden.

Welche wichtigen Arbeiten können mit Programmen automatisch ausgeführt werden?

Verbreitete Programme sind MS Word und Open-Office. Diese Programme zeigen Inhalt und Struktur der Texte, unabhängig, wie diese später exakt typografisch umgesetzt werden. Die Umsetzung bezieht sich auf:

• Überschreiben und Löschen von Texten, Versetzen von Textblöcken, Abgleichen von Texten mit einem Rechtschreibprogramm.

- Automatische Silbentrennung beim Blocksatz (Silbentrennprogramm).
- Einheitliche Wortabstände (Ausschließprogramm).
- Typografisch richtigen Buchstabenausgleich, z. B. fl, Wu (Ästhetikprogramm).
- Texte auszeichnen, z. B. Kursivstellung.
- Texte anordnen, z. B. Block- und Flattersatz, ein- und mehrspaltiger Satz, anaxiale und axiale Überschriftenanordnung.
- Automatische Alphabetisierung der Registerbegriffe (Registerprogramm).

Welchen Nutzen bieten Layoutprogramme?

Mit ihrer Unterstützung wird die Seitengestaltung – der sog. Umbruch – mit Texten, Grafiken, Fotos u. ä. über den Bildschirm elektronisch ausgeführt. Dabei werden die separat bearbeiteten Teile zusammen mit den Seitenzahlen, Fußnoten usw. nach einem vorgegebenen Layout passgenau zueinander gestellt. Auch die Anbindung an ein Color Management ist möglich. Verbreitete Programme sind QuarkXPress, Adobe InDesign.

Welchen Vorteil haben Grafikprogramme?

Mit diesen Programmen können aus elektronischen Bauteilen wie Rechtecken, Linien, Rahmen, Kurven u. ä. ein- und mehrfarbige Abbildungen auf elektronischem Weg zusammengestellt werden (Computergrafik). Damit lassen sich Kosten für den Grafiker reduzieren. Ein weit verbreitetes Grafikprogramm ist Adobe Illustrator.

Wie werden Bildbearbeitungsprogramme eingesetzt?

Mit diesen Programmen lassen sich Fotografien für eine optimale Wiedergabe in Printmedien und elektronischen Medien bearbeiten: Korrektur der Farbe, der Helligkeit, der Schärfe, Entfernen von Bildfehlern, Festlegen der Ausschnitte, Wegnehmen unerwünschter Bildteile. Es ist daher schwer zu beurteilen, ob die in den Medien wiedergegebenen Bilder die Realität abbilden. Ein beliebtes Programm ist Adobe Photoshop.

Was kann man mit einem Scanner erreichen?

Ein Scanner ist ein Eingabegerät, das analoge Originale (Texte, Grafiken und Fotos bzw. Dias) abtastet und in digitaler Form in den Rechner eines PC überträgt. Mit Hilfe spezieller Software sind beim Scannvorgang bereits Modifikationen in der Farbigkeit oder Umsetzung in Graustufen möglich. Die gescannten Daten lassen sich ausdrucken und können zur Gestaltung der Medien verwendet werden, z. B. Einfügen in Druckseiten oder Internetauftritte.

Wofür kann eine Infografik eingesetzt werden?

Damit will man statistische Zahlen (z. B. Absatzentwicklung einer Taschenbuchreihe mit Beobachtung von Themengruppen) mit Hilfe anschaulicher Grafiken verdeutlichen, damit sie auf einen Blick zu erfassen sind. Dazu zählen Balken-, Säulen-, Torten-, Kurven- und Gebirgs-Diagramme. Zur Erzeugung dieser Diagramme gibt es spezielle Software.

Auf welchen Wegen kann der Text in ein Satz-System eingegeben werden?

Man unterscheidet grundsätzlich zwischen der Online-Eingabe und der Offline-Eingabe.

- *Online-Eingabe:* Kompliziert strukturierte Texte wie Formeln oder Tabellen werden (häufig von hoch qualifizierten Fachleuten) direkt in das System eingegeben. Dieses Verfahren ist teuer, weil es für die lange Zeit der Eingabe den Rechner blockiert.
- *Offline-Eingabe:* Die auf einen externen Datenträger (meistens eine WORD-Datei) zum Beispiel vom Autor geschriebenen Texte werden in strukturierter oder unstrukturierter Form in ein Satzsystem importiert.

Welche Vorteile bietet PDF?

Neben anderen Vorteilen bietet PDF (Portable Document Format) durch Verschlüsselung einen optimalen Schutz der übermittelten Daten. Es wird verhindert, dass Unberechtigte das Dokument abändern oder Teile daraus kopieren können. Farben, Schriften und Gestaltung werden präzise wiedergegeben.

Wann kann die Online-Eingabe für den Satz von Tageszeitungen von besonderem Vorteil sein?

- Wenn Texte schnell zu setzen sind (z. B. eine sensationelle Nachricht eines Korrespondenten über ein wichtiges Sportereignis)
- Direkte Eingabe bereits digital erfaßter Agenturmeldungen über die Datenfernübertragung
- Datenübernahme aus einem Großrechner bzw. einer Datenbank (z. B. neueste Börsenkurse)

Auf welche Weise ist ein Text-/Bildtransfer möglich?

Per E-Mail (Attachement) über FTP (File Transfer Protocol). Für FTP muss ein Server bereit stehen, auf den Sender und Empfänger Zugriff haben. Daten können auch auf einem elektronischen Datenträger wie CD, DVD auf dem Postweg übermittelt werden. Immer beliebter werden auch USB-Sticks oder kleine externe Festplatten. Beim Versand der Datenträger ist die Zeitdauer zu berücksichtigen.

Welche Vorteile bietet die elektronische Text-/Bildverarbeitung?

Fotos oder Grafiken, im Scanner aufgezeichnet, von digitalen Datenquellen wie Grafikprogrammen und Digitalkameras übernommen oder Textblöcke, online oder offline erfasst, werden in den Rechner übertragen. Auf dem Bildschirm werden Bilder und Texte sichtbar und können einander zugeordnet werden. Wenn die Zuordnung zur Zufriedenheit ausgefallen ist, werden die Daten auf die Offsetdruckplatten übertragen oder mit einem Digitaldrucker ausgedruckt.

Welche Möglichkeiten bietet die Datenfernübertragung?

Die häufigste Art, Dateien via Internet an einen anderen PC zu schicken, bietet das Versenden als Anhang an eine Mail oder mit FTP. Die Mail wird direkt an den Empfänger weitergeleitet. Bei FTP werden die Dateien auf einem Server abgelegt, für den Zugang ist ein Server-Benutzername und ein Passwort notwendig, was einen gewissen Datenschutz bietet.

Was bedeutet die Datenmehrfachnutzung für einen Verlag?

Darunter versteht man die Anwendung des CMP. Die gesetzten und korrigierten Texte werden gespeichert. Bei Bedarf können sie wieder in das Satzsystem eingelesen und in anderer Form belichtet werden (z. B. in kleinerem Schriftgrad für eine Taschenbuchausgabe oder für elektronische Medien). Es werden die Erfassungs- und Korrekturkosten eingespart. Es verkürzt sich die Herstellungszeit. Außerdem reduzieren sich die Kosten im Herstellungs- und Lektoratsbereich wegen des verminderten Bearbeitungsaufwands (z. B. Korrekturlesen).

Kann eine Datenbank den Verlagen Vorteile bieten?

Die Datenbank ist eine strukturiert aufgebaute Quelle dauerhaft gespeicherter inhaltlich aufeinander bezogener großer Datenmengen. Die Daten werden von einem Datenbank-Management-System verwaltet und gepflegt. Aus dem Datenpool lassen sich unterschiedliche Verlagsprodukte zusammenstellen, z. B. bei einem Wörterbuch: Großwörterbuch, Schulwörterbuch, Reisewörterbuch usw. Eine Lagerdatenbank hilft, den Lagerbestand zu verwalten. Bei personenbezogenen Daten einer Kundenkartei ist das Datenschutzgesetz zu beachten.

Was versteht man unter dem Begriff Pixel (picture element)?

Pixel ist die kleinste Informationseinheit einer Bilddatei. Aus Pixeln werden Fotos aufgebaut, die mit elektronischen Geräten hergestellt werden, z. B. mit der Digitalkamera. Aus Pixeln sind die Rasterpunkte für den Offsetdruck aufgebaut. Die Anzahl der Pixel bestimmt die Bildqualität. Sie wird in dpi (dots per inch) angegeben. Ein inch sind 2,54 cm. Beispielsweise entsprechen 800 dpi 314 Bildlinien pro cm (800 : 2,54 = 314,96). Zur elektronischen Bildbearbeitung (z. B. elektronische Retusche) können die z bearbeitenden Bildteile bis zur Pixelgröße auf dem Bildschirm dargestellt werden. Die Bearbeitung ist daher auf feinster Ebene möglich.

Was hat Postscript für eine Bedeutung?

Die von Adobe Systems entwickelte geräteunabhängige Seitenbeschreibungssprache Postscript steht für eine einwandfreie Wiedergabe von Texten, Grafiken und Halbtonbildern in Non-Impact-Druckern, die elektrische Signale aufnehmen und in lesbarer Form ausgeben wie z. B. Laserstrahldrucker. Postscript enthält für die randscharfe Ausgabe, die aus Linien und

Bögen besteht, alle notwendigen Informationen. Für Halbtonbilder werden die Pixel so angeordnet, dass sie normale Rasterpunkte bilden. Über 2.000 Schriften sind als Postscript-Schriften in verschiedenen Größen und Schnitten vorrätig. Die Umsetzung der extern erfassten Text- und Bilddaten zu Druckvorlagen findet auf Pixel-Ebene im RIP (Raster Image Processor) des PC-Druckers bzw. Belichters statt.

Was bedeutet CD-ROM?

CD-ROM (Compact Disc-Read Only Memory) ist eine Scheibe in der genormten Größe von 12 cm Durchmesser, auf der riesige Datenmengen gespeichert werden können. Die Speicherkapazität beträgt zwischen 650 und 850 Megabyte. Umfangreiche Nachschlagewerke wie das VLB oder Barsortimentskataloge, aber auch Lexika und Wörterbücher werden auf diesem Medium angeboten und können vom Verlag ständig aktualisiert werden. Zum Lesen wird ein PC mit CD-ROM-Laufwerk benötigt. Wegen der Abtastung mit einem Laserstrahl unterliegen die Platten keinem mechanischen Verschleiß. Eine Veränderung der auf CD-ROM gespeicherten Daten vom Käufer ist nicht möglich. Die Lebensdauer beträgt ca. 50 Jahre. Zur Bearbeitung können diese Daten auf die Festplatte geladen werden.

Wer erteilt das Imprimatur?

Das Imprimatur wird vom Autor erteilt, der für den Inhalt seines Werks verantwortlich ist. Häufig delegiert er die Genehmigung an den Lektor. Alle danach auftretenden Änderungen gehen zu Lasten der weiterverarbeitenden grafischen Betriebe.

Wer liest die sog. Hauskorrektur?

Die Hauskorrektur wird dort gelesen, wo die Daten erfasst und typografisch gestaltet werden (z. B. Produktionsabteilung des Verlages, Graphischer Betrieb). Der Korrektor vergleicht die gesetzten Seiten mit dem Manuskript und zeichnet Fehler an. Schwerwiegende Fehler werden behoben, bevor der Kunde die Seiten zur Korrektur bekommt. Geringfügige Fehler werden zusammen mit der Autorkorrektur ausgeführt.

Worauf muss beim Korrekturlesen geachtet werden?

Übereinstimmung mit den Rechtschreibevorschriften – Orthografische und verständnisfreundliche Silbentrennung – Satzspiegel – richtige Zuordnung von Text und Abbildung mit Bildlegenden – Überschriften – Seitenzahlen und ggf. lebender Kolumnentitel – Beseitigung von Hurenkindern.

Worauf ist beim Lesen der Fahnenkorrektur zu achten?

Als Fahnenkorrektur wird der erste Korrekturgang des gesetzten Textes bezeichnet, der noch nicht auf Satzspiegelhöhe gebracht worden ist. Kriterien sind: Übereinstimmung des gesetzten Textes mit dem Manuskript – orthografische und verständnisfreundliche Silbentrennungen – richtige Überschriftengestaltung u.ä. Aus Kosten- und Termingründen wird häufig auf die Fahnenkorrektur verzichtet und alle Sorgfalt auf ein als Layout geschriebenes Manuskript in der richtigen Satzspiegelhöhe gelegt.

Wie werden die Korrekturen eingeteilt?

Sie werden nach dem Verursacher eingeteilt.

- *Korrektur von Setzfehlern*, d.h. Abweichung vom Manuskript: Diese gehen zu Lasten des Satzbetriebs.
- *Nachträgliche Änderungen (Autorkorrekturen)*: Diese können je nach Vereinbarung im Verlagsvertrag dem Auftraggeber vom Satzbetrieb berechnet werden.

Was versteht man unter einer Revision?

Sind nach dem Umbruch noch zahlreiche Korrekturen notwendig, kann der Auftraggeber nochmals Korrekturlichtpausen bzw. Revisionsabzüge zur Überprüfung anfordern, um das Imprimatur zu erteilen.

Warum sind die Korrekturzeichen der DIN-Norm 16 511 zu verwenden?

Sie erleichtern das Auffinden der zu korrigierenden Stellen im gesetzten Text. Es werden Missverständnisse vermieden, die neue Fehler verursachen können.

Was bedeutet Preflight?

Preflight bezeichnet die Prüfung aller digitaler Dokumente vor der Ausgabe auf die Druckplatte des Offsetdruckes. Dafür gibt es Programme, z.B. Flightcheck, die Schritt für Schritt das Dokument nach voraus definierten Kriterien durchgehen, z. B. ob Schriften, Farben und Bilder korrekt sind. Damit werden Fehler im fertigen Druckerzeugnis vermieden.

7.2 Gestaltung von Print- und Digitalmedien

Wenn im Satzauftrag dem Setzer die Grundschrift vorgeschrieben wird, was ist damit gemeint?

Die Grundschrift bezeichnet die Standardschrift eines Druckwerks, mit der der größte Teil gesetzt wird. Die Grundschrift wird auf der Satzanweisung in Verbindung mit der Schriftgröße und dem Durchschuss genannt (z. B. Garamond 10/12 Punkt). Einige Verlage geben im Impressum die Grundschrift an. Die Grundschrift dient auch als Berechnungsgrundlage des Satz- und des Anzeigenpreises.

Wo findet man die Einteilung der Druckschriften?

In der DIN-Norm 16518 „Klassifikation der Schriften" ist die Einteilung verbindlich festgelegt. Sie unterscheidet vom Schriftbild her: die runden Schriften (Serifenschriften) und die gebrochenen Schriften (Frakturschriften) mit den dazu gehörenden Schreibschriften (serifenlose Schriften). Dazu kommen noch fremde Schriftarten wie das Kyrillische. Viele Computerschriften passen jedoch in keine der 11 Kategorien dieser Norm bzw. sind so verfremdet, dass ihre Zugehörigkeit nicht mehr zu erkennen ist.

Welche Vorteile bieten Open-Type-Schriften?

Das von Adobe und Microsoft gemeinsam entwickelte Dateiformat für Fonts kann für Macintosh und Windows verwendet werden. Für die Bildschirmanzeige und den Ausdruck wird dieselbe Datei verwendet. Die vielfältigen Schriftschnitte ermöglichen eine anspruchsvolle Typografie.

Wie wird der Schriftgrad (Schriftgröße) auf der Satzanweisung angegeben?

Seit dem 1. Januar 1978 ist die Angabe nach dem metrischen System (mm oder cm) vorgeschrieben. In der Praxis wird jedoch oft noch die Punktangabe verwendet. Diese beruht auf dem typografischen

Maßsystem nach Didot, nach dem ein typografischer Punkt 0,376 mm beträgt. Gemessen wird von der Oberlänge der Schrift bis zur Unterlänge (z.B. ⌐ Mj ⌐). Für Bücher, Zeitungen und Zeitschriften haben sich Standardschriftgrößen durchgesetzt: 8 Punkt, 9 Punkt, 10 Punkt, 12 Punkt. Es ist aber auch eine stufenlose Einstellung der Schriftgrößen möglich (z.B. 8½ Punkt). Im Zeitalter des DTP ist die Punktangabe kaum noch anwendbar.

Was bedeuten Lesegröße und Konsultationsgröße bei einer Druckschrift?

Schriften zwischen 9 und 12 Punkt sind in Lesegröße gesetzt. Schriften unter 9 Punkt, häufig mit geringem Durchschuss, sind Konsultationsgrößen. Sie werden für Nachschlagewerke, Fußnoten, Register u.ä. verwendet, die zur Auskunft konsultiert werden.

Was heißt Strichstärke der Buchstaben?

Die Strichstärke, auch Duktus genannt, kann unterschiedlich stark sein. Man unterscheidet zwischen mageren, normalen, halbfetten, dreiviertelfetten und fetten Schriften. Fette Schriften werden beispielsweise zur auffallenden Hervorhebung von Begriffen aus dem laufenden Text verwendet.

Woran ist eine klassizistische Antiqua zu erkennen?

Die Schriftzeichen zeigen starke Unterschiede im Duktus. Die Serifen sind ohne Rundung rechtwinklig an die Buchstaben angesetzt. Bekannte Schriften sind

Bodoni und Walbaum.

Welche Bedeutung haben die Serifen?

Serifen sind horizontale Ansatzstriche an den Grundstrichen der Antiquaschriften, die einen besseren Lesefluss bewirken sollen. Die Form der Serifen ist ein wesentliches Kriterium zur Bestimmung der Schriftarten (z.B. Gruppe V der DIN-Norm 16 518: Serifenbetonte Linear-Antiqua).

Was versteht man unter der Dickte eines Buchstabens?

Dieser Begriff kommt aus dem Bleisatz. Mit der Dickte ist die Breite der Buchstaben gemeint. Die einzelnen Buchstaben der Satzschriften sind unterschiedlich breit (z.B. W und i). Die Buchstaben können beim Setzen so zusammengefügt werden, dass die Buchstabenabstände nahezu gleich gehalten werden. Beim Satz nach typografischen Regeln muss für einen guten Dicktenausgleich gesorgt werden (z. B. Wi). Dafür sind Ästhetikprogramme hilfreich.

Warum ist der Durchschuss mit Sorgfalt zu bestimmen?

Der Durchschuss bezeichnet den Zeilenabstand und ist daher in Verbindung mit der Schriftgröße für die Lesbarkeit von Bedeutung.

Zu geringer Durchschuss oder fehlender Durchschuss (kompresser Satz) können das Auge des Lesers beim Entlanggleiten an der Zeile ermüden.

Der Durchschuss wird zusammen mit der Schriftgröße in mm oder Punkten genannt (z. B. 9/11 Punkt bedeutet eine Schriftgröße von 9 Punkt mit einem Durchschuss von 2 Punkt). Kompresser Satz wird bei einer 9-Punkt-Schrift 9/9 Punkt angegeben.

Was ist ein Initial?

Das Initial (oder die Initiale) ist ein hervorgehobener Anfangsbuchstabe zum Beginn eines Kapitels (z. B. durch besondere Größe, eine andere Farbe u. ä.). Er kann z. B. über die Zeile herausragen,

Der Gärtner ging in den Garten, um seine Blumen zu holen,

oder in die Zeile eingebaut sein,

Der Gärtner ging in den Garten, um seine Blumen zu holen.

Das Initial hat nur eine Schmuckfunktion.

Wie können kursive Schriften in Druckwerken verwendet werden?

Bei kursiven Schriften stehen die Buchstabenachsen schräg zur Schrift(Grund)linie. Kursive Schriften sind beliebte Auszeichnungsschriften innerhalb eines laufenden Textes mit dezentem Charakter. Sie werden auch verwendet, um längere Passagen vom Grundtext abzuheben (z. B. einen Brieftext innerhalb eines Romans). Man unterscheidet zwischen einem echten Kursivschnitt und einer auf elektronischem Wege gekippten Schrift.

Wodurch unterscheiden sich Mediävalziffern von Normalziffern?

Bei den Mediävalziffern haben einige Ziffern eine auffallende Unterlänge (z. B. 327). Sie wirken graziöser als Normalziffern (z. B. 327). Nicht alle Schriften haben einen eigenen Mediävalschnitt.

Welche Modifikationen des Schriftbildes bieten Computer-Programme an?

Damit lassen sich Schriftzeichen abweichend von der Normalgestaltung (Grundschnitt) schmal und weit stellen. Mit der Schmalstellung lässt sich beispielsweise der Umfang eines Druckwerks ohne redaktionelle Textkürzungen reduzieren. Weitere Modifikationen sind Schrägstellung in Links- oder Rechtslage, Buchstabenschatten, Verzerrungen, Anordnung der Buchstaben in Kreisform, in Wellenform usw.

Welche Bedeutung können Kapitälchen haben?

Kapitälchen sind Buchstaben einer Antiquaschrift in der Form von Versalien, aber in der Höhe der Kleinbuchstaben (z. B. PRÜFUNG). Kapitälchen sind beliebt als Überschriften und zur Hervorhebung einzelner Begriffe im laufenden Text. Es ist zwischen einem echten Kapitälchenschnitt und der Verwendung normaler Versalbuchstaben im größeren Schriftgrad zu unterscheiden.

Wie lautet die Fachbezeichnung für die Groß- und Kleinbuchstaben?

Großbuchstaben werden Versalien, Kleinbuchstaben Gemeine genannt. Die historischen Bezeichnungen heißen Majuskeln und Minuskeln.

Wie können Auszeichnungen im laufenden Text auf den Leser wirken?

Auszeichnungen (z. B. VERSALIEN) hemmen den Lesefluss. Dadurch sollen sich die hervorgehobenen Begriffe dem Leser besser einprägen.

Welche wesentlichen Auszeichnungen werden in
Druckwerken verwendet?

Kursive – Fettdruck – Kapitälchen – Sperren – Versalsatz – Unterstreichen – Verwendung einer Zweitfarbe – Verwendung einer anderen Schriftart usw.
Bei der Verwendung einer Zweitfarbe erhöhen sich
die Druckkosten.

Warum empfiehlt es sich,
eine schmal laufende Satzbreite als Flattersatz setzen
zu lassen?

Häufige und oft den Sinn entstellende oder das Lesen erschwerende Silbentrennungen werden dadurch
weitgehend vermieden. Die Wortzwischenräume
können gleichmäßig gehalten werden.

Welchen Eindruck kann
der Blocksatz dem Leser
vermitteln?

Der Blocksatz mit gleich langen Zeilen wirkt klassisch-ruhig. Er schafft symmetrische Flächen und
ermöglicht eine klare Zuordnung von Text- und
Bildteilen.

Wann spricht man von
einem gut ausgeschlossenen
Satz?

Gut ausgeschlossen ist ein Satz, bei dem die Wortzwischenräume gleichmäßig groß gehalten werden. Der
so genannte Drittelsatz, d. h. der Wortzwischenraum
beträgt 1/3 der Schriftgröße, wird als harmonisch
empfunden.

Warum empfiehlt es sich,
Einzüge zu setzen?

Wenn die erste Zeile eines Absatzes etwas eingerückt
beginnt, wird der Absatzbeginn vor allem dem wenig
geübten Leser deutlich sichtbar. Beim Flattersatz ist
ein Einzug unbedingt notwendig, um einen Absatz
mühelos wahrnehmen zu können.

Welche zwei Hauptformen
der Zeilenanordnung werden beim Satz verwendet?

Es gibt den Satz auf Mittelachse, bei dem alle Elemente einer Buchseite um die Mittelachse der Satzspiegelbreite angeordnet sind (axialer Satz) und den
links- oder rechtsbündig angeordneten Satz (anaxialer Satz).

Nach welchen Kriterien
wird die Schriftart für ein
Druckwerk ausgewählt?

• Nach dem Inhalt (z. B. Historischer Roman) und
  dem Zweck (z. B. Lesen zur Entspannung).
• Nach dem Lesealter (z. B. überwiegend ältere
  Leser).
• Nach der Lesegewohnheit bzw. Lesefertigkeit
  (z. B. Gelegenheitsleser, die überwiegend in öffentlichen Verkehrsmitteln lesen).

Welche Spaltenanzahl hat sich in der Praxis beim Zeitungssatz durchgesetzt?	• Berliner Format: 6 Spalten • Nordisches Format: 8 Spalten • Rheinisches Format: 7 Spalten.
	Im Anzeigenteil beträgt die Spaltenbreite bei allen Formaten in der Regel 45 mm mit 1,5 mm Spaltenzwischenraum.
Wie wird ein Zeitungstext gelesen?	Im Gegensatz zum Lesen eines Buchs wird in der Regel der Text einer Seite überflogen, häufig nur angelesen. Aus diesem Grunde müssen die Artikel übersichtlich gegliedert sein (z. B. durch Verwendung von zahlreichen, auffallenden Zwischenüberschriften oder Abbildungen). Grundlegende Artikel wie Leitartikel oder zusammenfassende Berichte im Feuilleton werden hingegen gründlich von Anfang bis Ende gelesen. Dem Leser sind daher größere Textblöcke ohne zahlreiche Gliederungen zuzumuten.
Was ist ein Überlauf?	Wenn der letzte Teil eines Zeitungsartikels auf einer anderen Seite weitergeführt wird, wird dies als Überlauf bezeichnet. Mitunter liegt eine Anzeigenseite dazwischen. Man will dadurch den Leser zum Weiterblättern veranlassen, damit er auch einen Blick auf die dazwischen liegende Seiten, beispielsweise mit ganzseitigen Anzeigen, wirft.
Was versteht man unter einer Rubrik?	Rubrik ist eine feststehende Überschrift in einer Tageszeitung, zu der verschiedene Beiträge gehören (z. B. „Aus aller Welt"). Die Gestaltung erfolgt in der Regel nach einem einheitlichen, immer wiederkehrenden Muster. Häufig ist die Rubrik auf den gleichen Seiten jeder Ausgabe zu finden.
Welche Bedeutung haben Schlagzeilen für eine Zeitung?	Die Schlagzeile bringt eine komprimierte Meldung an bevorzugter Stelle auf der ersten Seite einer Tageszeitung. Schlagzeilen werden auffällig groß gesetzt und sind oft in Farbe gestellt. Schlagzeilen sind zur Kaufanimierung für Boulevardzeitungen besonders wichtig.

Warum wird der Gestaltung des Zeitungskopfs große Aufmerksamkeit geschenkt?	Der Zeitungskopf ist die Kopfzeile (Headline) der Zeitung. Durch unverwechselbare, einprägsame typografische Gestaltung soll damit der geistige Standpunkt der Zeitung zum Ausdruck kommen (z. B. die „Frankfurter Allgemeine Zeitung", in gebrochener Schrift gesetzt, signalisiert eine konservative Tendenz).
Wie wird eine Reportage gestaltet?	Eine Reportage ist ein erlebnisbetonter journalistischer Bericht, in den persönliche Eindrücke und Bewertungen des Verfassers einfließen. Reportagen sind in der Regel mit Fotos illustriert und typografisch aufgelockert (z. B. mit interessanten Zwischenüberschriften) gestaltet.
Für welche Druckerzeugnisse ist ein unverwechselbares Corporate Design wichtig?	Unter Corporate Design (CD) wird das Erscheinungsbild einer Zeitung, Zeitschrift oder einer Buchreihe verstanden. Dieses muss unverwechselbar sein und den Betrachter emotional positiv ansprechen. Wichtig ist das CD vor allem für Boulevardzeitungen (z. B. für die *Bildzeitung*) und Kioskzeitschriften (z. B. für *Focus*). Eine Buchreihe mit einem unverwechselbaren CD hat z. B. *Reclams Universalbibliothek*.
Welche Angaben stehen auf dem Haupttitelblatt eines Buchs?	Verfasser (in der Regel ohne persönliche Titel) – Untertitel – Name des Übersetzers – Verlagsname und Verlagsort. Es können der Name des Illustrators, die Auflagenbezeichnung u. ä. dazugestellt werden.
Wie ist die Titelei eines Buchs aufgebaut?	• Schmutztitel (Kurzfassung des Haupttitels oder das Verlagssignet) • Schmutztitel-Rückseite (Vakatseite, d. h. unbedruckte Seite; in Reihenwerken Reihentitel mit Bandbezeichnung oder mit einer Abbildung als Frontispiz) • Haupttitelseite • Haupttitelrückseite • Widmung • Inhaltsverzeichnis • Vorwort, auch Geleitwort genannt

Was ist ein Frontispiz?

Wenn die dem Haupttitel gegenüberstehende linke Seite ein Bild enthält, wird das Frontispiz genannt. Häufig zeigt das Bild eine Darstellung, die sich auf den Inhalt des Buchs bezieht. In einer Biografie kann das beispielsweise die im Buch beschriebene Person sein.

Welche Teile gehören zum Anhang eines Buchs?

In den Anhang können folgende Buchteile gestellt werden, die den Textteil ergänzen: Register – Literaturangaben – Quellenverzeichnis – Anmerkungen (statt Fußnoten) – Pläne und Tafeln – Bibliographien usw. Der Anhang wird häufig im kleineren Schriftgrad gesetzt.

Fotografien können als angeschnittene Bilder gedruckt werden. Was ist darunter zu verstehen?

Diese Bilder gehen bis zum Rand einer Seite. Sie werden ca. 3 mm größer als die Seitengröße reproduziert. Der Überhang wird vom Buchbinder beim Beschneiden des Buchblocks entfernt.

Welche Angaben stehen auf der Haupttitelrückseite eines Buchs?

Impressum mit dem Copyright-Vermerk – Auflagenbezeichnung – Name der Satz-, Druck- und Bindefirma – CIP-Vermerk – ISBN – Name des Umschlaggestalters. Es können darüber hinaus noch weitere Angaben stehen wie: Angaben zur Schriftart, Papierqualität (z.B. gedruckt auf säurefreies Werkdruckpapier), Name des Lektors und Buchgestalters usw.

Warum ist ein Register in einem wissenschaftlichen Werk wichtig?

Das Register dient zum schnellen Nachschlagen gesuchter Begriffe im Textteil. Es steht im Anhang des Buchs und ist in der Regel im kleineren Schriftgrad und mehrspaltig gesetzt. Bei mehreren Seitennennungen wird die wichtigste Seite hervorgehoben, z.B. halbfett. Es gibt Namens-, Sach-, Orts- und Gesamtregister.

Wo findet man den lebenden Kolumnentitel?

Der *lebende Kolumnentitel* ist eine Seitenüberschrift, die zusammen mit der Seitenzahl innerhalb des Satzspiegels in der Regel am Kopf der Kolumne steht. Der lebende Kolumnentitel gibt den Inhalt der Seite oder des Kapitels an. Er ist vor allem in Sammelwerken oder in Zeitschriften für den Leser nützlich. Steht nur die Seitenzahl zur Kolumne, spricht man vom *toten Kolumnentitel*.

Welche Teile stehen außerhalb des Satzspiegels?

Seitenzahl – Marginalien – Zeilenzähler.

Kommentar

Welche Funktion hat die Fußnote?

Die Fußnote gibt einen ergänzenden Hinweis zu einem Textabschnitt. Sie steht am Fuße der Seite innerhalb des Satzspiegels. Mit der betreffenden Textstelle ist sie durch Zahlen, Sternchen o.Ä. verbunden. In der Regel wird die Fußnote im kleineren Schriftgrad gesetzt und kann mit einer kurzen Linie vom Haupttext abgehoben werden.

Was kann einen Produktioner/Hersteller veranlassen, Anmerkungen zum Text nicht als Fußnoten, sondern zusammengefasst an den Schluss des Textteils zu stellen?

Die Zuordnung der Fußnoten unter Texten, wenn sie sehr häufig vorkommen und umfangreich sind, kann die Umbrucharbeiten erschweren und verteuern. Im Anhang werden diese fortlaufend gebracht. Allerdings wird dadurch die Lesbarkeit erschwert.

Warum verteuern Marginalien die Herstellung eines Druckwerks?

Es muss ein schmaler Satzspiegel gewählt werden. Damit erweitert sich der Umfang, und die Kosten für Papier, Druck- und Bindearbeiten steigen.

Was versteht man unter dem Umbruch?

Umbruch ist die Anordnung des gesetzten Textes zu Buchseiten. Es werden Textblöcke, Überschriften, Abbildungen, Fußnoten, Marginalien, Seitenzahlen usw. zu Buchseiten zusammengestellt.

Welche Anordnung der Bildunterschriften kann die Lesbarkeit eines Druckwerkes erschweren?

Eine Erschwerung tritt immer dann ein, wenn die Bildunterschriften (Legenden) nicht in unmittelbarer Nähe der Abbildungen stehen. Häufig stehen in Bildbänden die Bildunterschriften zusammengefasst am Schluss. Der Leser muss beim Betrachten eines Bildes jedes Mal blättern, um die zum Bild gehörende Bildunterschrift zu finden.

Warum wird ein Verlag ein elektronisches Manuskript vom Autor erbitten?

In der Regel wird der Autor das Manuskript auf seinem PC schreiben und die Daten speichern. Die vom Autor dem Verlag übergebenen Daten können fehlerfrei in das DTP-System übernommen werden.

Außerdem wird die Umfangsberechnung erleichtert. Redaktionelle Eingriffe in den Text vom Lektor bzw. Redakteur sind leicht möglich – sie bedürfen aber der Zustimmung des Autors. Weil Speicherung gelegentlich zu Datenverlust führen kann, ist ein Papierausdruck als Kontrollmedium sinnvoll. Beim Korrekturlesen kann man sich häufig auf satztechnische Belange wie Silbentrennung beschränken.

Welche Bedeutung hat Corporate Identity?

Das CI ist ein Management-Konzept und bezeichnet das Erscheinungsbild und das Verhalten eines Unternehmens nach innen und nach außen. Es beruht auf der Annahme, dass ein Unternehmen wie eine menschliche Persönlichkeit wahrgenommen wird. Daraus leiten sich *Corporate Design* (Produktgestaltung), *Corporate Behavior* (Verhalten der Mitarbeiter) und *Corporate Communication* (Auftreten in der Öffentlichkeit) ab.

Ist das Corporate Design für einen Verlag wichtig?

Mit CD wird das optische Erscheinungsbild einer Zeitung, Zeitschrift oder Buchreihe bestimmt. Dieses muss über einen langen Zeitraum hinweg bestimmend, unverwechselbar sein und den Betrachter emotional positiv ansprechen wie z. B. Titel der Bertelsmann-Stiftung). Wichtige Gestaltungselemente sind vor allem Farbe, Grafik (Logo) und Format.

Was versteht man unter DVD-Authoring?

Das ist ein Gesamtverfahren, bei dem der Prototyp einer DVD (Master) aus unterschiedlichen Bausteinen wie Filmen Fotos, Texten, Animationen u. ä. zusammengestellt wird. Spezialisierte Firmen bieten dafür Software-Programme an.

Warum ist der Buchumfang bei der Buchgestaltung zu beachten?

Der Buchumfang ist die Voraussetzung für eine stimmige Vorkalkulation und damit Bestimmung des Ladenpreises. Die Festlegung des Umfangs sollte daher in der Planungsphase vor dem eigentlichen Herstellungsprozess liegen, solange man noch regulierend eingreifen kann. In diese Überlegungen ist auch der Vertrieb einzubeziehen.

7.3 Produktion von Print- und Digitalmedien

7.3.1 Bildreproduktion

Wodurch unterscheiden sich Vollton- und Halbtonbilder?

- *Volltonbild:* Es zeigt gleichmäßig gedeckte farbige Flächen oder Striche (z. B. Holzschnitte, Zeichnungen).
- *Halbtonbild:* Es zeigt kontinuierliche Tonwertabstufungen (z. B. Fotografien).

Wie kann eine Fotografie im Druck wiedergegeben werden?

Die Vorlage wird in einzelne Rasterpunkte zerlegt.

Bei der konventionellen Rasterung durch *Amplitudenmodulation* haben die Rasterpunkte den gleichen Abstand voneinander. Dunkle Partien werden aus dicken und feine Partien aus dünnen Rasterpunkten aufgebaut.

Kann die verbindliche Farbwiedergabe beim Druck beeinflusst werden?

Einfluss hat vor allem das zu bedruckende Papier, z. B. die Papierfärbung und die Oberfläche. Auch der vierfarbige Nass-in-Nass-Druck auf schnell laufenden Offset-Druckmaschinen kann die Farbwiedergabe beeinflussen.

Was versteht man unter einem 28er Raster?

Die Vorlage wird in 28 Punkte bzw. Linien pro cm aufgelöst. Ein cm^2 hat demzufolge 28 x 28 Punkte = 784 Punkte.

Welche Rasterweiten empfehlen sich für die einzelnen Papiersorten?

- Zeitungspapier: ca. 36er Raster
- Maschinenglattes Papier: ca. 48er Raster
- Satiniertes Papier: ca. 56er Raster
- Gestrichenes Papier: ca. 80er Raster

Welche Anforderungen müssen an eine gute Reprovorlage für Farbbildwiedergaben gestellt werden?

Scharfe Detailwiedergabe – keine Farbstiche (z. B. Blaustich) – richtiger Kontrastumfang (z. B. nicht unterbelichtet) – bei Dias und Papierabzügen keine mechanischen Beschädigungen (z. B. Kratzer).

Welche Vorlagen können für die Reproduktion von Farbfotos angefordert werden?

- *Aufsichtsvorlagen:* Fotoabzüge auf glänzendem, nicht strukturiertem Fotopapier
- *Durchsichtsvorlagen:* Diapositive
- *Datenträger:* Die auf CD, auf DVD oder im PC gespeicherten Fotos liegen als Dateien vor, die direkt zur weiteren Überarbeitung übernommen werden können.

Was bedeutet es, wenn eine Vorlage um 50 % verkleinert werden soll?

Die Abbildung auf die halbe Größe verkleinert ergibt 1/4 der ursprünglichen Fläche.

Warum eignen sich gedruckte Vorlagen nicht für die Reproduktion von Schwarz-Weiß-Bildern?

Durch die erneut notwendige Aufrasterung der bereits gerasterten Vorlagen bildet sich ein störendes Moiré (falsche Rasterwinkelung), ähnlich dem Muster eines Textilgewebes. Ein gutes Scanprogramm bietet eine Entrasterungs-Funktion (Descreening), die das Moire etwas mildert. Eine gute Wiedergabe ist als sog. Feinstrich möglich, wenn die Rasterpunkte 1:1 wiedergegeben werden.

Welche Vorlage soll der Anzeigenkunde dem Verlag liefern?

In der Regel wird er seine bereits gestaltete Anzeige auf einem Datenträger z. B. im pdf-Format zusammen mit einem Ausdruck liefern oder per Mail übermitteln. Er trägt damit die Verantwortung für den Inhalt und die Gestaltung.

Wie kann eine Digitalkamera für die Printmedienherstellung genutzt werden?

Eine Aufnahme mit der Digitalkamera wird nicht auf einen Film, sondern auf einen elektronischen Datenträger (Chip) auf Pixelebene in der Qualität übertragen, die die Kamera anbietet. Die auf diesem Datenträger gespeicherte Aufnahme kann zur weiteren Bearbeitung direkt in den PC eingegeben werden.

Welche Möglichkeiten bietet die elektronische Bildgestaltung auf dem Computer?

Eingescannte Fotos können mit Programmen mannigfaltig bearbeitet werden. Dazu gehören: Vergrößern/Verkleinern, Ausschnitte wählen, kontern, einfärben von Flächen, Farbänderungen einzelner Bildteile, Veränderung der Gradation, Umsetzung von Halbton- zu Volltonbildern, Zusammenkopieren verschiedener Bilder zu einem Bild, Einkopieren von Schriften, Verläufe mit dem Airbrush ansetzen usw. Vorsicht ist beim Vergrößern geboten. Es ist zu berücksichtigen, dass diese Arbeiten je nach Zeitaufwand mit hohen Kosten verbunden sind.

Was versteht man unter einem Vierfarbdruck?

Das Druckverfahren zur Wiedergabe von farbigen Halbtonbildern mit den Druckfarben der subtraktiven Farbmischung Gelb, Magenta, Cyan und Schwarz. Dazu kommt die weiße Papierfarbe als so genannte „5. Farbe".

Wie kommt der Farbauszug bei der Reproduktion von Farbfotos zu Stande?

Die Vorlage wird durch das Vorschalten von Farbfiltern in die vier Grundfarben zerlegt. Die Filter absorbieren diejenigen Farben, die in der Filterfarbe nicht enthalten sind:

- *Grünfilter:* Magenta (Purpurrot)
- *Blaufilter:* Gelb
- *Rotfilter:* Cyan (Blauton)
- *Grün-Blau-Rotfilter (Graufilter):* Schwarz (Tiefe)

Welche Möglichkeiten bietet die Scanntechnik?

- Hohe Belichtungsgeschwindigkeit
- Farbkorrektur über Rechner-Eingabe zur Vermeidung von manuellen Retuschen
- Scharfe Rasterpunkte bei der Laserstrahl-Belichtung
- Elektronische Steuerung zur gleichmäßigen Bildwiedergabe von zusammengehörenden Bildtypen durch den Einsatz von Standardprogrammen
- Speicherung der Bilddaten zur Mehrfachbenutzung
- Möglichkeit der Bildkorrektur über ein integriertes Farbbildschirm-Terminal der EDV.

Warum empfiehlt sich ein Andruck von einem reproduzierten Foto?

Vor dem Auflagendruck muss feststehen, dass eine möglichst originale Wiedergabe der Vorlage beim Druck erreicht wird. Dazu ist es notwendig, dass der Andruck unter einer neutralen Lichtquelle von 5.000 Grad Kelvin betrachtet wird. Geprüft werden nicht nur die Farbwiedergabe, sondern auch die Bildgröße, die Schärfe usw. Mit dem in der Praxis üblichen kostengünstigeren Digitalproof kann die Rasterweite nicht geprüft werden, außerdem kann kein Auflagenpapier verwendet werden.

Welche Bedeutung hat ein Passer für den Vierfarbendruck?

Beim Vierfarbendruck müssen die Rasterpunkte der einzelnen Farben in einer bestimmten Anordnung nebeneinander stehen. Dafür werden die Raster der Farben in festgelegten Graden gedreht: Gelb 75 Grad, Magenta 45 Grad, Schwarz 15 Grad, Cyan 0 Grad. Es sind auch andere Gradeinteilungen möglich. Schlechte Passer erzeugen Farbverfälschungen und machen das gedruckte Bild unscharf.

Wie kann man das Ergebnis einer Farbreproduktion beurteilen?

- Es werden Andrucke auf das Auflagenpapier hergestellt. Das ist die teuerste, aber auch sicherste Art der Prüfung. Sie wird deshalb in der Praxis kaum noch angewandt. Diese können später dem Drucker zur Farbbestimmung gegeben werden.
- Es kann die Prüfung am „Echtfarbenbildschirm" eines elektronischen Bildbearbeitungssystems vorgenommen werden (softproof). Das erfordert meist die Anwesenheit des Kunden.
- Digitalproof mit dem Tintenstrahldrucker .

In allen Fällen wird die Reprovorlage unter farbneutralem Licht von 5.000 Grad Kelvin mit dem Ergebnis verglichen.

Wozu dienen Farbkontrollstreifen, die auf einer Andruckform mitgedruckt werden können?

Mit einem *Densitometer* kann man die Farbdichte messen und damit die richtige Farbgebung beurteilen. Dem Drucker dienen sie beim Einrichten der Druckmaschine, um die vorschriftsmäßige Farbmenge einzustellen und während des Auflagendrucks zu halten.

Warum ist ein Farbmanagement-System wichtig?

Mit diesem System hat man die Farben und ihre Wiedergabe während des gesamten Produktionsprozesses von der Bildbearbeitung bis zum Druck oder der Herstellung elektronischer Medien unter Kontrolle. Es lassen sich die Farben wie gewünscht wiedergeben, ganz gleich welches Gerät oder welches Programm benutzt wird.

7.3.2 Papier

Worauf ist bei der Papierauswahl zu achten?

Kriterien können sein: optische und haptische Wirkung und Lebensdauer des Druckerzeugnisses, Druckverfahren und buchbinderische Weiterverarbeitung, Umweltaspekte, Wiederbeschaffung und Preis. Wenn das Printerzeugnis, beispielsweise Werbeschriften, versandt werden, ist das Gewicht von großer Bedeutung, um Porto zu sparen.

Was bestimmt im Wesentlichen die Qualität des Papiers?

Die Stoffzusammensetzung des Papiers (z.B. Altpapieranteil, Zelluloseanteil, Leimung, usw.).

Welche Eigenschaften muss das Zeitungspapier haben?

Die schnell laufenden Rollenrotations-Druckmaschinen erfordern:
- Die Farbe muss schnell vom Papier aufgesaugt und weggeschlagen werden (Oberflächentrocknung).
- Das Papier muss reißfest gegen Zugbelastung.
- Das Papier darf keine groben Verunreinigungen wie Knoten haben.

Welche Nachteile kann ein holzhaltiges Papier für die Herstellung von Druckwerken haben?

Das holzhaltige Papier hat einen Holzschliffanteil bis zu 85%. Holzschliff enthält Lignin, das unter Lichteinwirkung das Vergilben des Papiers bewirkt. Durch Einwirkung von Luft wird das Papier spröde und zerfällt. Holzhaltiges Papier wird in der Praxis kaum noch verwendet.

Was versteht man unter holzfreiem Papier?

Der Papierrohstoff ist Zellulose. Bei der Zellulose-Herstellung werden Lignin und Harze entfernt. Das Papier vergilbt nicht und hat eine hohe Reißfestigkeit. Es wird hauptsächlich für die Buchherstellung und als Schreibpapier verwendet.

Wie muss das Tiefdruckpapier beschaffen sein?

- Satinierte Oberfläche für eine gute Bildpunktwiedergabe.
- Saugfähigkeit, um die Farbe aus den Näpfchen zu ziehen.

- Reißfestigkeit wegen des Durchlaufs durch schnell druckende Rotationsmaschinen.
- Dimensionsstabilität zur Erzielung eines genauen Passers.

Welche Bedeutung kommt dem Recyclingpapier zu?

Dieses Papier wird aus Altpapier hergestellt. Wegen der erneuten Faseraufschließung beim Zermahlen des Altpapiers werden die Papierfasern verkürzt und gebrochen. Daher hat hundertprozentiges Recyclingpapier eine geringere Haltbarkeit. Häufig wird Altpapier anderen Papiersorten zugegeben. Zeitungspapier wird mit ca. 85 % Altpapieranteil produziert.

Für welche Produkte kommen gestrichene Papiere zum Einsatz?

Gestrichene Papiere haben einen Aufstrich aus mineralischen Erden wie Kaolin, Kreide u. ä., damit eine glatte Papieroberfläche erzeugt wird. Sie werden hoch glänzend und matt glänzend angefertigt. Sie sind geeignet zum Druck von hochwertigen Halbtonbildern mit feinem Raster.

Wodurch unterscheidet sich die Anwendung von hoch glänzenden und matt glänzenden Kunstdruckpapieren?

- *Hoch glänzende Papiere:* Sie ermöglichen eine brillante Bildwiedergabe; der Spiegelungseffekt, vor allem beim Lesen unter Kunstlicht, kann aber die Lesbarkeit beeinträchtigen.
- *Matt glänzende Papiere:* Sie können eine leicht stumpfe Bildwiedergabe bewirken; der lästige Spiegeleffekt wird vermieden.

Was bewirkt die Satinage eines Papiers?

Durch das Glätten des Papiers beim Durchlauf durch Kalanderzylinder bei der Papierherstellung verringert sich die Reißfestigkeit der Fasern. Das Papier wird durchscheinender. Dafür ist es aber preiswerter als gestrichenes Papier. Es findet Verwendung beim Druck von illustrierten Massendrucksachen.

Welche Papiere werden als Werkdruckpapiere bezeichnet?

Es sind maschinenglatte (also nicht satinierte) Papiere, die überwiegend für den Druck von Büchern und Zeitschriften ohne Abbildungen verwendet werden. Das Grammgewicht liegt zwischen 70 und 110 g/qm, das Volumen liegt zwischen dem 1- und 2-fachem Volumen.

Was sind maschinenglatte Papiere?

Es sind unbehandelte Papiere. Die Oberfläche ist so belassen, wie sie aus der Papiermaschine kommt, daher leicht aufgeraut. Häufig kann man die Sieb- und die Filzseite erkennen. Die Siebseite ist die dem Sieb der Papiermaschine zugewandte Seite, in die sich das Siebmuster leicht eindrückt. Die *Filzseite* (Schöndruckseite) ist die dem Sieb abgewandte Seite.

Welche Bedeutung hat die Opazität des Papiers?

Opazität ist das Fachwort für die Lichtundurchlässigkeit des Papiers, die vom Anteil der Füllstoffe beeinflusst wird. Je weniger Füllstoffe dem Papier zugesetzt werden, desto durchscheinender ist das Papier. Durchscheinendes Papier kann die Lesbarkeit erschweren, weil Schrift und Bilder der Rückseite matt zu erkennen sind. Dünndruckpapiere haben eine hohe Opazität.

Welche Zusatzstoffe werden dem Papierrohstoff (Halbzeug) zugegeben?

- Füllstoffe aus mineralischen Erden (Kaolin, Kreide u. ä.)
- Leime, die die Fasern miteinander verbinden
- Bleichstoffe oder Farbstoffe

Spielt der Umweltschutz bei der Auswahl des Papiers eine Rolle?

Immer mehr Verlage stellen einen Vermerk über die Herkunft des Papiers ins Impressum, z. B. gedruckt auf säurefreiem Papier (Betonung der Haltbarkeit) – chlorfrei gebleicht (Umweltschutz). Häufig wird das Logo des „Forest Stewardship Council (FSC)" abgedruckt, um darauf hinzuweisen, dass das Papier aus Rohstoffen vorbildlich bewirtschafteter Wälder produziert wurde.

Warum werden chlorfrei gebleichte Papiere verwendet?

Beim Bleichen des Zellstoffs wird das Lignin abgetrennt, wozu früher Chlor verwendet wurde, das das Abwasser belastet. Heute wird dazu umweltunschädlicher Sauerstoff verwendet. Wasserstoffperoxid wird zum Bleichen von Holzschliff und Recyclingmaterial eingesetzt.

Welche Bedeutung hat säurefreies Papier?

Bei säurehaltigen Papieren zerfällt die Leimung zu Schwefelsäure, die das Papier von innen heraus zersetzt und damit das Druckwerk zerstört. Neutral geleimte Papiere mit zugegebenen Säurepuffern haben einen pH-Wert von mehr als 7 pH.

Was heißt Alterungsbeständigkeit von Papier?

Das Papier bzw. das damit hergestellte Druckwerk muss bei schonender Behandlung in nicht klimatisierten Räumen eine Lebensdauer von mindestens 100 Jahren haben. Viele Buchverlage geben im Impressum Hinweise auf die Alterungsbeständigkeit des verwendeten Auflagenpapiers.

Welches Papier eignet sich für den Druck von Halbtonabbildungen?

Es muss eine glatte Oberfläche haben. Daher werden satinierte oder gestrichene Papiersorten eingesetzt.

Wie werden Papierformate eingeteilt?

Sie werden nach DIN-Formaten eingeteilt. Die gebräuchliche DIN-A-Reihe hat das Format DIN-A0 = 841 x 1.189 mm = 1m² zur Basis. Die Klassennummer des Formats gibt an, wie oft der DIN-A0 Bogen gefalzt werden muss, für DIN-A4 wird z. B. viermal gefalzt, das Format beträgt daher 210 x 297 mm. Für den industriellen Druck gelten Formate, die von der Druckmaschinenklasse bestimmt werden.

Warum muss die Laufrichtung des Papiers beachtet werden?

Die Papierfasern ordnen sich bei der Papierherstellung in der Papiermaschine in der Strömungsrichtung der Papiermasse auf dem Langsieb an. Diese Anordnungsrichtung wird Laufrichtung genannt. Das Papier ist in der Laufrichtung zugfester und falzfester als in der entgegengesetzten Querrichtung, die Dehnrichtung genannt wird. Bei Feuchtigkeitsaufnahme (z. B. bei der Berührung mit dem Buchbinderleim) dehnt sich das Papier leichter in der Dehnrichtung. Deshalb muss die Laufrichtung parallel zum Bund, d. h. dem Buchrücken verlaufen.

Warum ist der Zuschuss bei der Papiermengenberechnung zu beachten?

Es wird ein bestimmter Prozentsatz Papier der benötigten Papiermenge hinzugerechnet. Der Zuschuss dient zum Ausgleich der Fehldrucke beim Einrichten der Druckmaschine und der verfalzten Bogen beim Einrichten der Buchbindermaschine bzw. zum Ausgleichen der Makulatur bei der Weiterverarbeitung.

Je höher die Auflage ist, desto geringer ist der prozentuale Zuschussanteil. Druckereien geben ihren Kunden Tabellen, die den Zuschuss nennen.

Für welche Druckerzeugnisse wird LWC-Papier verwendet?

Light-Weight-Coated-Papier ist ein leichtes, zweiseitig gestrichenes, oft leicht holzhaltiges Papier unter 70 g/qm. Es wird für illustrierte Zeitschriften mit hoher Auflage verwendet.

Welche Papiere eignen sich besonders gut für den Offsetdruck?

Zur Vermeidung von Papierstaub, der sich auf dem Gummituch festsetzt und zum öfteren Waschen zwingt (teurer Maschinenstillstand), sollten die Papiere gut geleimt sein.

Wie hoch ist das Standardgewicht für Zeitungspapier?

Es beträgt 52 g/qm; evtl. ist eine Reduzierung auf 49 bis 45 g/qm möglich.

Wie wird das Volumen des Papiers berechnet?

$$\frac{\text{Papierdicke in mm x } 1.000}{\text{Gewicht in g/qm}} = \text{Volumen}$$

Beispiel:

$$\frac{0,18 \text{ mm x } 1.000}{90 \text{ g/qm}} = \text{2-faches Volumen}$$

Wie wird die Papiermenge für ein Druckwerk berechnet?

$$\frac{\text{Anzahl der Druckbogen x Auflage}}{\text{Nutzen}} = \text{Papiermenge}$$

Beispiel:

$$\frac{20 \text{ Bogen x } 4.000 \text{ Auflage}}{4 \text{ Nutzen}} = 20.000 \text{ Bogen}$$

Dazu ist der Zuschuss zu rechnen, beispielsweise 10 %, so dass insgesamt 22.000 Bogen benötigt werden.

Wie wird die Stärke des Buchblocks berechnet?

Volumen x Flächengewicht in kg x Blattanzahl = Stärke des Buchblocks

Beispiel:
1,5 Volumen x 0,09 Flächengewicht (bei 90 g/qm-Papier) x 120 Blatt = 16,2 mm = 1,62 cm

Wie kann man die bedruckbaren Quadratmeter bei Rollenpapieren errechnen?

$$\frac{\text{Rollengewicht in kg x } 1.000}{\text{Gewicht in g/qm}} = \text{Rollenlänge}$$

Beispiel:
1 Rolle Zeitungspapier wiegt 500 kg, das Gewicht beträgt 52 g/qm.

$$\frac{(500 \text{ kg =) } 500.000 \text{ Gramm}}{52 \text{ g/qm}} = \text{ca. } 9.615 \text{ qm}$$

Wie kann der Nutzen berechnet werden?

Beispiel:
Das unbeschnittene Buchformat beträgt 152 x 215 mm, das Format des Druckbogens ist 610 x 860 mm groß.

610 : 4 = 152,5 mm
860 : 4 = 215 mm
4 x 4 = 16 Blatt.
Ein Bogen hat 8 Blatt = 16 Seiten

Es wird daher zu 2 Nutzen gedruckt.

Wie errechnet sich das Bogengewicht?

$$\frac{\text{Bogenlänge x Bogenbreite in cm x Gewicht in g/qm}}{10.000} = \text{Bogengewicht}$$

Beispiel:
61 cm x 86 cm x 80 g/qm = 41,968 g ≈ 42 g

1 Bogen 61 x 86 cm wiegt 42 g

Wie wird das Quadratmetergewicht des Papiers ermittelt?

$$\frac{\text{Bogengewicht in g x 10.000}}{\text{Bogenlänge x Bogenbreite in cm}} = \text{Quadratmetergewicht}$$

Beispiel:
42 g x 10.000 = 80,06 g/qm ≈ 80 g/qm

Wie kann das Format des Druckbogens errechnet werden?

Beispiel:
Das beschnittene Buchformat beträgt 148 x 210 mm, das unbeschnittene demzufolge 152 x 215 mm.

Ein Druckbogen hat 16 Seiten (= 8 Blatt) = 8 Seiten Schöndruck und 8 Seiten Widerdruck.
215 x 2 = 430 mm
152 x 4 = 608 mm = ca. 610 mm
Das Format des Druckbogens beträgt 430 x 610 mm.

Bei Druck zu 2 Nutzen beträgt der Druckbogen:
430 x 2 = 860 mm
610 x 1 = 610 mm
Das Format des Druckbogens beträgt 610 x 860 mm

Wie kann die Laufrichtung errechnet werden?

Beispiel:
Das Buchformat beträgt im Hochformat 148 x 210 mm, das Papierformat beträgt 610 x 860 mm. Die Laufrichtung muss parallel zum Bund liegen.

860 mm

	Bund-		
	◄–verlauf–►		

610 mm

Die Laufrichtung muss demzufolge auf 610 mm führen; es wird Schmalbahn verwendet, d. h. 610 x 860 mm.

7.3.3 Druckverfahren

Was wird unter Ausschießen verstanden?

Unter Ausschießen versteht man die Anordnung der einzelnen Seiten auf einem Druckbogen, damit sie nach dem Falzen in der richtigen Reihenfolge hintereinander stehen. Das Ausschießschema ist von der Falzart abhängig.

Was heißt Schön- und Widerdruck?

Beim zweiseitigen Druck eines Bogens wird die Seite des Druckbogens, auf der die erste Seite steht, Schöndruck genannt, die Rückseite Widerdruck (Gegendruck). Für den Schöndruck wird bei ungestrichenen Papieren die Filzseite, für den Widerdruck die Siebseite des Papiers verwendet. Es gibt Schön- und Widerdruckmaschinen, in der beide Seiten in einem Druckgang bedruckt werden können.

Wie viele Seiten hat ein Buchbinderbogen üblicherweise?

Er umfasst in der Regel 16 Seiten im Dreibruch, also 8 Seiten Schöndruck und 8 Seiten Widerdruck. Um Buchbindekosten zu sparen, kann auch zu 32 Seiten ausgeschossen werden; dann muss der Bogen viermal gefalzt werden. Auf Rollenoffsetmaschinen können auch andere Bogen möglich sein, z. B. 20 Seiten auf einem Druckbogen.

Was verbirgt sich hinter dem Begriff des Nutzens?

Nutzen ist die Anzahl der Buchbinderbogen auf einem Druckbogen. Um Fortdruckkosten bei höheren Auflagen zu senken, wird in der Regel zu mehreren Nutzen auf großformatigen Druckmaschinen gedruckt.

Wie kann die Anzahl der Drucke errechnet werden?

Die Formel lautet:

$$\frac{\text{Auflage x Bogen}}{\text{Nutzen}} + \text{Zuschuss} = \text{Drucke}$$

Beispiel:
Auflage 8.000 Exemplare, Umfang 256 Seiten, Druck zu 2 Nutzen, 10 % Zuschuss (256 Seiten:16 = 16 Bogen)

$$\frac{8.000 \text{ Ex. x 16 Bogen}}{2 \text{ Nutzen}} = \begin{array}{l} 64.000 \text{ Druck} \\ + 6.400 \text{ Zuschuss} \\ = 70.400 \text{ Drucke} \end{array}$$

Muss bei der Druck-formenherstellung eine Klebebindung berücksich-tigt werden?

Der Drucker muss zusätzlich ca. 2 bis 3 mm Beschnitt in den Bundsteg stellen, damit vor dem Klebevorgang der Buchrücken aufgeschnitten und gefräst werden kann.

Welche Angaben benötigt der Drucker für die Zu-sammenstellung der Druck-formen?

Er muss die Falzart kennen. Außerdem benötigt er die Breite des Kopf- und des Bundstegs in cm, damit er die Kolumne richtig auf die Seite des Druckwerks platzieren kann.

Welchen Vorteil bringt Computer-to-Plate für den Verlag?

Bei diesem Verfahren werden nach dem Imprima-tur die digital gespeicherten Daten (Text/Bilder) zu Druckformen passgenau ausgeschossen direkt auf die Offsetdruckplatten übertragen. Damit werden teure Filme und die Filmmontage vermieden. Mit dieser Verringerung der Druckvorbereitung sinken die Druckkosten vor allem im niedrigeren Auflagen-bereich erheblich. In der Computer-to-Plate-Anlage wird das Druckbild pixelweise mittels Laserstrahl auf den Druckplatten erzeugt. Die Platten werden danach in die Druckmaschine eingespannt. Es gibt CTP-Systeme, bei denen die auf den Druckzylinder der Offsetmaschine gespannte Druckplatte direkt belichtet wird.

Was bedeutet Computer-to-Print?

Die für den Digitaldruck aufbereiteten Seiten werden direkt vom Rechner eines PC in die Digital-Druckma-schine übertragen. Man unterscheidet zwei Systeme:

- *Statisches Drucken:* Von einer Vorlage werden Drucke mit gleichem Inhalt hergestellt.
- *Dynamisches Drucken:* Der Inhalt ändert sich von Druck zu Druck, z. B. Eindruck von Adressen.

Für welche Anwendungsbereiche sind Digitaldrucker besonders geeignet?

Digitaldrucker zählen wie Tintenstrahldrucker zu den Non-Impact-Verfahren. Über ein RIP (Raster-Image-Processor) wird der Drucker angesteuert. Das Druckbild wird nach dem xerografischen Prinzip mit Tonerfarben (Pudertoner oder Flüssigtoner), die angeschmelzt werden, auf das Papier übertragen. Dieses Verfahren eignet sich vornehmlich für niedrigere Auflagen ein- und mehrfarbig, einseitig und zweiseitig. Die Druckqualität entspricht der des Offsetdrucks. Ohne nennenswerten Zeitaufwand lassen sich die Druckformen leicht verändern. (z. B. Preislisten mit unterschiedlichen Währungen). Mit einem angeschlossenen Flachbett-Scanner lassen sich zusätzliche Zeichen (z. B. ein Firmenlogo) ergänzen.

Wie kann der Einsatz eines Digitaldruckers noch leistungsfähiger werden?

Wenn der Drucker im Online-Verfahren mit einer Buchbindeanlage verbunden ist, lassen sich die Produkte schneller fertigstellen. Dazu zählen Broschurstraßen mit Klammerheftung, Klebebindung und Fadenheftung. Beim Online-Verfahren entfallen die Kosten für die Zwischenlagerung und die Zwischentransporte. Außerdem verkürzt sich die Produktionszeit.

Was kann einen Auftraggeber dazu veranlassen, Andrucke zu sehen?

Bei Printwerken, bei denen oberste Genauigkeit gewünscht wird, legt der Drucker sofort die ersten Bogen der Auflage dem Kunden an der Druckmaschine vor. Dieser hat noch vor der buchbinderischen Weiterverarbeitung die Möglichkeit, die Qualität zu prüfen. Kontrolle vom Kunden an der Druckmaschine vorgenommen.

Nach welchem Prinzip arbeitet der Offsetdruck?

Druckende und nicht druckende Teile liegen auf der Druckplatte auf einer Ebene (Flachdruck). Nach dem Prinzip der Abstoßung von Fett und Wasser nehmen die druckenden Teile der Platte die fetthaltige Farbe an, die nicht druckenden Teile werden gefeuchtet und stoßen die Farbe ab. Die Farbe wird von der Platte zunächst auf einen Gummituchzylinder und von diesem auf das Papier übertragen (indirektes Druckverfahren).

Wo findet der Offsetdruck seinen Einsatz?	Er ist das vorherrschende Druckverfahren für den Buch-, Zeitschriften- und Zeitungsdruck. Beim Druck von illustrierten Publikumszeitschriften in hoher Auflage steht er in Konkurrenz zum Tiefdruck.
Wie können beim Druck von mehrfarbigen Bildern Kosten eingespart werden?	Die Kosten für Reproduktion, Druckformenmontage, Plattenkopie, Einrichtung der Druckmaschine und Fortdruck reduzieren sich, wenn man alle farbigen Bilder auf die Schöndruckformen und alle Schwarz-Weiß-Bilder auf die Widerdruckformen stellt.
Was bedeutet es, wenn beim Druck das Register gehalten werden muss?	Unter Registerhaltung versteht man den deckungsgleichen Druck des Satzspiegels beim Schön- und Widerdruck.
Welche Gestaltungsmöglichkeiten kann der Irisdruck bieten?	Beim Irisdruck werden zwei Farben mit ineinander verlaufenden Farbrändern gedruckt. Dazu werden beide Farben nebeneinander in den Farbkasten der Druckmaschine gegeben. Die leicht hin- und herlaufenden Farbwalzen lassen die Grenzen der Farben verwischen. Es entstehen reizvolle mehrfarbige Effekte.
Wie kann das Prinzip des Tiefdrucks beschrieben werden?	Alle druckenden Elemente liegen vertieft als Näpfchen im Druckzylinder. Der Zylinder läuft durch ein Farbbad, damit die Näpfchen Farbe aufnehmen können. Die überschüssige Farbe außerhalb der Näpfchen wird von einem Rakelmesser abgestreift (Rakeltiefdruck). Beim Druck wird die dünnflüssige Farbe aus den Vertiefungen auf das Papier herausgesogen. Es ist dafür spezielles Tiefdruckpapier notwendig.
Für welche Produkte wird der Tiefdruck eingesetzt?	Der verchromte Kupferzylinder erlaubt Auflagendrucke in Millionenhöhe bei gleich bleibender Druckqualität. Deshalb werden vor allem Massendrucksachen in Millionenauflage im Tiefdruck gedruckt (z. B. das Magazin *Der Spiegel*). Weil die dünnflüssige Druckfarbe beim Vierfarbdruck ineinander läuft, entsteht ein fast rasterloses Halbtonbild. Aus diesem Grund werden vor allem mit Farbfotos reich illus-

trierte Druckwerke im Tiefdruckverfahren gedruckt (Illustrierte, Zeitschriften, Versandhauskataloge u. ä.).

Warum werden beim Tiefdruck auch die Schriften gerastert?

Über die gesamte Form wird ein Raster gelegt. Die hoch stehenden Rasterstege bieten dem Rakelmesser eine gute Auflage und verhindern somit eine frühzeitige ungleichmäßige Abnutzung. Die Rasterung ist durch den Fadenzähler erkennbar.

Wodurch unterscheidet sich die Druckqualität zwischen Offset- und Tiefdruck?

- *Offset:* Scharfe Wiedergabe von Schrift, Linien und Rasterpunkten.
- *Tiefdruck:* Schriftränder und Linien sind wegen der Ausrasterung ausgefranst. Die Farben bei Halbtonbildern laufen ineinander und erzeugen dadurch fast „echte" Halbtöne.

Wie ist der Siebdruck zu definieren?

Der Siebdruck ist ein *Schablonendruckverfahren.* Auf dem Sieb sind die nicht druckenden Teile farbundurchlässig abgedeckt. Nur an den durchlässigen Stellen vermag die Farbe durch das Sieb auf den Bedruckstoff zu dringen. Lange Trocknungszeit der Farbe verhindert schnellen Druckablauf. Grundsätzlich können alle Materialien im Siebdruckverfahren bedruckt werden: Plastikbuchdecken, Folienumschläge, Überzugsleinen. Auch großflächige Plakate in niedriger Auflage werden mit diesem Verfahren kostengünstig gedruckt.

Was ist ein Reprint?

Es ist ein originalgetreuer Nachdruck eines alten, vergriffenen Druckwerks. Da in der Regel keine Druckstöcke oder Filme mehr vorhanden sind, werden die Seiten des Vorlageexemplars rechnergesteuert richtig ausgeschossen auf Offsetplatten projiziert. Die einzelnen Seiten können aber auch gescannt in ein DTP-System eingegeben werden, wenn geringfügige Korrekturen auszuführen sind, z.B. das Tilgen von Verschmutzungen.

Welche Papiere eignen sich für die einzelnen Druckverfahren besonders?	• *Flachdruck:* Oberflächengeleimtes, staubfreies Papier. • *Tiefdruck:* Saugfähiges, in der Regel satiniertes Papier. • *Siebdruck:* Alle Arten.
Welche Vorteile hat die elektronische Drucküberwachung?	Mit dem elektronischen Kontroll- und Steuerungssystem CPC (Computer Print Control) wird die Farbdichte auf den mitgedruckten Kontrollstreifen densitometrisch gemessen und dadurch die einheitliche Farbgebung gesteuert. Außerdem werden der Passer und die Registerhaltung automatisch geregelt.
Mit welchen Lacken lassen sich die Oberflächen von Drucken veredeln?	In der Druckmaschine können Drucklacke und Dispersionslacke aufgetragen werden. UV-Lacke werden mit speziellen Lackiermaschinen aufgetragen und in einer UV-Trocknungsanlage getrocknet. Lacke sollen die Drucke schützen und das Aussehen verbessern.

7.3.4 Druckweiterverarbeitung

Wo werden Zeitungen gefalzt?	Zeitungen werden unmittelbar nach dem Druckvorgang im Falzwerk, das an die Rotationsmaschine angekoppelt ist (Online-Fertigung), gefalzt. Vor dem Falzvorgang werden die Bogen von der Rollenbahn abgetrennt.
Wie heißen die wesentlichen Bestandteile eines Deckenbandes?	Buchblock – vorderer und hinterer Vorsatz – Buchdecke mit Überzugsmaterial (z.B. Leinen) evtl. Schutzumschlag. Bei hochwertigen Büchern kommt die Hülse hinzu.
Wie kann die **Rückenbreite** eines Buchblocks errechnet werden?	Seitenzahl x Papiergewicht in g/qm x Papiervolumen = Rückenbreite des Buchblocks. Diese Berechnung ist für die Anlage der Einbanddecke und des Schutzumschlages wichtig.
Wie wird der Buchblock für Deckenbände hergestellt?	Die einzelnen Bogen werden gefalzt, zusammengetragen, geheftet und dreiseitig beschnitten. Außerdem müssen die Vorsätze angeklebt werden.

Wie sieht eine Broschur aus?	Der Buchblock ist mit dem Kartonumschlag am Rücken durch Leimung (Klebebindung) oder durch Drahtklammern (Rückenheftung) verbunden. In selteneren Fällen wird die Fadenheftung verwendet.

Wonach werden die Deckenbände in der Bibliografie bezeichnet?

Sie werden nach dem Überzugsmaterial der Buchdecke bezeichnet:

* Leinenbände (Gewebeüberzug)
* Pappbände (Papierüberzug)
* Lederbände (Lederüberzug)

Welche Funktion erfüllt der Schutzumschlag?

Ursprünglich war es die Funktion, den Einband zu schützen. Heute soll der Schutzumschlag durch auffallende typografische Gestaltung (häufig mit Farbfotografien) vor allem zum Kauf anreizen. Der Klappentext gibt Informationen zum Autor, zum Inhalt des Buches oder zeigt weitere Buchtitel an.

Was versteht man unter gebundenen Büchern?

Sie werden aus dem Buchblock und der Buchdecke zusammengesetzt, die durch die Vorsätze miteinander verbunden sind. Sie haben einen Hohlrücken. Die Buchdecke besteht aus dem Vorder- und Hinterdeckel und deflexiblen Rückeneinlage (Schrenz). Die Pappen werden mit dem Überzugsmaterial überzogen.

Welche zusätzlichen Ausstattungen können ein gebundenes Buch gefälliger machen?

Farbschnitt – Lesebändchen – Einlage in eine Schmuckkassette. Sie erhöhen die Bindekosten.

Warum kann es sich empfehlen, einen Kopffarbschnitt bei einem Deckenband anzubringen?

Eine leichte Färbung des Schnitts, z. B. mit einem hellen Grau, lässt eine Verschmutzung durch Staub weniger sichtbar werden. Ein nicht eingefärbter Schnitt wird Weiß- oder Naturschnitt genannt.

Für welche Produkte empfiehlt sich eine Spiralheftung?

Spiralheftung wird für alle Druckwerke verwendet, die offen aufgeschlagen liegen bleiben müssen, z. B. Kalender, Bauanleitungen. Auch für Produkte mit voluminösen Blättern ist Spiralheftung praktisch (z. B. Kataloge mit Leinenmuster).

**Warum ist die Faden-
heftung besonders gut
haltbar?**

Der Heftfaden wird an mehreren Stellen durch die
Bogenmitte gezogen und mit den Nachbarbogen
verknüpft. Dadurch wird eine hohe Elastizität beim
Aufschlagen am Buchrücken erreicht.

**Welche Leimarten werden
für die Klebebindung
verwendet?**

- *Hotmelt (lösungsmittelfreier Schmelzkleber):*
  Geringe Alterungsbeständigkeit, dafür billiger.
- *Dispersionskleber:* Höhere Alterungsbeständigkeit, dafür teurer.
- *Polyurethankleber (PUR):* Vereinigt die Vorteile
  von Hotmelt und Dispersionskleber, ist aber auf-
  wändig zu verarbeiten.

**Welche Papiere eignen
sich nicht für die Klebe-
bindung?**

Nicht geeignet sind alle Papiere mit glatter Papieroberfläche, wie gestrichene und satinierte Papiere.
Die glatte Oberfläche verhindert das Eindringen des
Leimes in die Fasern. Dadurch können sich beim häu-
figen Aufschlagen einzelne Seiten aus dem Buchblock
lösen.

**Wie kann das Aufschlag-
verhalten einer Broschur
verbessert werden?**

Wenn die Falzstellen des Umschlags gerillt werden,
lässt sich der Umschlag an dieser Stelle besser aufschlagen. Die gleiche Wirkung wird durch das Nuten
erreicht, bei dem ein dünner Span aus dem Kartonumschlag herausgehoben wird.

**Warum kann die Klebebin-
dung gegenüber der Faden-
heftung von Nachteil sein?**

Selbst bei sorgfältiger Benutzung und vorschriftsmä-
ßiger Lagerung unterliegt der Klebstoff einer natürlichen Alterung, er wird spröde, der Buchblock löst
sich auf.

**Wann wird bei der Klebe-
bindung das Lay-Flat-
Verfahren eingesetzt?**

Um das Aufschlagverhalten und die Haltbarkeit zu
verbessern, wird der Buchblock in einen frei beweg-
lichen, biegsamen Umschlag eingehängt. Dazu wird
ein Fälzel aus Gaze oder Polyester auf dem Buchrücken verklebt.

**Bis zu welchem Bogenum-
fang ist die Rückenheftung
empfehlenswert?**

Bis etwa 6 Buchbindebogen (= 96 Seiten). Die Anzahl
der Bogen ist abhängig von der Papierstärke.

Welche Eigenschaften muss das Vorsatzpapier haben?

Es verbindet den Buchblock mit der Buchdecke. Aus diesem Grund muss das Papier reißfest sein. Außerdem soll es beim Aufschlagen eines Buchs gefällig wirken. Daher stimmt man das Vorsatzpapier mit dem Einband ab.

Warum ist die Flattermarke für den Buchbinder wichtig?

Die Flattermarke ist ein auf dem Rücken des Bogens gedruckter Balken. Beim richtigen Zusammentragen müssen die Flattermarken treppenförmig zu sehen sein. Sie erleichtern es dem Buchbinder, auf der Zusammentragemaschine die richtige Bogenreihenfolge zu erkennen.

Was versteht man unter einer englischen Broschur?

Um den unbedruckten Kartonumschlag wird ein Schutzumschlag mit breiten Klappen gelegt und am Rücken fest mit dem Umschlag verbunden.

Wie wird eine Rückenheftung angefertigt?

Die ineinander gesteckten Bogen werden mit einem flexiblen Kartonumschlag versehen, der durch Drahtklammern (seltener mit Faden) mit dem Buchblock verbunden wird.

Wie kann ein Titel auf den Buchrücken eines Leineneinbands gebracht werden?

- Aufdruck im Siebdruckverfahren, seltener im Offsetverfahren. Das setzt eine feine Leinenstruktur voraus, z.B. Buckramleinen.
- Aufprägung mit Farb- oder Goldfolie, Blindprägung ohne Farbe und Reliefprägung.

Sind Leinenbände tatsächlich immer mit reinem Leinen überzogen?

Echtes Leinen ist teuer und wird nur selten verwendet. In den meisten Fällen kommen Stoffgewebe zum Einsatz, die eine Leinenstruktur aufweisen. Diese bestehen aus Kunststoff- oder Baumwollfasern. Zur besseren Aufnahme der Prägung kann das Gewebe eine Appretur aus Kunstharz bekommen.

Mit welchen buchbinderischen Mitteln kann auf ein Buch im Schaufenster besonders aufmerksam gemacht werden?

- Umlegen einer Buchschleife (Bauchbinde) in auffallender Farbe mit werbendem Aufdruck (z.B. Friedenspreisträger des Deutschen Buchhandels).
- Einsteckschild, das an der Oberkante aus dem Buchblock herausragt mit werbendem Text wie auf der Bauchbinde.

Was kann einen Buchverlag veranlassen, Bücher in Kassetten anzubieten?

Sammelwerke wie mehrere Bände eines Lexikons, vorzugsweise in Broschurform, können in ansprechend gestaltete Kassetten eingelegt werden. Die Bücher werden den Kunden als Ganzes zu einem Vorzugspreis angeboten. Gleichzeitig ist damit ein Schutz der Bücher verbunden.

Was kann man tun, um Broschurumschläge vor Beschädigungen zu schützen?

Einen wirksamen Schutz bietet die Laminierung, bei der eine durchsichtige Kunststofffolie auf die Außenseiten kaschiert wird. Dafür kann Glanz- oder Mattfolie verwendet werden. Wirksamen Schutz bietet auch die UV-Lackierung, die hoch glänzend oder matt angelegt sein kann. Preisgünstigere Dispersionslacke bieten nur geringen Schutz.

Wie werden Druckwerke für den Versand verpackt?

In der Regel werden sie aus Kostengründen in durchsichtiger, recyclingfähiger Schrumpffolie luftdicht eingeschweißt. Teure Druckwerke oder Druckwerke im großen Format (z. B. Kunstbände) werden zuvor häufig in Pappschuber eingelegt. Einige Verlage gehen dazu über, ihre Produkte in Packpapier einzuschlagen. Wichtig ist für alle Verpackungsarten, dass die Auslieferungsnummer für den Versand und der EAN-Strichcode für den Buchhändler gut lesbar sind.

8   Rechnungswesen und Controlling

Welcher Steuersatz wird im Anzeigengeschäft verwendet?	Anzeigengeschäfte (Bar-Anzeigen) werden mit dem vollen Steuersatz der Mehrwertsteuer, gegenwärtig 19 %, berechnet. Tauschanzeigen hingegen sind umsatzsteuerfrei.
Wie kann die Steuerschuld gegenüber dem Finanzamt bei Abonnementsbezug im Bankeinzugsverfahren nachgewiesen werden?	Im Impressum der Zeitung oder der Zeitschrift muss der Abo-Preis einschließlich der gesetzlichen Mehrwertsteuer von gegenwärtig 7 % ausgewiesen sein.
Wie werden Bedingtgeschäfte umsatzsteuerlich behandelt?	Bei Bedingtgeschäften (à condition) ist die Lieferung der Bücher mit Lieferschein umsatzsteuerfrei. Die Steuerschuld tritt erst ein, wenn für die gelieferte Ware eine Rechnung geschrieben wird.
Wie wird die Umsatzsteuer auf der Rechnung ausgewiesen?	In der Anzeigenpreisliste gelten die Preise zuzüglich der Mehrwertsteuer. Im Ladenpreis der Bücher und im Preis der Zeitungen und Zeitschriften ist die Mehrwertsteuer von gegenwärtig 7 % enthalten.
Welche Verlagserzeugnisse werden mit dem vollen Mehrwertsteuersatz berechnet?	Dazu gehören die so genannten Non-Book-Waren wie Ansichtskarten, DVD, Globen, Spiele, u. ä. Der Satz beträgt gegenwärtig 19 %.
Für welche Verlagserzeugnisse gilt der ermäßigte Steuersatz?	Er gilt für alle neu und antiquarisch gehandelten Bücher sowie für Zeitungen und Zeitschriften. Er gilt aber auch für Landkarten, Noten, Adressbücher, Loseblattwerke und ähnliche Druckerzeugnisse.
Welche Umsätze eines Verlags sind umsatzsteuerpflichtig?	• Getätigte Verkäufe (z.B. Verkauf von Büchern oder Spielkarten). • Erbrachte Leistungen (z.B. Dienstleistungen wie Lagerhaltung und Auslieferung für Fremdfirmen). • Eigenverbrauch (z.B. private Nutzung von Firmenfahrzeugen).

Welche Lieferungen sind von der Umsatzsteuer befreit?

- *Lieferungen an das Ausland:* Dem Rechnungsbetrag wird daher keine Mehrwertsteuer zugeschlagen. Die zu zahlende Vorsteuer für die Herstellung dieser Produkte wird vom Finanzamt zurückerstattet bzw. mit der zu zahlenden Mehrwertsteuer für andere Produkte verrechnet.
- *Lieferungen aus dem Ausland:* Nur der Warenbezug (Handelsware) ist umsatzsteuerfrei. Wird die Ware im Inland verkauft, muss im Ladenpreis der entsprechende Mehrwertsteuersatz enthalten sein.
- *Tauschanzeigen zwischen Verlagen:* Diese müssen den gleichen Wert haben. Bei Tauschanzeigen mit Barzahlung muss nur die Zahllast besteuert werden.

Warum ist Controlling für ein Unternehmen wichtig?

Controlling ist eine Unterstützung für die kaufmännische Führung eines Unternehmens. Es werden Zielwerte festgelegt und diese Werte laufend verfolgt, um bei Abweichungen die Risiken schnell zu erkennen und Maßnahmen zu vorzuschlagen, die Zielwerte wieder zu erreichen. Dafür ist sind lückenlose, wahrheitsgemäße und aktuelle Informationen aller Kostenstellen notwendig.

Welche Funktion hat der Controller in einem Unternehmen?

Als Stabsstelle ist er zuständig für die betriebsinterne Informationsbeschaffung (z. B. Abweichungen einer Zeitvorgabe für die Produktfertigung) und die Informationsbewertung (z. B. angemessener Einsatz von Mitarbeitern). Die notwendigen Maßnahmen werden von der Geschäftsleitung angeordnet. Der Controller wirkt auch bei der Festlegung der Unternehmensziele mit.

In welchen Bereichen wird der Controller vor allem tätig?

Grundsätzlich kann er in allen Bereichen tätig sein. Tätig ist er aber vor allem in dem Bereich der Finanzierung und der damit verbundenen Investitionen als Voraussetzung aller betrieblichen Aktivitäten.

Mit welchen Risiken muss ein Verleger rechnen, wenn er nach den Werten der Vorkalkulation den Ladenpreis festlegt?

Er geht davon aus, dass die Kalkulationsvorgaben realistisch ermittelt worden sind. Aber es bleiben Risikofaktoren trotz sorgfältiger Ermittlungen bestehen:

- *Kostenrisiko:* Die eingesetzten Kosten werden überschritten (z. B. unvorhergesehene Erhöhung des Papierpreises).
- *Absatzrisiko:* Der Verkauf der Ware geht schleppend; der vorgesehene Absatz kann nicht innerhalb einer bestimmten Zeit erreicht werden; es vermindern sich die eingesetzten Erlöse (z. B. ein Konkurrenzprodukt kommt auf den Markt).

In der Regel gibt es nur wenige Möglichkeiten, diese Risiken auszuschließen. Deshalb empfiehlt es sich, schon in der Vorkalkulation einen Risikofaktor zu berücksichtigen (z. B. nur den Verkauf von 80 % der Auflage zur Ladenpreisfindung anzunehmen).

Welche Funktion haben die Vor- und Nachkalkulation?

- *Vorkalkulation:* Es werden die Kosten erfasst, die voraussichtlich bei der Herstellung des Produktes anfallen werden. Diese Kosten werden zu den voraussichtlich zu erzielenden Erlösen in Beziehung gesetzt. Ziel dieser Kalkulation ist die Errechnung eines kostendeckenden Marktpreises, der zudem noch zur Erzielung von Gewinn beiträgt. Es ist zu überlegen, ob dieser kostendeckende Ladenpreis auch marktkonform ist. Sie trägt daher wesentlich zur Entscheidung bei, ob der Verlag das Werk eines Autors überhaupt herausbringt. Für die Vorkalkulation eignet sich die Methode der Zuschlagskalkulation.
- *Nachkalkulation:* Es werden die während oder nach dem Verkauf der Ware tatsächlich angefallenen Kosten den Erlösen gegenübergestellt. Dazu eignet sich die Methode der Deckungsbeitragsrechnung.

Wie werden die allgemeinen Handlungskosten festgelegt?

Diese lassen sich einem Produkt nur anteilsmäßig nach einem bestimmten Schlüsselsatz zurechnen (z. B. 40 % vom Nettowarenwert). Mit der Methode der Deckungsbeitragsrechnung kann anhand der Nachkalkulation errechnet werden, ob genügend Erlöse erwirtschaftet worden sind, um die allgemeinen Handlungskosten zu decken. Nach dem Abschluss einer Produktionsperiode wird der Verlag den dafür vorgesehenen Schlüsselsatz immer wieder nachprüfen und ggf. einen neuen Schlüsselsatz als Kalkulationsvorgabe vorgeben.

Wie kann die Herstellung von CD-Rom und DVD kalkuliert werden?

Dafür werden Kalkulationsprogramme angeboten, mit denen die Kosten für unterschiedliche Auflagen unter Berücksichtigung diverser Konfigurationen (Grafikservice, Gestaltung der Verpackung, Booklets u. ä.) errechnet werden.

Welche Vorteile bietet die Disc-on-Demand-Herstellung?

Es entfallen die teure Lagerhaltung und die Vorfinanzierung. Es wird bei der Unterschreitung einer Mindestmenge eine weitere kleine Tranche produziert. Bei einem Misserfolg müssen keine großen Lagerbestände verramscht oder vernichtet werden.

Wie kann der Ladenpreis eines Buchs errechnet werden?

Mit der Methode der Vorkalkulation für die Gesamtauflage soll ein kostendeckender und gewinnbringender Ladenpreis errechnet werden. Dazu bedient man sich in der Regel der Zuschlagskalkulation:

$$\frac{\text{Bruttoumsatz}}{\text{Auflage}} = \text{Ladenpreis}$$

Der Bruttoumsatz errechnet sich aus dem Bruttowarenwert zuzüglich der Umsatzsteuer.

Beispiel:
Bruttoumsatz: 150.000 Euro,
Auflage: 4.000 Exemplare

$$\frac{150.000}{4.000} = 37,50 + 7 \text{ Prozent} = 40,01 \text{ Euro}$$

Der kalkulatorische Ladenpreis beträgt gerundet rechnerisch 40 Euro.

Warum hat der Verlagsanteil eine wichtige Bedeutung für den Verlag?

Aus dem Erlös des Verlagsanteils (kalkulatorischer Gewinn) kann die Herstellung neuer Produkte finanziert werden. Es werden aus dem Erlös auch Rücklagen für teure Investitionen (z. B. Neubau eines Verlagsgebäudes) gebildet. Außerdem wird daraus das Unternehmergehalt bestritten.

Welche Messgrößen können außer dem Umsatz für die wirtschaftliche Situation eines Verlags wichtig sein?

Der Umsatz ist die wichtigste Messgröße. Zu berücksichtigen sind aber auch die Bilanzsumme, die Personalkosten, die Anzahl der veröffentlichten Titel und die Verlagsgemeinkosten.

Müssen neben kalkulatorischen Überlegungen auch noch andere Faktoren bei der Festlegung des Ladenpreises beachtet werden?

Die Vorkalkulation geht davon aus, dass alle Produkte in einem vorgegebenen Zeitraum zu einem bestimmten Ladenpreis verkauft werden können. Aber das ist in der Praxis nicht immer möglich. Geht der Verkauf schleppend, erhöhen sich die allgemeinen Handlungskosten (z. B. die Kosten für die Lagerhaltung) und der Verlagsanteil schmälert sich (z. B. weniger liquide Mittel zur Vorfinanzierung neuer Produkt, was u. U. einen Bankkredit erfordert). Neben den kalkulatorischen Überlegungen muss die Marktsituation berücksichtigt werden (z. B. Konkurrenzpreise, Erwartungshaltung der wichtigsten Zielgruppe usw.).

Welchen Zweck hat die Errechnung des Mindestladenpreises?

Der Mindestladenpreis soll alle Kosten für die Herstellung und den Vertrieb sowie die allgemeinen Handlungskosten (Verlagsgemeinkosten) und den kalkulatorischen Gewinn abdecken, ohne dass bereits zusätzlicher Gewinn erzielt wird. Wird der Mindestladenpreis unterschritten, bringt das Produkt Verlust, d. h. eine Unterdeckung. Gründe, den Mindestladenpreis zu unterschreiten, können sein: Aufbau einer neuen Buchreihe, Förderung eines vom Verleger geschätzten jungen Lyrikers.

Welchen Vorteil kann die Mischkalkulation gegenüber der Einzeltitelkalkulation haben?

Bei der Mischproduktion werden alle Produkte einer Programmgruppe (z. B. Wanderführer mit insgesamt 30 Titeln) zusammen bewertet. So können viele gut verkäufliche Titel auch wenige schlecht verkäufliche Titel mittragen, die sonst keine Chance der Veröffentlichung hätten. Auch bietet sich damit die Möglichkeit, eine Programmgruppe zu komplettieren und als Ganzes verkäuflich zu machen (z. B. Wanderführer in einer Kassette). Der Verleger gewinnt größere dispositorische Freiheit bei der Auswahl seiner Titel.

Worauf muss bei der Aufstellung einer Vorkalkulation geachtet werden?

Neben der genauen Analyse der technischen Herstellungskosten durch exakte Angebote der Lieferanten ist auf Folgendes zu achten:

- *Zielgruppe:* Realistische Verkaufsauflage, Erwartungshaltung an das Produkt (z. B. Deckenband mit Schutzumschlag oder Broschur).
- *Sonderkosten:* Dazu gehören Gutachtergebühren, Außenredaktionen u. ä.
- *Rabatte:* Genaue Errechnung des durchschnittlichen Rabatts, der Sonderrabatte (Boni) usw.
- *Zusätzliche Vertriebsmaßnahmen:* Dazu gehören *Schaufensterwettbewerbe oder Autorenlesungen.*
- *Besondere Erlöse:* Dazu gehören Druckbeihilfen von wissenschaftlichen Institutionen, Behörden, Verbänden usw.
- *Sponsoring.*

Wodurch unterscheidet sich die Kalkulation in Zeitungs- und Zeitschriftenverlagen von denen der Buchverlage?

Im Zeitungs- und Zeitschriftenverlag ist das Produkt von Ausgabe zu Ausgabe nahezu gleich. Zu den Herstellungs-, Redaktions- und Vertriebskosten kommen Anzeigenkosten und Anzeigenerlöse hinzu, die stark variieren und die Kalkulation beeinflussen. Im Buchverlag wird jeder einzelne Titel oder eine Produktgruppe kalkuliert, Anzeigenerlöse gibt es nur in seltenen Fällen.

Welche Kosten lassen sich im Verlag direkt dem Einzeltitel zuordnen?

- *Herstellungsbedingte Einzelkosten* für Satz, Druck usw.
- *Absatzbedingte Einzelkosten* wie Gebühren für die Verlagsauslieferung, Sonderverpackung, Kosten für Werbeaktionen (z. B. Anzeigen) usw.

Die Einzelkosten umfassen den größten Teil der Kosten für ein Produkt und liegen in der Regel zwischen 50 % bis 60 % der Gesamtkosten. Die allgemeinen Handlungskosten hingegen lassen sich nicht direkt, sondern nur über einen Schlüssel zurechnen.

Aus welchen Kosten setzen sich die Selbstkosten zusammen?

Die Selbstkosten sind die Summe aus:

Herstellungskosten (z. B. Satz, Papier)
+ Autorenhonorar
  (z. B. Pauschal-, Absatz-, Übersetzerhonorar)
+ allgemeine Handlungskosten
  (z. B. Auslieferung, Gehälter, Mieten)

= Selbstkosten

Die Selbstkosten sind also die Kosten, die der Verlag auf jeden Fall zu tragen hat, wenn er ein Produkt herstellen und verkaufen will.

Welche Bedeutung haben die auflagenvariablen Kosten für die Herstellung von Druckerzeugnissen?

Zu den auflagenvariablen Kosten zählen alle Kosten, die mit der Vervielfältigung eines Titel ursächlich verbunden sind. Dazu gehören: Druckkosten (ohne Einrichtung der Druckmaschine), Papier, Umschlagkarton, Bindearbeiten (ohne Einrichten der Maschine). Diese Kosten zeigen im Diagramm* einen linearen Verlauf, d. h. sie sind für jedes Exemplar, auf Stückkosten umgerechnet, gleich hoch. Diese Kosten wirken sich vor allem im höheren Auflagenbereich kostenbestimmend aus. Man kann beispielsweise bei einer hoher Auflage wirkungsvoll Kosten sparen, wenn man ein billigeres Papier wählt.

---

* Es empfiehlt sich, ein Diagramm mit selbst gewählten Werten zu zeichnen. Gleiches gilt auch für die auflagenfixen Kosten.

Wie setzt sich der Netto-warenwert zusammen?

Zu den Selbstkosten wird der Verlagsanteil addiert. Der Verlagsanteil wiederum setzt sich aus dem kalkulatorischen Unternehmergehalt, der Eigenkapitalverzinsung und dem Verlagsgewinn zusammen.

Wie errechnet sich der Bruttowarenwert?

Dem Nettowarenwert wird der Sortimenterrabatt zugeschlagen:

Herstellungskosten
+ Autorenhonorar
+ allgemeine Handlungskosten

= Selbstkosten
+ Verlagsanteil

= Nettowarenwert
+ Sortimenterrabatt

= Bruttowarenwert

Wie kann sich die Reduzierung der auflagenfixen Kosten sinnvoll auf die Kalkulation auswirken?

Diese Kosten treten unabhängig von der Auflagenhöhe auf. Dazu gehören beispielsweise die Einmalkosten für die Texterfassung, die Reproduktion und die auflagenfixen Kosten für das Einrichten der Maschinen. Eine Senkung dieser Kosten wirkt sich vor allem im niedrigeren Auflagenbereich spürbar auf die Errechnung des Ladenpreises aus. Sie zeigen im Diagramm dargestellt einen degressiven Verlauf, d. h., mit steigender Auflage wird ihr Anteil, auf die Stückkosten umgerechnet, geringer. Sinnvoll können für kleinere Auflagen Kosten reduziert werden, wenn zum Beispiel durch Fremddatenübernahme im Satzbereich ca. 40 % der Satzkosten eingespart werden.

Wie kann bei schwierigen Titeln das Kostenrisiko vermindert werden?

- Die Auflage wird in mehrere Bindequoten aufgebunden. Sollte das Werk nicht vollständig verkauft werden können, entfallen bei der Makulierung die Bindekosten.
- Die erste Auflage wird niedrig angesetzt; bei überraschend großer Nachfrage wird umgehend nachgedruckt. Dadurch wird eine umfangreiche

Verramschung oder Makulierung vermieden, falls sich der Titel nicht vollständig verkaufen lässt.

In beiden Fällen verringert sich zwar das Kostenrisiko, dafür erhöhen sich bei gutem Absatz die auflagenfixen Kosten (z. B. durch das mehrmalige Einrichten der Druckmaschinen oder die Buchbindestraßen) und die Personalkosten, die mit der Lagerbeobachtung und der Bestellabwicklung verbunden sind.

Mit welchen Maßnahmen lassen sich die Herstellungskosten spürbar senken?

- *Aushandeln niedriger Produktions- und Materialpreise.* Es kann die Gefahr bestehen, dass man bei sogenannten Billiganbietern minderwertiges Material oder mangelhafte Leistungen einkauft (z. B. mangelnde Termintreue oder schlechte Beratung).
- *Rationalisierung der Arbeitsabläufe.* Dafür bieten sich im Verlag nur wenige Möglichkeiten, einige davon sind: Fremddatenübernahme, Einsatz von speziellen Computerprogrammen oder Koproduktionen mit Lizenznehmern.
- *Reduzierung des Umfangs.* Eine Kürzung des Manuskripts ist in der Regel nur selten möglich. Der Umfang kann verringert werden durch kleineren Schriftgrad, Vergrößerung des Satzspiegels oder schmaler stellen der Schrift. Allerdings besteht dabei die Gefahr der schlechten Lesbarkeit!
- *Vereinfachung der Ausstattung.* Diese Maßnahme muss mit der Erwartungshaltung des Käuferkreises abgestimmt werden. Maßnahmen sind: Klebebindung statt Fadenheftung, einfarbiger statt mehrfarbiger Druck, Verzicht auf den Schutzumschlag usw.

Wie kann ein Verlag die für die Herausgabe eines Buchtitels anfallenden Kosten verringern?

Neben der Nutzung moderner technischer Herstellungsmethoden einschließlich Printing on Demand können Koproduktionen mit ausländischen Verlagen die Kosten verringern, z. B. Eindruck der Texte in den Landessprachen in einen für alle Verlage vorgedruckten Bildteil. Dazu gehört auch die Gewinnung von Sponsoren. Die Verkaufserlöse aus Lizenzgeschäften werden dem Umsatz zugerechnet.

Aus welchen Kosten setzt sich der Deckungsbeitrag zusammen?

Die Formel lautet:

Verkaufserlös – Einzelkosten = Deckungsbeitrag

Der Verkaufserlös errechnet sich:
(Ladenpreis – Umsatzsteuer – Rabatt) x Auflage
= Verkaufserlös

Die Einzelkosten errechnen sich:
Herstellungskosten + Autorenhonorar
= Einzelkosten

Warum ist die Deckungsbeitragsrechnung für den Verlag ein wichtiges unternehmerisches Entscheidungsinstrument?

Mit der Deckungsbeitragsrechnung als Teilkostenrechnung kann mit Hilfe der EDV ständig ermittelt werden, welche Produkte nach ihrem Verkauf zur Deckung der allgemeinen Handlungskosten und der Verlagsanteile beitragen. Sie bietet daher eine Aussage zur Rentabilität eines Unternehmens.

Die Geschäftsleitung gibt eine Prozentzahl vor, die von der Summe aller verkauften Produkte erreicht werden soll. Diese liegt zwischen 50 % und 60 %.

Die Formel lautet:

$$\frac{\text{Deckungsbeitrag x 100}}{\text{Verkaufserlöse}} = \text{Deckungsbeitrag in Prozent}$$

Beispiel:
Deckungsbeitrag: 65.000 Euro,
Verkaufserlös: 120.000 Euro.

$$\frac{65.000 \times 100}{120.000} = \text{ca. } 54\,\%$$

Der Deckungsbeitrag beträgt 54 %.

Wie wird die Deckungsauflage ermittelt?

Die Deckungsauflage ist die Zahl der verkauften Exemplare, deren Erlöse die Selbstkosten abdecken:

$$\frac{\text{Selbstkosten x Auflage}}{\text{Nettowarenwert}} = \text{Deckungsauflage}$$

Alle darüber verkauften Exemplare erwirtschaften Gewinn.

Beispiel:
Auflage: 7.000 Euro, Selbstkosten: 60.000 Euro, Nettowarenwert: 15.000 Euro.

$$\frac{60.000 \times 7.000}{15.000} = 2.800$$

Die Deckungsauflage beträgt 2.800 Exemplare.

Warum lohnt es sich, die Gewährung von Skonti einzuräumen?

In der Regel kalkuliert ein Lieferant die Zinsen für den Lieferantenkredit bei Inanspruchnahme des Zahlungsziels mit einem hohen Zinssatz. Diese Zinsen sind also im Verkaufspreis enthalten. Bei sofortiger Zahlung mit Skonto gewinnt der Lieferant einen Finanzierungsgewinn. Die positive Differenz zwischen Skontoertrag und Kreditkosten werden als Finanzierungsgewinn bezeichnet.

Wie ist die Vertreterprovision für einen Verlag zu bewerten?

Diese bedeutet für den Verlag eine Erlösschmälerung, die aber im Verhältnis zu einer höheren Verkaufsmenge zu betrachten ist. Auch Skonti und Partieabgaben reduzieren den Erlös. Bei der Kalkulation des Ladenpreises sind dafür bestimmte Prozentsätze einzusetzen.

Formel:
Nettowarenwert – Wareneinsatzkosten – Erlösschmälerung = Gewinn.

Durch welche Maßnahmen lassen sich Kostendeckung und Gewinn sicherer erwirtschaften?

- *Spürbare Reduzierung der Stückkosten.* Maßnahmen dazu können sein: Preisgünstiger Einkauf von Material (z.B. Papier) und technischer Leistungen (z.B. Reproduktionen), Bemühungen um Druckkostenzuschüsse von staatlichen Institutionen, Vergabe von Herstellungsarbeiten an externe Produktionsbüros, Koproduktionen mit anderen Firmen (z.B. im Kunstbuchbereich).
- *Durch Erhöhung der Auflage.* Maßnahmen dazu können sein: Bessere Angleichung der Ausstattung

an die Erwartung der Zielgruppe selbst bei maßvollem höheren Ladenpreis (z. B. Kletterführer im Wasser abweisenden Plastikeinband), Wahl eines gut geeigneten Auslieferungstermins (z. B. Auslieferung eines Kletterführers zu Beginn der Klettersaison), Aufbau eines Autoren-Images (z. B. ein den Kletterführer empfehlendes Vorwort von einem bekannten Sportkletterer), Vorabdruck und Rezensionen (z. B. Kletterführer im Bergsteigerzeitschriften).

- *Durch Erhöhung des Ladenpreises.* Die Möglichkeiten sind allerdings beschränkt. Ein zu hoher Ladenpreis kann eine kaufabschreckende Wirkung haben, obwohl das Produkt gut ist. Ein höherer Ladenpreis kann in der Regel nur dann am Markt durchgesetzt werden, wenn dem Käufer mehr Nutzen angeboten wird (z. B. Kletterführer mit separatem Kartenteil).

Kann ein niedriger Ladenpreis eine verkaufshemmende Wirkung für ein Buch haben?

Eine verkaufshemmende Wirkung kann ein zu niedriger Ladenpreis haben, wenn er der Zielgruppe das Gefühl vermittelt, es handelt sich um eine minderwertige Ware (z. B. Verwendung eines schlechten, wenig haltbaren Papiers). Das trifft vor allem für hochwertige Verlagsprodukte zu (z. B. Kunstbände, Klassikerausgaben oder exklusive Zeitschriften).

Können Rahmenpreise für einen Verlag von Vorteil sein?

Rahmenpreise für die technische Herstellung werden mit der Herstellerfirma über einen längeren Zeitraum hinweg für bestimmte Produkte vereinbart. Damit werden kurzfristig saisonale Schwankungen ausgeglichen und müssen für die Kalkulation nicht berücksichtigt werden. Das aufwändige Einholen und Prüfen von Angeboten für Einzeltitel wird überflüssig. Es kann aber nachteilig sein, weil man das Marktspiel nicht ausnutzen kann, z. B. Angebote von Druckereien, die wegen mangelnder Beschäftigung Sonderpreise offerieren.

Welchen Vorteil kann ein Komplettservice haben?

Spezialisierte Dienstleistungsunternehmen helfen besonders kleineren Unternehmen, die nicht über alle dafür notwendigen Abteilungen verfügen, Kosten und Zeit für ihre Produkte einzusparen. Zu den Dienstleistungen können zählen: Produktverpackung, Versand mit Erstellung aller notwendigen Papiere, Remittenten-Bearbeitung, GEMA oder VG-Wort-Formalitäten.

Wie sind Druckkostenzuschüsse zu bewerten?

Neben dem rückzahlbaren Zuschuss gibt es den verlorenen Zuschuss, der nicht an den Geldgeber zurückzuzahlen ist. Diese Zuschüsse werden von wissenschaftlichen Institutionen, staatlichen Behörden oder Religionsgemeinschaften oder anderen Gemeinschaften gewährt, damit das von ihnen geförderte Druckwerk zu einem günstigeren Ladenpreis angeboten werden kann, als es die Verlagskalkulation erlaubt. Ohne diese Zuschüsse würden sich für manche Bücher keine Verleger finden.

Nach welchen Kriterien werden Rechnungen überprüft, bevor diese zur Zahlungsfreigabe an die Buchhaltung weitergeleitet werden?

- Übereinstimmung zwischen Auftrag und der in Rechnung gestellten Leistung,
- Prüfung des Preises anhand des Angebots,
- Prüfung der Zahlungsbedingungen nach Valuta, Skonto usw.
- Prüfung der Preiskonditionen wie Rabatte, Sondernachlässe usw.

Diese Prüfung wird in den betreffenden Fachabteilungen vorgenommen, die die Aufträge erteilt haben.

III ANHANG

1 Normvertrag für den Abschluss von Verlagsverträgen*

Rahmenvertrag

(vom 19. Oktober 1978 in der ab 1. April 1999 gültigen Fassung)

Zwischen dem Verband deutscher Schriftsteller (VS) in der IG Medien und dem Börsenverein des Deutschen Buchhandels e. V. – Verleger-Ausschuß – ist folgendes vereinbart:

1. Die Vertragschließenden haben den diesem Rahmenvertrag beiliegenden Normvertrag für den Abschluß von Verlagsverträge vereinbart. Die Vertragschließenden verpflichten sich, darauf hinzuwirken, dass ihre Mitglieder nicht ohne sachlich gerechtfertigten Grund zu Lasten des Autors von diesem Normvertrag abweichen.

2. Die Vertragschließenden sind sich darüber einig, dass einige Probleme sich einer generellen Regelung im Sinne eines Normvertrags entziehen. Dies gilt insbesondere für Options- und Konkurrenzausschlußklauseln einschließlich etwaiger Vergütungs-regelungen, bei deren individueller Vereinbarung die schwierigen rechtlichen Zulässigkeitsvoraussetzungen besonders sorgfältig zu prüfen sind.

3. Dieser Vertrag wird in der Regel für folgende Werke und Bücher nicht gelten:
   a) Fach- und wissenschaftliche Werke im engeren Sinn einschließlich Schulbücher, wohl aber für Sachbücher;
   b) Werke, deren Charakter wesentlich durch Illustrationen bestimmt wird; Briefausgaben und Buchausgaben nicht original für das Buch geschriebener Werke;
   c) Werke mit mehreren Rechtsinhabern wie z. B. Anthologien, Bearbeitungen;
   d) Werke, bei denen der Autor nur Herausgeber ist;
   e) Werke im Sinne des § 47 Verlagsgesetz (Bestellvertrag), für welche eine Publikationspflicht des Verlages nicht besteht.

4. Soweit es sich um Werke nach Ziffer 3 b) bis e) handelt, sollen die Verträge unter Berücksichtigung der besonderen Gegebenheiten des Einzelfalles so gestaltet werden, dass sie den Intentionen des Normvertrags entsprechen.

---

* In ähnlicher Form ist auch der „Normvertrag für den Abschluß von Übersetzungsverträgen" abgefasst.

5. Die Vertragschließenden haben eine „Schlichtungs- und Schiedsstelle Buch" eingerichtet, die im Rahmen der vereinbarten Statuten über die vertragschließenden Verbände von jedem ihrer Mitglieder angerufen werden kann.

6. Die Vertragschließenden nehmen nunmehr Verhandlungen über die Vereinbarung von Regelhonoraren auf.*

7. Dieser Vertrag tritt am 1.4.1999 in Kraft. Er ist auf unbestimmte Zeit geschlossen und kann – mit einer Frist von sechs Monaten zum Jahresende – erstmals zum 31.12.2001 gekündigtwerden. Die Vertragschließenden erklären sich bereit, auch ohne Kündigung aufVerlangen einer Seite in Verhandlungen über Änderungen des Vertrages einzutreten.

Stuttgart und Frankfurt am Main,

den 19. Februar 1999

Industriegewerkschaft Medien   Börsenverein des Deutschen Buchhandels e.V

-Verband deutscher Schriftsteller -   - Verleger-Ausschuß -

---

* Der Verleger-Ausschuss hat den VS darauf hingewiesen, dass er für eine Vereinbarung von Regelhonoraren nach wie vor kein Mandat hat. Der VS legt jedoch Wert darauf, diese bei der Änderung des Rahmenvertrags vom 1.1.1984 aufgenommene Bestimmung in die Neufassung zu übernehmen.

Verlagsvertrag

zwischen (nachstehend: Autor) und (nachstehend: Verlag)*

§ 1 Vertragsgegenstand

1. Gegenstand dieses Vertrages ist das vorliegende/noch zu verfassende Werk des Autors
   unter dem Titel/Arbeitstitel:

   ....
   (gegebenenfalls einsetzen: vereinbarter Umfang des Werks, Spezifikation des Themas usw.)

2. Der endgültige Titel wird in Abstimmung zwischen Autor und Verlag festgelegt, wobei der Autor dem Stichentscheid des Verlages zu widersprechen berechtigt ist, soweit sein Persönlichkeitsrecht verletzt würde.

3. Der Autor versichert, dass er allein berechtigt ist, über die urheberrechtlichen Nutzungsrechte an seinem Werk zu verfügen, und dass er, soweit sich aus § 14 Absatz 3 nichts anderes ergibt, bisher keine den Rechtseinräumungen dieses Vertrages entgegenstehende Verfügung getroffen hat. Das gilt auch für die vom Autor gelieferten Text- oder Bildvorlagen, deren Nutzungsrechte bei ihm liegen. Bietet er dem Verlag Text- oder Bildvorlagen an, für die dies nicht zutrifft oder nicht sicher ist, so hat er den Verlag darüber und über alle ihm bekannten oder erkennbaren rechtlich relevanten Fakten zu informieren. Soweit der Verlag den Autor mit der Beschaffung fremder Text- oder Bildvorlagen beauftragt, bedarf es einer besonderen Vereinbarung.

4. Der Autor ist verpflichtet, den Verlag schriftlich auf im Werk enthaltene Darstellungen von Personen oder Ereignissen hinzuweisen, mit denen das Risiko einer Persönlichkeitsrechtsverletzung verbunden ist. Nur wenn der Autor dieser Vertragspflicht in vollem Umfang nach bestem Wissen und Gewissen genügt hat, trägt der Verlag alle Kosten einer eventuell erforderlichen Rechtsverteidigung. Wird der Autor wegen solcher Verletzungen in Anspruch genommen, sichert ihm der Verlag seine Unterstützung zu, wie auch der Autor bei der Abwehr solcher Ansprüche gegen den Verlag mitwirkt.

---

* In der Praxis wird auf der Grundlage des Normvertrages ein spezieller Verlagsvertrag vom Verlag aufgestellt, der nur die für das Werk zutreffenden Teile enthält. Das betrifft vor allem die Rechtseinräumungen und das Honorar.

§ 2 Rechtseinräumungen

1. Der Autor überträgt dem Verlag räumlich unbeschränkt für die Dauer des gesetzlichen Urheberrechts das ausschließliche Recht zur Vervielfältigung und Verbreitung (Verlagsrecht) des Werkes für alle Druck- und körperlichen elektronischen Ausgaben*) sowie für alle Auflagen ohne Stückzahlbegrenzung für die deutsche Sprache.

2. Der Autor räumt dem Verlag für die Dauer des Hauptrechts gemäß Absatz 1 und § 5 Absatz 2 außerdem folgende ausschließliche Nebenrechte – insgesamt oder einzeln – ein:

   a) Das Recht des ganzen oder teilweisen Vorabdrucks und Nachdrucks, auch in Zeitungen und Zeitschriften;

   b) das Recht der Übersetzung in eine andere Sprache oder Mundart;

   c) das Recht zur Vergabe von Lizenzen für deutschsprachige Ausgaben in anderen Ländern sowie für Taschenbuch-, Volks-, Sonder-, Reprint-, Schul- oder Buchgemeinschaftsausgaben oder andere Druck- und körperlichen elektronischen Ausgaben;

   d) das Recht der Herausgabe von Mikrokopieausgaben;

   e) das Recht zu sonstiger Vervielfältigung, insbesondere durch fotomechanischeoder ähnliche Verfahren (z. B. Fotokopie);

   f) das Recht zur Aufnahme auf Vorrichtungen zur wiederholbaren Wiedergabe mittels Bild- oder Tonträger (z. B. Hörbuch), sowie das Recht zu deren Vervielfältigung, Verbreitung und Wiedergabe;

   g) das Recht zum Vortrag des Werks durch Dritte;

   h) die am Werk oder seiner Bild- oder Tonträgerfixierung oder durch Lautsprecherübertragung oder Sendung entstehenden Wiedergabe- und Überspielungsrechte;

   i) das Recht zur Vergabe von deutsch– oder fremdsprachigen Lizenzen in das In- undAusland zur Ausübung der Nebenrechte a) bis h).

3. Darüber hinaus räumt der Autor dem Verlag für die Dauer des Hauptrechts gemäß Absatz 1 weitere ausschließliche Nebenrechte – insgesamt oder einzeln – ein:

   a) Das Recht zur Bearbeitung als Bühnenstück sowie das Recht der Aufführung des so bearbeiteten Werkes;

---

* Sobald sich die Rahmenbedingungen für eine elektronische Werknutzung in Datenbanken und Online-Diensten geklärt haben, werden sich der VS und der Börsenverein über eine entsprechende Ergänzung des Normvertrags veständigen. Bis dahin sollten entsprechende Rechtseinräumungen einzelvertraglich geregelt werden.

b) das Recht zur Verfilmung einschließlich der Rechte zur Bearbeitung als Drehbuch und zur Vorführung des so hergestellten Films;

c) das Recht zur Bearbeitung und Verwertung des Werks im Fernsehfunk einschließlich Wiedergaberecht;

d) das Recht zur Bearbeitung und Verwertung des Werks im Hörfunk, z. B. als Hörspiel einschließlich Wiedergaberecht;

e) das Recht zur Vertonung des Werks;

f) das Recht zur Vergabe von Lizenzen zur Ausübung der Nebenrechte a) bis e).

4. Der Autor räumt dem Verlag schließlich für die Dauer des Hauptrechts gemäß Absatz 1 alle durch die Verwertungsgesellschaft Wort wahrgenommenen Rechte nach deren Satzung, Wahrnehmungsvertrag und Verteilungsplan zur gemeinsamen Einbringung ein. Bereits abgeschlossene Wahrnehmungsverträge bleiben davon unberührt.

5. Für die Rechtseinräumungen nach Absatz 2 bis 4 gelten folgende Beschränkungen:

a) Soweit der Verlag selbst die Nebenrechte gemäß Absatz 2 und 3 ausübt, gelten für die Ermittlung des Honorars die Bestimmungen über das Absatzhonorar nach § 4 anstelle der Bestimmungen für die Verwertung von Nebenrechten. Enthält § 4 für das jeweilige Nebenrecht keine Vergütungsregelung, so ist eine solche nachträglich zu vereinbaren.

b) Der Verlag darf das ihm nach Absatz 2 bis 4 eingeräumte Vergaberecht nicht ohne Zustimmung des Autors abtreten. Dies gilt nicht gegenüber ausländischen Lizenznehmern für die Einräumung von Sublizenzen in ihrem Sprachgebiet sowie für die branchenübliche Sicherungsabtretung von Verfilmungsrechten zur Produktionsfinanzierung.

c) Das Recht zur Vergabe von Nebenrechten nach Absatz 2 bis 4 endet mit der Beendigung des Hauptrechts gemäß Absatz 1; der Bestand bereits abgeschlossener Lizenzverträge bleibt hiervon unberührt.

d) Ist der Verlag berechtigt, das Werk zu bearbeiten oder bearbeiten zu lassen, so hat er Beeinträchtigungen des Werkes zu unterlassen, die geistige und persönliche Rechte des Autors am Werk zu gefährden geeignet sind. Im Falle einer Vergabe von Lizenzen zur Ausübung der Nebenrechte gemäß Absatz 2 und Absatz 3 wird der Verlag darauf hinwirken, dass der Autor vor Beginn einer entsprechenden Bearbeitung des Werkes vom Lizenznehmer gehört wird. Möchte der Verlag einzelne Nebenrechte selbst ausüben, so hat er den Autor anzuhören und ihm bei persönlicher und fachlicher Eignung die entsprechende Bearbeitung des Werkes anzubieten, bevor damit Dritte beauftragt werden.

§ 3 Verlagspflicht

1. Das Werk wird zunächst als ....-Ausgabe (z. B. Hardcover, Paperback, Taschenbuch, CD-ROM) erscheinen; nachträgliche Änderungen der Form der Erstausgabe bedürfen des Einvernehmens mit dem Autor.

2. Der Verlag ist verpflichtet, das Werk in der in Absatz 1 genannten Form zu vervielfältigen, zu verbreiten und dafür angemessen zu werben.

3. Ausstattung, Buchumschlag, Auflagenhöhe, Auslieferungstermin, Ladenpreis und Werbemaßnahmen werden vom Verlag nach pflichtgemäßem Ermessen unter Berücksichtigung des Vertragszwecks sowie der im Verlagsbuchhandel für Ausgaben dieser Art herrschenden Übung bestimmt.

4. Das Recht des Verlags zur Bestimmung des Ladenpreises nach pflichtgemäßem Ermessen schließt auch dessen spätere Herauf- oder Herabsetzung ein. Vor Herabsetzung des Ladenpreises wird der Autor benachrichtigt.

5. Als Erscheinungstermin ist vorgesehen: .... Eine Änderung des Erscheinungstermins erfolgt in Absprache mit dem Autor.

§ 4 Absatzhonorar für Verlagsausgaben

1. Der Autor erhält für jedes verkaufte und bezahlte Exemplar ein Honorar auf der Basis des um die darin enthaltene Mehrwertsteuer verminderten Ladenverkaufspreises (Nettoladenverkaufspreis).

oder:

Der Autor erhält für jedes verkaufte und bezahlte Exemplar ein Honorar auf der Basis des um die darin enthaltene Mehrwertsteuer verminderten Verlagsabgabepreises (Nettoverlagsabgabepreis). In diesem Falle ist bei der Vereinbarung des Honorarsatzes die im Vergleich zum Nettoladenverkaufspreis geringere Bemessungsgrundlage zu berücksichtigen.

oder:

Der Autor erhält ein Honorar auf der Basis des mit der Verlagsausgabe des Werkes erzielten, um die Mehrwertsteuer verminderten Umsatzes (Nettoumsatzbeteiligung). Dabei hat der Autor Anspruch auf Ausweis der verkauften Exemplare einschließlich der Partie- und Portoersatzstücke, für die dann Absatz 5 nicht gilt. In diesem Falle ist bei der Vereinbarung des Honorarsatzes die im Vergleich zum Nettoladenverkaufspreis geringere Bemessungsgrundlage zu berücksichtigen.

2. Das Honorar für die verschiedenen Arten von Ausgaben (z. B. Hardcover, Taschenbuch usw.) beträgt für

a) ....-Ausgaben ..... % vom Preis gemäß Absatz 1.
Es erhöht sich nach dem Absatz des Werkes
von .... bis .... Exemplaren auf ..... %;
von .... bis .... Exemplaren auf ..... %;
ab .... Exemplaren auf ..... %.

b) ....-Ausgaben ..... % vom Preis gemäß Absatz 1.
Es erhöht sich nach dem Absatz des Werkes
von .... bis .... Exemplaren auf ..... %;
von .... bis .... Exemplaren auf ..... %;
ab .... Exemplaren auf ..... %.

c) ....-Ausgaben ..... % vom Preis gemäß Absatz 1.
Es erhöht sich nach dem Absatz des Werkes
von .... bis .... Exemplaren auf ..... %;
von .... bis .... Exemplaren auf ..... %;
ab .... Exemplaren auf ..... %.

d) Für Verlagserzeugnisse, die nicht der Preisbindung unterliegen (z. B. Hörbücher), erhält der Autor für jedes verkaufte und bezahlte Exemplar ein Honorar auf der Basis des um die darin enthaltene Mehrwertsteuer verminderten Verlagsabgabepreises (Nettoverlagsabgabepreis), und zwar für ....-Ausgaben ..... % vom Nettoverlagsabgabepreis.

Es erhöht sich nach dem Absatz des Werkes
von .... bis .... Exemplaren auf ..... %;
von .... bis .... Exemplaren auf ..... %;
ab .... Exemplaren auf ..... %.

e) Beim Verkauf von Rohbogen der Originalausgabe außerhalb von Nebenrechtseinräumungen gilt ein Honorarsatz von .... % vom Verlagsabgabepreis.

3. Auf seine Honoraransprüche – einschließlich der Ansprüche aus § 5 – erhält der Autor einen Vorschuß in Höhe von EURO .... Dieser Vorschuß ist fällig

zu ... % bei Abschluß des Vertrages,
zu ... % bei Ablieferung des Manuskripts gemäß § 1 Absatz 1 und § 6 Absatz 1,
zu ... % bei Erscheinen des Werkes, spätestens am ....

4. Der Vorschuß gemäß Absatz 3 stellt ein garantiertes Mindesthonorar für dieses Werk dar. Er ist nicht rückzahlbar, jedoch mit allen Ansprüchen des Autors aus diesem Vertrag verrechenbar.

5. Pflicht-, Prüf-, Werbe- und Besprechungsexemplare sind honorarfrei; darunter fallen nicht Partie- und Portoersatzstücke sowie solche Exemplare, die für Werbezwecke des Verlages, nicht aber des Buches abgegeben werden.

6. Ist der Autor mehrwertsteuerpflichtig, zahlt der Verlag die auf die Honorarbeträge anfallende gesetzliche Mehrwertsteuer zusätzlich.

7. Honorarabrechnung und Zahlung erfolgen halbjährlich zum 30. Juni und zum 31. Dezember innerhalb der auf den Stichtag folgenden 3 Monate.

oder:
Honorarabrechnung und Zahlung erfolgen zum 31. Dezember jedes Jahres innerhalb der auf den Stichtag folgenden drei Monate.

Der Verlag leistet dem Autor entsprechende Abschlagszahlungen, sobald er Guthaben von mehr als EURO .... feststellt. Honorare auf im Abrechnungszeitraum remittierte Exemplare werden vom Guthaben abgezogen.

8. Der Verlag ist verpflichtet, einem vom Autor beauftragten Wirtschaftsprüfer, Steuerberater oder vereidigten Buchsachverständigen zur Überprüfung der Honorarabrechnungen Einsicht in die Bücher und Unterlagen zu gewähren. Die hierdurch anfallenden Kosten trägt der Verlag, wenn sich die Abrechnungen als fehlerhaft erweisen.

9. Nach dem Tode des Autors bestehen die Verpflichtungen des Verlags nach Absatz 1 bis 8 gegenüber den durch Erbschein ausgewiesenen Erben, die bei einer Mehrzahl von Erben einen gemeinsamen Bevollmächtigten zu benennen haben.

§ 5 Nebenrechtsverwertung

1. Der Verlag ist verpflichtet, sich intensiv um die Verwertung der ihm eingeräumten Nebenrechte innerhalb der für das jeweilige Nebenrecht unter Berücksichtigung von Art und Absatz der Originalausgabe angemessenen Frist zu bemühen und den Autor auf Verlangen zu informieren. Bei mehreren sich untereinander ausschließenden Verwertungsmöglichkeiten wird er die für den Autor materiell und ideell möglichst günstige wählen, auch wenn er selbst bei dieser Nebenrechtsverwertung konkurriert. Der Verlag unterrichtet den Autor unaufgefordert über erfolgte Verwertungen und deren Bedingungen.

2. Verletzt der Verlag seine Verpflichtungen gemäß Absatz 1, so kann der Autor die hiervon betroffenen Nebenrechte – auch einzeln – nach den Regeln des § 41 UrhG zurückrufen; der Bestand des Vertrages im übrigen wird hiervon nicht berührt.

3. Der aus der Verwertung der Nebenrechte erzielte Erlös wird zwischen Autor und Verlag geteilt, und zwar erhält der Autor ...... % bei den Nebenrechten des § 2 Absatz 2; ...... % bei den Nebenrechten des § 2 Absatz 3; (Bei der Berechnung des Erlöses wird davon ausgegangen, dass in der Regel etwaige aus der Inlandsverwertung anfallende Agenturprovisionen und ähnliche Nebenkosten allein auf den Verlagsanteil zu verrechnen, für Auslandsverwertung anfallende Nebenkosten vom Gesamterlös vor Aufteilung abzuziehen sind.) Soweit Nebenrechte durch Verwertungsgesellschaften wahrgenommen werden, richten sich die Anteile von Verlag und Autor nach deren satzungsgemäßen Bestimmungen. (In der Regel wird der Erlös aus der Verwertung von Nebenrechten hälftig geteilt.)

4. Für Abrechnung und Fälligkeit gelten die Bestimmungen von § 4 Absatz 7, 8 und 9 entsprechend.

5. Die Vergabe von Lizenzen an gemeinnützige Blindenselbsthilfeorganisationen für Ausgaben, die ausschließlich für Blinde und Sehbehinderte bestimmt sind (Druckausgaben in Punktschrift, Tonträgerausgaben mit akustischen Benutzungsanweisungen und entsprechende Ausgaben auf Datenträgern), darf vergütungsfrei erfolgen.

§ 6 Manuskriptablieferung

1. Der Autor verpflichtet sich, dem Verlag bis spätestens .... /binnen .... das vollständige und vervielfältigungsfähige Manuskript gemäß § 1 Absatz 1 (einschließlich etwa vorgesehener und vom Autor zu beschaffender Bildvorlagen) mit Maschine geschrieben oder in folgender Form zu übergeben: .... *) Wird diese(r) Termin/Frist nicht eingehalten, gilt als angemessene Nachfrist im Sinne des § 30 Verlagsgesetz ein Zeitraum von .... Monaten.

2. Der Autor behält eine Kopie des Manuskripts bei sich.

3. Das Manuskript bleibt Eigentum des Autors und ist ihm vom Verlag nach Erscheinen des Werkes auf Verlangen zurückzugeben.

---

* Erfolgt die Manuskriptabgabe in elektronischer Form, so ist ein entsprechender Papierausdruck beizufügen.

§ 7 Freiexemplare

1. Der Autor erhält für seinen eigenen Bedarf .... Freiexemplare. Bei der Herstellung von mehr als .... Exemplaren erhält der Autor .... weitere Freiexemplare und bei der Herstellung von mehr als .... Exemplaren ...... weitere Freiexemplare.

2. Darüberhinaus kann der Autor Exemplare seines Werkes zu einem Höchstrabatt von ..... % vom Ladenpreis vom Verlag beziehen.

3. Sämtliche gemäß Absatz 1 oder 2 übernommenen Exemplare dürfen nicht weiterverkauft werden.

§ 8 Satz, Korrektur

1. Die erste Korrektur des Satzes wird vom Verlag oder von der Druckerei vorgenommen. Der Verlag ist sodann verpflichtet, dem Autor in allen Teilen gut lesbare Abzüge zu übersenden, die der Autor unverzüglich honorarfrei korrigiert und mit dem Vermerk „druckfertig" versieht; durch diesen Vermerk werden auch etwaige Abweichungen vom Manuskript genehmigt. Abzüge gelten auch dann als „druckfertig", wenn sich der Autor nicht innerhalb angemessener Frist nach Erhalt zu ihnen erklärt hat.

2. Nimmt der Autor Änderungen im fertigen Satz vor, so hat er die dadurch entstehenden Mehrkosten – berechnet nach dem Selbstkostenpreis des Verlages – insoweit zu tragen, als sie 10 % der Satzkosten übersteigen. Dies gilt nicht für Änderungen bei Sachbüchern, die durch Entwicklungen der Fakten nach Ablieferung des Manuskripts erforderlich geworden sind.

§ 9 Lieferbarkeit, veränderte Neuauflagen

1. Wenn die Verlagsausgabe des Werkes vergriffen ist und nicht mehr angeboten und ausgeliefert wird, ist der Autor zu benachrichtigen. Der Autor ist dann berechtigt, den Verlag schriftlich aufzufordern, sich spätestens innerhalb von 3 Monaten nach Eingang der Aufforderung zu verpflichten, innerhalb einer Frist von........ Monat(en)/Jahr(en) nach Ablauf der Dreimonatsfrist eine ausreichende Anzahl weiterer Exemplare des Werkes herzustellen und zu verbreiten. Geht der Verlag eine solche Verpflichtung nicht fristgerecht ein oder wird die Neuherstellungsfrist nicht gewahrt, ist der Autor berechtigt, durch schriftliche Erklärung von diesem Verlagsvertrag zurückzutreten. Bei Verschulden des Verlages kann er statt dessen Schadenersatz wegen Nichterfüllung verlangen. Der Verlag bleibt im Falle des Rückrufs zum Verkauf der ihm danach (z.B. aus

Remissionen) noch zufließenden Restexemplare innerhalb einer Frist von ....
.... berechtigt; er ist verpflichtet, dem Autor die Anzahl dieser
Exemplare anzugeben und ihm die Übernahme anzubieten.

2. Der Autor ist berechtigt und, wenn es der Charakter des Werkes (z. B. eines
Sachbuchs) erfordert, auch verpflichtet, das Werk für weitere Auflagen zu über-
arbeiten; wesentliche Veränderungen von Art und Umfang des Werkes bedürfen
der Zustimmung des Verlages.

Ist der Autor zu der Bearbeitung nicht bereit oder nicht in der Lage oder liefert er
die Überarbeitung nicht innerhalb einer angemessenen Frist nach Aufforderung
durch den Verlag ab, so ist der Verlag zur Bestellung eines anderen Bearbeiters
berechtigt. Wesentliche Änderungen des Charakters des Werkes bedürfen dann der
Zustimmung des Autors.

§ 10 Verramschung, Makulierung

1. Der Verlag kann das Werk verramschen, wenn der Verkauf in zwei aufeinan-
derfolgenden Kalenderjahren unter ..... Exemplaren pro Jahr gelegen hat. Am
Erlös ist der Autor in Höhe seines sich aus § 4 Absatz 2 ergebenden Grundho-
norarprozentsatzes beteiligt.

2. Erweist sich auch ein Absatz zum Ramschpreis als nicht durchführbar, kann der
Verlag die Restauflage makulieren.

3. Der Verlag ist verpflichtet, den Autor vor einer beabsichtigten Verramschung
bzw. Makulierung zu informieren. Der Autor hat das Recht, durch einseitige Erklärung die noch vorhandene Restauflage bei beabsichtigter Verramschung zum
Ramschpreis abzüglich des Prozentsatzes seiner Beteiligung und bei beabsichtigter Makulierung unentgeltlich – ganz oder teilweise – ab Lager zu übernehmen.
Bei beabsichtigter Verramschung kann das Übernahmerecht nur bezüglich der
gesamten noch vorhandenen Restauflage ausgeübt werden.

4. Das Recht des Autors, im Falle der Verramschung oder Makulierung vom Vertrag zurückzutreten, richtet sich nach den §§ 32,30 Verlagsgesetz.

§ 11 Rezensionen

Der Verlag wird bei ihm eingehende Rezensionen des Werkes innerhalb des ersten
Jahres nach Ersterscheinen umgehend, danach in angemessenen Zeitabständen dem
Autor zur Kenntnis bringen.

§ 12 Urheberbenennung, Copyright-Vermerk

1. Der Verlag ist verpflichtet, den Autor in angemessener Weise als Urheber des Werkes auszuweisen.

2. Der Verlag ist verpflichtet, bei der Veröffentlichung des Werkes den Copyright-Vermerk im Sinne des Welturheberrechtsabkommens anzubringen.

§ 13 Änderungen der Eigentums- und Programmstrukturen des Verlags

1. Der Verlag ist verpflichtet, dem Autor anzuzeigen, wenn sich in seinen Eigentums- oder Beteiligungsverhältnissen eine wesentliche Veränderung ergibt. Eine Veränderung ist wesentlich, wenn
   a) der Verlag oder Verlagsteile veräußert werden;
   b) sich in den Beteiligungsverhältnissen einer den Verlag betreibenden Gesellschaft gegenüber denen zum Zeitpunkt dieses Vertragsabschlusses Veränderungen um mindestens 25 % der Kapital- oder Stimmrechtsanteile ergeben.

   Wird eine Beteiligung an der den Verlag betreibenden Gesellschaft von einer anderen Gesellschaft gehalten, gelten Veränderungen in deren Kapital- oder Stimmrechtsverhältnissen als solche des Verlages. Der Prozentsatz der Veränderungen ist entsprechend der Beteiligung dieser Gesellschaft an der Verlagsgesellschaft umzurechnen.

2. Der Autor ist berechtigt, durch schriftliche Erklärung gegenüber dem Verlag von etwa bestehenden Optionen oder von Verlagsverträgen über Werke, deren Herstellung der Verlag noch nicht begonnen hat, zurückzutreten, wenn sich durch eine Veränderung gemäß Absatz 1 oder durch Änderung der über das Verlagsprogramm entscheidenden Verlagsleitung eine so grundsätzliche Veränderung des Verlagsprogamms in seiner Struktur und Tendenz ergibt, dass dem Autor nach der Art seines Werkes und unter Berücksichtigung des bei Abschluß dieses Vertrages bestehenden Verlagsprogramms ein Festhalten am Vertrag nicht zugemutet werden kann.

3. Das Rücktrittsrecht kann nur innerhalb eines Jahres nach Zugang der Anzeige des Verlages gemäß Absatz 1 ausgeübt werden.

§ 14 Schlußbestimmungen

1. Soweit dieser Vertrag keine Regelungen enthält, gelten die allgemeinen gesetzlichen Bestimmungen des Rechts der Bundesrepublik Deutschland und der Europäischen Union. Die Nichtigkeit oder Unwirksamkeit einzelner Bestimmungen

dieses Vertrages berührt die Gültigkeit der übrigen Bestimmungen nicht. Die Parteien sind alsdann verpflichtet, die mangelhafte Bestimmung durch eine solche zu ersetzen, deren wirtschaftlicher und juristischer Sinn dem der mangelhaften Bestimmung möglichst nahekommt.

2. Die Parteien erklären, Mitglieder bzw. Wahrnehmungsberechtigte folgender Verwertungsgesellschaften zu sein:

Der Autor: ....

Der Verlag: ....

3. Im Rahmen von Mandatsverträgen hat der Autor bereits folgende Rechte an Verwertungsgesellschaften übertragen:

.... an die VG: ....

.... an die VG: ....

.... an die VG: ....

..........................., den............   ...., den............

(Autor)   (Verlag)

2 Verkehrsordnung für den Buchhandel in der Fassung vom 9. November 2006*

§ 1 Begriffsbestimmungen

1. Die Begriffsbestimmungen für den herstellenden Buchhandel, im Folgenden kurz „Verlag" genannt, den verbreitenden Buchhandel, im Folgenden kurz „Sortiment" genannt, sowie den Zwischenbuchhandel** ergeben sich aus der Satzung des Börsenvereins. „Abnehmer" sind Buchhandlungen und Buchgroßhandlungen.

2. Importeur ist ein Unternehmen insbesondere aus dem Bereich des Sortiments oder des Zwischenbuchhandels, das Werke im Sinne von Ziffer 4 Satz 1 aus dem Ausland zum Zwecke des Weiterverkaufs einführt.

3. Für den Zwischenbuchhandel finden folgende Begriffsbestimmungen Anwendung:
   a) Buchgroßhandlungen sind Barsortimente und andere Unternehmen, die im eigenen Name und auf eigene Rechnung Gegenstände des Buchhandels von den Verlagen kaufen, ein eigenes Lager unterhalten und an Sortimente verkaufen sowie Dienstleistungen erbringen.
   b Der buchhändlerische Kommissionär handelt im Auftrag, im Namen und für Rechnung des Verlages, des Sortiments oder beider. Buchhändlerischer Kommissionär einer Firma ist der im Adressbuch für den deutschsprachigen Buchhandel oder im BÖRSENBLATT (s. Ziffer 8) bekannt gegebene Kommissionär, solange ein Kommissionswechsel oder die Kommissionsaufgabe nicht gemäß § 2 angezeigt worden ist.
   c) Der Sortiments-Kommissionär fasst Dienstleistungen im Rahmen des buchhändlerischen Bestell- und Lieferverkehrs zusammen. Als Bücherwagen-Dienst übernimmt der Sortiments-Kommissionär im Auftrag des Sortiments-Kommittenten die Übernahme und die Zustellung von Gegenständen des Buchhandels von Verlagen bzw. deren Auslieferung (Beischlüsse) und fasst sie ggf. mit Sendungen der Barsortimente gleichrangig zusammen. Er übernimmt die Abholung von Remittenden bei den Sortiments-Kommittenten und

---

* Die Verkehrsordnung regelt die Geschäftsbeziehungen zwischen dem herstellenden und demverbreiten-den Buchhandel auf freiwilliger Basis und ist deshalb für beide Buchhandelsformen von enormer Wichtigkeit. Diese Vorschriften gelten neben den einschlägigen Paragraphen des BGB und des HGB. Es wird daher empfohlen, auch diese aufmerksam zu lesen.

** Zum Verständnis der Verkehrsordnung ist es notwendig, die verschiedenen Arten des Zwischenbuchhandels als wichtigen Verlagskunden zu kennen, siehe Seiten 102 ff.

deren Zustellung an die Verlage bzw. deren Auslieferungen entsprechend der Versandanweisung des Sortiments-Kommittenten. Als Bestellanstalt leitet er im Auftrag des Sortiments-Kommittenten dessen Bestellungen an die Verlage bzw. deren Auslieferungen weiter.

d) Der Verlags-Kommissionär liefert aus dem von ihm verwalteten Auslieferungslager im Auftrag, für Rechnung und nach Weisungen der Verlags-Kommittenten aus (Verlagsauslieferung).

e) Buchgroßhandlungen, Sortiments-Kommissionäre und Verlags-Kommissionäre erfüllen, ungeachtet der Zusammenfassung von Dienstleistungen, in sich selbständige und voneinander klar abgegrenzte Funktionen.

4. „Werke" sind alle Gegenstände des Buchhandels sowie des Zeitschriften-und Kunsthandels, die der Verlag herstellt oder verbreitet. „Gegenstände des Buchhandels" sind alle Erzeugnisse der Literatur, Tonkunst, Kunst, Kartografie und Fotografie, die durch ein grafisches, phonografisches, fotografisches, fotomechanisches, optisches, magnetisches, digitales oder vergleichbares bestehendes oder neues Verfahren vervielfältigt sind, wie z. B. Bücher, Zeitschriften, Musikalien, Tonträger einschließlich Hörbücher, Daten-oder Bildträger (insbesondere CD-ROM und DVD), Kunstblätter, Kalender, Diapositive, Atlanten, Landkarten, Globen, Schulwandbilder und andere diesen Begriffsbestimmungen entsprechende Lehr-und Lernmittel.

5. „Gebundener Ladenpreis" ist der vom Verlag oder vom Importeur für den Verkauf an den Endabnehmer festgesetzte Verkaufspreis, (siehe Wettbewerbsregeln des Börsenvereins) „unverbindlich empfohlener Preis" ist der Preis, den der Verlag für den Verkauf an Endabnehmer empfiehlt, „Abgabepreis" ist der dem Abnehmer berechnete Preis des Verlages oder des Importeurs. Alle diese Preise enthalten die gesetzliche Mehrwertsteuer. Rabatte und Skonti beziehen sich auf Preisangaben einschließlich der gesetzlichen Mehrwertsteuer.

6. Als „Erscheinungstermin" eines Werkes gilt der Tag, an dem der Verlag mit der Auslieferung beginnt.

7. Als „Erstverkaufstag" gilt der vom Verlag festgesetzte Tag, an dem ein Werk erstmals ausgestellt und/oder an Endabnehmer verkauft werden darf.

8. Offizielles Mitteilungs-und Veröffentlichungsorgan des Börsenvereins ist die Verbandszeitschrift „BÖRSENBLATT" (derzeitiger Titel: „Börsenblatt Wochenmagazin für den deutschen Buchhandel"). Sie erscheint in einer Druckausgabe und ist in einer Online-Version im Internet abrufbar (z. Zt. unter www. mvb-boersenblatt.de).

§ 2 Bekanntmachungen

Die in dieser Verkehrsordnung aufgeführten buchhändlerischen Anzeigen und Mitteilungen über geschäftliche Vorgänge, Veränderungen und dergleichen gelten als ordnungsgemäß erfolgt, wenn sie im BÖRSENBLATT veröffentlicht worden sind.

Solange eine anzuzeigende Tatsache nicht in dieser Weise bekannt gemacht ist, kann sie vom Anzeigepflichtigen einem Dritten nicht entgegengehalten werden, es sei denn, dass sie diesem nachweislich bekannt ist.

§ 3 Bezugsbedingungen

1. Der Verlag setzt die Bezugsbedingungen unter Berücksichtigung der jeweiligen Funktion des Abnehmers fest. Dabei trifft ihn gemäß § 6 BuchPrG in dreierlei Hinsicht im Interesse des Erhalts der Preisbindung* die Pflicht, sachlich ungerechtfertigte Benachteiligungen seiner Abnehmer zu vermeiden, nämlich

- gemäß § 6 Abs. 1 gegenüber kleineren Buchhandlungen („Verlage müssen bei der Festsetzung ihrer Verkaufspreise und sonstigen Verkaufskonditionen gegenüber Händlern den von kleineren Buchhandlungen erbrachten Beitrag zur flächendeckenden Versorgung mit Büchern sowie ihren buchhändlerischen Service angemessen berücksichtigen. Sie dürfen ihre Rabatte nicht allein an dem mit einem Händler erzielten Umsatz ausrichten.")

Eine individuelle Konditionenspreizung findet ihre Grenzen dort, wo Marktteilnehmer wegen ihrer Marktstellung ohne sachlich gerechtfertigten Grund bevorzugt oder benachteiligt werden.

- gemäß § 6 Abs. 2 gegenüber dem Buchhandel in Beziehung zu Abnehmern in Nebenmärkten („Verlage dürfen branchenfremde Händler nicht zu niedrigeren Preisen oder günstigeren Konditionen beliefern als den Buchhandel.")
- gemäß § 6 Abs. 3 gegenüber den Barsortimenten („Verlage dürfen für Zwischenbuchhändler keine höheren Preise oder schlechteren Konditionen festsetzen als für Letztverkäufer, die sie direkt beliefern.").

---

* Die Buchpreisbindung ist die gesetzliche Auflage, eine festgelegte Preisbindung einzuhalten. Sie verpflichtet die Verlage bzw. Buchimporteure, einen Verkaufspreis festzusetzen. Die Verlage sind aufgrund des Buchpreisbindungsgesetzes (BuchPrG) rechtlich verpflichtet, den Preis einschließlich Umsatzsteuer (Endpreis) für die Ausgabe eines Buches für den Verkauf an Letztabnehmer festzusetzen. In Deutschland gilt die Buchpreisbindung (§ 5 BuchPrG) im Buchhandel für sämtliche in Deutschland verlegte Bücher (auch fremdsprachige, solange sie überwiegend in Deutschland abgesetzt werden) sowie für Musiknoten und kartografische Produkte (§ 2 BuchPrG).

2. Sofern der Verlag nicht allgemein oder im Einzelfall besondere Bedingungen vorgeschrieben hat, gelten die in den nachstehenden Bestimmungen enthaltenen Regeln als Bezugsbedingungen. Änderungen seiner Bezugsbedingungen muss der Verlag den Abnehmern so frühzeitig mitteilen, dass die Abnehmer darauf reagieren können. Einzelvertragliche Bezugsbedingungen bleiben hiervon unberührt.

3. Änderungen und Aufhebungen von gebundenen Ladenpreisen, auch der Sonderpreise und der Sonderbedingungen, muss der Verlag mit einer Vorlauffrist von 14 Tagen im BÖRSENBLATT oder seinen Abnehmern direkt anzeigen. In gleicher Weise sollen die Ladenpreise von Neuerscheinungen (§ 9) und Ladenpreisänderungen bei Neuauflagen (§ 13) angezeigt werden.

4. Führen die Bezugsbedingungen dazu, dass der gebundene Ladenpreis eines Werkes, welches nicht über Buchgroßhandlungen oder andere bündelnde Verkehrswege beziehbar ist, unter dem Einstandspreis („Abgabepreis" des Verlages zzgl. Kosten der Warenbeschaffung) liegt, ist der Abnehmer berechtigt, die Rechnung um den entsprechenden Betrag zu kürzen.

5. Die Vergünstigungen bei Partiebezügen gelten nur, wenn die dafür vorgesehene Stückzahl auf einmal bestellt wird. Gestattet der Verlag eine Partieergänzung, so ist diese nur innerhalb eines Zeitraumes bis zu sechs Monaten zulässig. Der Erstbezug ist bei Bestellung anzugeben.

6. Erhöht der Verlag oder der Importeur die Preise, sind alle bis zum Stichtag aufgegebenen Bestellungen zum alten Preis auszuführen. Bei Preissenkungen sind die Bestellungen ab Stichtag zum neuen Preis auszuführen.

7. Hebt der Verlag oder der Importeur gebundene Ladenpreise auf oder setzt er Ladenpreise herab oder trifft er Maßnahmen, die einer Aufhebung des Ladenpreises gleichkommen, so ist er verpflichtet, innerhalb der letzten 12 Monate durch den Abnehmer bezogene und dort vorrätige Exemplare gegen Erteilung einer Gutschrift in voller Höhe und ohne Erhebung einer Bearbeitungsgebühr zurückzunehmen.
   Bei Lieferungen über Buchgroßhandlungen erfolgt die Remission über diese. Maßgebend für die Frist ist der Zeitpunkt der ordnungsgemäßen Bekanntgabe der Preisherabsetzung. Die remittierten Exemplare bleiben, vorbehaltlich eines noch bestehenden Eigentumsvorbehalts des Lieferanten, bis zur Erteilung der Gutschrift Eigentum des Abnehmers.

8. Bei Preisherabsetzungen kann der Verlag oder der Importeur statt der Rücknahme dem Abnehmer auch den Unterschied der Abgabepreise vergüten, wobei diese nach dem ursprünglich gewährten Rabattsatz zu berechnen sind.

9. Der Anspruch des Abnehmers auf Rücknahme muss beim Verlag oder beim Importeur innerhalb von sechs Wochen ab Bekanntgabe der Preisaufhebung oder -herabsetzung geltend gemacht werden. Für Buchgroßhandlungen gilt eine Frist von drei Monaten. Auf Verlangen des Verlages oder des Importeurs muss der Abnehmer die Voraussetzungen für die Remission gemäß Ziffer 7 durch Angabe der Bezugsdaten nachweisen.

10. Der Übergang von Verlagsrechten an Werken von einem Verlag auf einen anderen sowie die damit etwa vorgenommenen Änderungen der gebundenen Ladenpreise sind vom erwerbenden Verlag unverzüglich im BÖRSENBLATT zu veröffentlichen oder seinen Abnehmern direkt mitzuteilen. Der erwerbende Verlag ist gehalten, die zwischen dem veräußernden Verlag und dem Abnehmer vereinbarten Bezugsbedingungen zu übernehmen, soweit es sich um Rechtsfolgen aus bereits geschlossenen Verträgen handelt.

11. Subskriptionspreise gelten für den Abnehmer bis zu sieben Werktage nach Ablauf der für den Endabnehmer verbindlichen Subskriptionsfrist.

12. Fest gelieferte Werke bleiben bis zur vollständigen Bezahlung Eigentum des liefernden Verlages. Solange der Eigentumsvorbehalt besteht, darf der Abnehmer die Werke nur im ordnungsgemäßen Geschäftsbetrieb veräußern und ohne Zustimmung des Verlages weder verpfänden noch zur Sicherheit übereignen.

§ 4 Änderungen der Bezugsbedingungen

1. Eine Bestellung kann zu veränderten Bezugsbedingungen nur ausgeführt werden, wenn diese rechtzeitig im BÖRSENBLATT oder dem Abnehmer direkt mitgeteilt worden sind. Aufhebung oder Einschränkung der offenen Rechnung gilt in diesem Fall nicht als Änderung der Bezugsbedingungen.

2. Bei Lieferung von Fortsetzungswerken ist der Verlag gegenüber dem Abnehmer der früheren Teile des Werkes zur Änderung seiner Bezugsbedingungen für das Werk nur berechtigt, wenn sich im Laufe eines mehrjährigen Lieferzeitraumes schwerwiegende Umstände ergeben haben, die im Zeitpunkt der Bestellung weder vom Verlag noch vom Abnehmer vorausgesehen werden konnten und die auch unter Berücksichtigung der Interessen des Abnehmers ein Festhalten an den bisherigen Bezugsbedingungen für den Verlag billigerweise unzumutbar machen.

Das Gleiche gilt auch für in Subskription bestellte Werke ohne Rücksicht darauf, ob es sich um Fortsetzungswerke handelt. Der neue Jahrgang, Band usw. eines periodisch erscheinenden Werkes gilt nicht als Fortsetzung im Sinne vorstehender Bestimmung.

3. Bei Zeitschriften ist eine Änderung der Bezugsbedingungen nur zum Ablauf des Bezugszeitraums mit mindestens zweimonatiger Vorankündigung möglich. Der Verlag ist jedoch berechtigt, die Bezugsbedingungen jederzeit zu ändern, wenn der Abnehmer die ihm gegenüber eingegangenen Verpflichtungen aus Lieferungsverträgen im allgemeinen geschäftlichen Verkehr nicht erfüllt hat.

§ 5 Bestellungen

1. Für die Rechtsgültigkeit einer Bestellung genügt die Verwendung von Bestellformularen (Bestellzettel), welche die Firma des Abnehmers aufgedruckt oder aufgestempelt tragen. Bei elektronischer Bestellung genügt eine eindeutig identifizierbare Absenderangabe.

2. Kann eine Bestellung nicht in einer dem Charakter der Bestellung angemessenen Frist ausgeführt werden, so hat der Verlag dem Abnehmer die Lieferungszeit unverzüglich mitzuteilen. Ist er dazu außerstande, so hat er vor Ausführung der Bestellung beim Abnehmer unmittelbar anzufragen, ob die Bestellung noch ausgeführt werden soll. Nichtbeantwortung dieser Anfrage innerhalb von zwei Wochen gilt als Zustimmung zur Ausführung der Bestellung. Hat der Verlag eine wesentliche Lieferungsverzögerung nicht mitgeteilt, so hat er die verspätete Lieferung auf Verlangen und eigene Kosten zurückzunehmen.

3. Angemahnte Bestellungen müssen den deutlich erkennbaren Zusatz „wiederholt" oder „Reklamation" enthalten sowie das Datum, den Inhalt und den Bestellweg der ersten Bestellung.

4. Der Bezug des ersten Teiles eines Werkes (Band, Lieferung, Nummer) verpflichtet zur Abnahme der später erscheinenden Teile, falls der Verlag dies in seinen Ankündigungen unmissverständlich zum Ausdruck gebracht hat und diese Verpflichtung auf den beigefügten Rechnungen oder Lieferscheinen auffällig und zweifelsfrei ausgedruckt oder sonst auf andere Weise vermerkt ist (Ausnahme: §§ 7 und 8).

5. Der Verlag hat das Bestelldatum und das Bestellzeichen auf Lieferschein und Rechnung anzugeben. Bei Unklarheiten hat der Verlag unverzüglich den Nachweis der ordnungsgemäßen Bestellung zu führen.

6. Bestellungen gelten grundsätzlich als fest, wenn sie nicht zweifelsfrei anders bezeichnet sind.

7. Beim Verlag direkt eingehende Bestellungen von Endabnehmern, die einem Abnehmer durch Lieferung zur Ausführung überwiesen werden, gelten als Bestellung dieses Abnehmers, falls er dieser Regelung grundsätzlich zugestimmt hat.

8. Die Kosten der traditionellen Bestellübermittlung (per Post oder Telefax) trägt der Abnehmer.

9. Ist ein Werk in verschiedenen Einbandarten (Ausstattungen) lieferbar, ist bei Fehlen detaillierter Bestellangaben, z. B. ISBN, grundsätzlich die preisniedrigste gebundene Ausgabe zu liefern. Entsprechendes gilt, wenn ein elektronisches Werk in verschiedenen Ausstattungen angeboten wird.

10. Der Verlag soll den EAN-Code und die ISBN gut lesbar auf dem Werk oder dessen Umhüllung vermerken.

§ 6 Genehmigte Remission und Rücknahmepflicht des Verlages

1. Liefert der Verlag Werke mit Remissionsrecht (RR), so hat er auf der Rechnung den Termin anzugeben, bis zu welchem er die Rücksendung gestattet; diese Frist soll in der Regel nicht weniger als zwei Monate betragen. Der vereinbarte Termin ist einzuhalten. Entscheidend ist das Absendedatum. Mit Umtauschrecht anstelle von RR darf der Verlag nur nach vorheriger Zustimmung des Abnehmers liefern. Die Gutschrift für die Rücksendung ist in voller Höhe zu erteilen.

2. Bei Rücksendung aus Festbezügen gilt folgendes:
   a) Rücksendungen aus Festbezügen sind nur nach vorheriger Genehmigung oder im Rahmen von Sondervereinbarungen zulässig.
   b) Genehmigte Remittenden sind im verlagsneuen Zustand innerhalb von vier Wochen abzusenden. Gefahr und Transportkosten gehen zu Lasten des Abnehmers. Bearbeitungsgebühren oder Rabattkürzungen seitens des Verlages sind nur nach ausdrücklicher vorheriger Vereinbarung zulässig.
   c) Beanstandungen müssen unverzüglich, spätestens jedoch innerhalb von vier Wochen, gegenüber dem Abnehmer geltend gemacht werden.

3. Das Fehlen der Originalverpackung berechtigt den Verlag nicht, Rücksendungen zurückzuweisen, wenn ihr sonstiger Zustand einwandfrei ist. Er kann aber in solchem Fall die Selbstkosten für die fehlende Originalverpackung fordern.

4. Der Verlag ist zur Rücknahme fest bestellter Werke nur in den in diesem Paragrafen und in den §§ 5, 8, 9, 11, 12, 13 und 14 aufgeführten Fällen verpflichtet. Bei genehmigter Rücknahme oder genehmigtem Umtausch infolge irrtümlicher Bestellung trägt der Abnehmer die Kosten für Hin- und Rücksendung. Der Verlag ist berechtigt, zum Ausgleich seiner innerbetrieblichen Kosten eine angemessene Bearbeitungsgebühr zu verlangen.

5. Der Verlag ist verpflichtet, das Gelieferte innerhalb von zwei Monaten vom Tag der Lieferung an zurück zu nehmen und die Kosten für Hin-und Rücksendung zu tragen, wenn er entweder:
   a) irrtümlich fest ein anderes als das bestellte Werk geliefert hat oder
   b) die Absendung schuldhaft verzögert hat oder
   c) eine ausdrücklich gestellte Lieferfrist nicht eingehalten oder sonstige Vorbehalte, z. B. Preisgrenzen, nicht berücksichtigt hat oder
   d) zu einem neuen, wesentlich erhöhten Ladenpreis geliefert und wenn er oder der Importeur die Preiserhöhung nicht ordnungsgemäß zuvor bekannt gegeben hat.

In den Fällen a) bis d) kann der Abnehmer binnen vier Wochen nach Eingang der Sendung Rücknahme verlangen. Er hat nur Anspruch auf Aufhebung der Bestellung und Rücknahme der Lieferung, kann jedoch zum Ausgleich seiner innerbetrieblichen Kosten eine angemessene Bearbeitungsgebühr verlangen.

§ 7 Zeitschriften

1. Zeitschriften sind periodisch erscheinende Druckwerke mit mindestens zwei Ausgaben jährlich in gleicher Form und Aufmachung. Das Redaktionskonzept mit einer kontinuierlichen und universellen Stoffdarbietung ist auf bestimmte Zielgruppen ausgerichtet, vom breiten Publikum bis hin zu Spezialisten. Zeitschriften enthalten Beiträge mehrerer Autoren, sind für eine unbegrenzte Erscheinungsdauer konzipiert und können im voraus für einen langeren Zeitraum abonniert werden. Sie haben üblicherweise sowohl einen Einzelbezugspreis als auch einen Abonnementpreis.

2. Bei der Lieferung von Zeitschriften an den Abnehmer darf der Verlag diesen gegenüber den direkten Beziehern zeitlich nicht benachteiligen.

3. Zur Fortsetzung ohne bestimmte Zeitangabe bestellte Zeitschriften werden bis zur Abbestellung geliefert, Verlage, die zu jedem Berechnungsabschnitt Neubestellungen wünschen, haben rechtzeitig hierzu aufzufordern.

4. Bei Zeitschriften sind grundsätzlich der Bezugszeitraum und die vom Verlag im Impressum oder auf andere Weise mitgeteilten Kündigungsfristen bindend. Abonnentenaufträge, die ohne zeitliche Begrenzung erteilt werden, verlängern sich automatisch um den jeweils nächsten Bezugszeitraum. Soweit Kunden des Abnehmers erst in den letzten 14 Tagen vor dem festgelegten Kündigungstermin das Abonnement bei diesem kündigen, verlängern sich die Kündigungsfristen bis zu sieben Werktagen.

5. Der Abnehmer kann das Abonnement aus wichtigem Grund kündigen, wenn der Kunde verstorben ist, Zahlungsunfähigkeit vorliegt oder eine Zustellung nachweisbar nicht erfolgen kann. Für die bis zum Zugang einer solchen Kündigung beim Verlag bereits durchgeführten Lieferungen erfolgen keine Gutschriften oder Rückerstattungen, wohl aber für später erscheinende, vorausbezahlte Exemplare.

§ 8 Fortsetzungswerke

1. Fortsetzungswerke im Sinne dieser Bestimmung sind Publikationen, die in mehreren Teilen, in mehr oder weniger regelmäßigen Abständen und nicht mit auf einen Zeitraum festgelegten Laden- oder Subskriptionspreis erscheinen. Dabei ist es unerheblich, ob Teile des Fortsetzungswerkes auch einzeln erhältlich sind.

2. Ist dem Abnehmer der weitere Absatz eines zur Fortsetzung auch in Subskription erhaltenen Werkes an den bisherigen Kunden infolge höherer Gewalt oder deshalb unmöglich geworden, weil dieser gestorben, zahlungsunfähig geworden, unbekannten Aufenthaltes oder aus rechtlichen Gründen von seiner Abnahmepflicht frei geworden ist, so muss der Verlag den nicht mehr absetzbaren Teil zurücknehmen, wenn ihm die Unmöglichkeit des Absatzes innerhalb von drei Monaten nach Eingang der letzten Lieferung mitgeteilt und auf Verlangen die letzte Anschrift des Kunden bekannt gegeben worden ist. Die vom Kunden nicht abgenommene Lieferung ist innerhalb der gleichen Frist an den Verlag zurückzusenden.

3. Im Fall der Rücknahme des nach Ziffer 2 nicht mehr absetzbaren Teiles eines in Subskription gelieferten Fortsetzungswerkes ist der Verlag nicht berechtigt, dem Abnehmer den Differenzbetrag zwischen dem subskriptionspreisbezogenen Abgabepreis des Werkes und dem auf Basis des regulären

4. Die Abnahmepflicht erlischt, falls der Kunde die weitere Abnahme verweigert, weil das Fortsetzungswerk in angemessener Frist nicht abgeschlossen und/oder der in Aussicht gestellte Umfang der weiteren Lieferungen und/oder deren gebundene Ladenpreise gegenüber dem gebundenen Ladenpreis der ersten Lieferung so erheblich überschritten bzw. erhöht werden, dass dem Kunden die Abnahme billigerweise nicht zugemutet werden kann.

§ 9 Neuerscheinungen und unverlangte Sendungen

1. Als Neuerscheinungen gelten Werke, die zum ersten Mal oder in neuer Auflage (§ 13) veröffentlicht werden.

2. Neuerscheinungen dürfen unverlangt nur an Abnehmer versandt werden, die solche Sendungen grundsätzlich erbeten haben.

3. Verlagswerke, die keine Neuerscheinungen sind, dürfen unverlangt nicht zugesandt werden.

4. Für unverlangte Sendungen trägt der Verlag Gefahr und Kosten der Hin-und Rücksendung sowie weitere angemessene, beim Abnehmer entstandene Kosten.

§ 10 Inhalt und Gewicht der Sendung

1. Der Inhalt einer Sendung gilt als mit der Rechnung übereinstimmend, falls der Abnehmer dem Absender nicht spätestens innerhalb von 14 Tagen nach Eingang der Sendung die Abweichung

2. Die einzelnen Packstücke sollen ein Gewicht von 15 kg nicht überschreiten.

§ 11 Beschädigte und fehlerhafte Werke

1. Ist ein Werk offensichtlich vor der Versendung durch den Verlag schadhaft geworden (z.B. angestoßene Einbände, Flecken und dgl.), so hat der Verlag dieses Mängel-exemplar auf seine Kosten umzutauschen oder zurückzunehmen, sofern der Abnehmer dem Verlag die Beschädigung unverzüglich nach Eingang des Werkes anzeigt.

2. Defekte Exemplare (Exemplare mit Herstellungsfehlern) sind auf Verlangen kostenlos zurückzunehmen, umzutauschen oder bei vom Käufer gewünschter Minderung anteilig gutzuschreiben, ggf. nach den Vorschriften der „Vereinfachten Remission". Ist der Verlag zum Umtausch oder zur Ersatzlieferung außerstande, so hat er das Werk auf seine Kosten zurückzunehmen, auch wenn es bereits gebraucht oder vom Käufer individuell bearbeitet wurde.

3. Die ausdrückliche und deutlich hervorgehobene Bemerkung „Vor Absendung verglichen" auf der Rechnung für eine Sendung, die Seltenheiten des Antiquariatsbuchhandels, Luxusdrucke, Tafeldrucke u.a. enthält, verpflichtet den Abnehmer zur unverzüglichen Prüfung des Inhalts der Sendung auf offensichtliche und heimliche Mängel. Unterlässt er die Mängelanzeige, so verliert er das Recht, das gelieferte Werk wegen später entdeckter Mängel zu beanstanden.

§ 12 Sendungen unter Vorbehalt

1. Werden bestellte Werke unter einem Vorbehalt (z. B. Abnahmeverpflichtung für noch nicht erschienene Bände) geliefert und ist dies auf der Rechnung auffällig und unzweideutig vermerkt, so gilt die Sendung als angenommen und der Vorbehalt als genehmigt, wenn der Abnehmer nicht unverzüglich nach Empfang der Sendung widerspricht. Im Falle des Widerspruchs hat der Verlag die Sendung zurückzunehmen; der Abnehmer hat sie dem Verlag nach Aufforderung unverzüglich zuzustellen. Der Verlag trägt Gefahr und Kosten der Hin- und Rücksendung.

2. Die Bemerkung auf der Rechnung, dass das Werk nur in Originalverpackung zurückgenommen wird, gilt nicht als Vorbehalt im Sinne dieser Bestimmung, vielmehr ist in einem solchen Fall § 6 Ziffer 3 sinngemäß anzuwenden.

§ 13 Lieferung neuester Auflagen

1. Bestellte Werke sind in neuester Auflage und in vollständigen und unbeschädigten Exemplaren zu liefern.

2. Steht das Erscheinen einer in Inhalt oder Ausstattung wesentlich veränderten neuen Auflage binnen acht Wochen ab Eingang der Bestellung bevor, so ist der Abnehmer hierauf hinzuweisen und die Bestellung nur bei ausdrücklicher Aufrechterhaltung auszuführen. Wird ohne vorherige Ankündigung geliefert, so ist der Abnehmer zur Rückgabe binnen 14 Tagen nach Erscheinen der veränderten Auflage berechtigt.

§ 14 Eingeschränkt vertriebene Parallelausgaben

Beabsichtigt der Verlag die Veröffentlichung einer nicht für das gesamte Sortiment bestimmten und über dieses vertriebenen, in anderer Ausstattung und zu einem gegenüber dem Preis der lieferbaren Buchhandelsausgabe erheblich geringeren Ladenpreis angebotenen Ausgabe des Werkes, so ist der Abnehmer der Buchhandelsausgabe hierauf so früh wie möglich hinzuweisen, spätestens jedoch 14 Tage vor Erscheinen dieser Ausgabe. In diesem Fall kann er die innerhalb der letzten 12 Monate bezogenen und dort vorrätigen Exemplare der Buchhandelsausgabe gegen Erteilung einer Gutschrift in voller Höhe und ohne Erhebung einer Bearbeitungsgebühr zurücksenden. Bei Bezug über Buchgroßhandlungen erfolgt die Remission über diese. Im Übrigen gilt § 3 Ziffer 7 und 9 entsprechend.

§ 15 Versandwege

1. Der Abnehmer schreibt Art und Wege der Versendung generell oder für den Einzelfall vor. Fehlt eine Vorschrift hierüber, muss der Verlag eingehende Bestellungen auf Kosten des Abnehmers auf dem nach seinem Wissen günstigsten Wege ausführen. Berechnet werden die reinen Porto-bzw. Frachtkosten. Verpackung wird grundsätzlich nicht berechnet. Lieferrückstände einzelner Exemplare sind frei nachzuliefern.

2. Wenn nichts anderes vereinbart ist, werden Sendungen über den Sortiments-Kommissionär geliefert. Nach Vereinbarungen zwischen Verlag und Sortiments-Kommissionär können die Sendungen den Sortiments-Kommissionären kostenfrei zugestellt oder von diesen an einem Auslieferungsplatz des Verlages gegen Entgelt abgeholt werden.

3. Will oder kann der Verlag den vorgeschriebenen Versandweg nicht einhalten, ist der Abnehmer sofort zu verständigen, um eine Vereinbarung zu erzielen.

4. Erfolgt die Sendung ausnahmsweise als Postnachnahme, sind Bestellnummer, Bestelldaten und Inhalt der Sendung außen anzugeben. Auf der Faktur ist deutlich zu vermerken: »Durch Nachnahme erhoben«.

§ 16 Versandkosten

1. Die Kosten für Zusendung und Rücksendung trägt der Abnehmer, wenn der Versand nach seiner Vorschrift erfolgt ist; anderenfalls hat der Verlag nachweisbare Mehrkosten zu tragen.

2. Für Rücksendungen infolge irrtümlicher oder vorschriftswidriger Versendung trägt der schuldige Teil die Kosten einschließlich angemessener Bearbeitungskosten gemäß 6 Ziffer 4.

§ 17 Haftung für Sendungen

1. Für Sendungen oder Rücksendungen, die auf Verlangen des Empfängers erfolgen, haftet dieser vom Augenblick der Übergabe an den Transportführer.

2. Wird entgegen dem ausdrücklichen Auftrag ohne wichtigen Grund anders versandt, haftet der Absender für den dadurch entstandenen Schaden.

§ 18 Haftung des Sortiments-Kommissionärs

1. Die Haftung des Sortiments für zugehende Sendungen beginnt mit der Übergabe an seinen Kommissionär und endet für Rücksendungen mit der Übergabe an den Kommissionär des Verlages oder an den Verlag selbst.

2. a) Der Kommissionär haftet für die nachweislich durch sein Verschulden in Verlust geratenen oder beschädigten Sendungen.

b) Ist eine Schuld nicht festzustellen (insbesondere bei Abgabe der Pakete ohne Quittung des Bücherwagendienstes oder zum Zeitpunkt der Übergabe erstellter Avise), so haben der Abnehmer (als Absender oder Empfänger) und die beteiligten Kommissionäre dem Verlag jeweils die Hälfte des Rechnungsbetrages der in Verlust geratenen oder beschädigten Sendung in gleichen Teilen zu ersetzen.

3. Die Haftung erlischt in allen Fällen und für alle Beteiligten nach Ablauf von drei Monaten nach Sendungsübergabe.

4. Der Abnehmer haftet nicht, wenn der Verlag den von ihm bestimmten Versandweg nicht eingehalten hat.

§ 19 Abmahnungen, einstweilige Verfügungen und sonstige Entscheidungen im Zusammenhang mit Werken

1. Wird dem Verlag wegen des Inhalts oder der Ausstattung eines Werkes dessen weitere Verbreitung durch eine von ihm als rechtlich bindend anerkannte einstweilige Verfügung oder andere vollstreckbare Gerichts-oder Behördenentscheidung untersagt, so hat er dies unverzüglich im BÖRSENBLATT oder seinen Abnehmern direkt anzuzeigen. Soweit die Anzeige gegenüber Buchgroßhandlungen erfolgt, sind diese nach Vereinbarung mit dem Verlag verpflichtet, die Information an ihre Kunden weiterzugeben.

2. Das Sortiment und der Zwischenbuchhandel haben dem Verlag unverzüglich mitzuteilen, wenn sie wegen des Inhalts oder der Ausstattung eines durch sie bezogenen Werkes abgemahnt oder mit einer einstweiligen Verfügung oder anderen Gerichts- oder Behördenentscheidung überzogen werden und ihnen dadurch der weitere Vertrieb dieses Werkes untersagt wird.

3. Der Verlag hat seine Abnehmer unverzüglich zu einem bestimmten, der Sach-und Rechtslage angemessenen Handeln oder Unterlassen anzuweisen. Insbesondere kann er sie anweisen, von der Einschaltung eines Rechtsanwalts zur Abwehr einer Abmahnung, einstweiligen Verfügung oder anderen Gerichts-oder Behördenentscheidung abzusehen. Im Falle einer unverzüglichen Anweisung gemäß Satz 1 trägt der Abnehmer die ihm auferlegten Kosten der Abmahnung oder anderen, ihm den weiteren Vertrieb des Werkes untersagenden Entscheidung selbst. Jedoch hat ihm der Verlag die Kosten zu erstatten, soweit der Abnehmer

auf die rechtlich ungehinderte Verbreitung des Werkes vertrauen durfte und der Anweisung nicht zuwider handelt.

4. Weist der Verlag seine Abnehmer entgegen Ziffer 3 Satz 1 nicht unverzüglich zu einem bestimmten, der Sach-und Rechtslage angemessenen Handeln oder Unterlassen an, so hat der Abnehmer die Wahl, sich der gegen ihn ergangenen Abmahnung oder anderen, ihm den weiteren Vertrieb des Werkes untersagenden Entscheidung zu unterwerfen oder -falls die Rechtsabteilung des Börsenvereins dies ausdrücklich empfiehlt -anwaltliche Hilfe in Anspruch zu nehmen. In jedem dieser Fälle hat der Verlag dem Abnehmer die diesem auferlegten Kosten der Abmahnung usw. sowie der anwaltlichen Inanspruchnahme zu erstatten.

5. Eine Kostenerstattung erfolgt nur insoweit, als der Verlag den Abnehmer nicht unter Erteilung einer Kostendeckungszusage aufgefordert hat, den geltend gemachten Abmahnkosten der Höhe nach zu widersprechen.

§ 20 Beschlagnahme von Werken

1. Werden gelieferte Werke des Inhalts oder der Ausstattung wegen beim Abnehmer beschlagnahmt, so fällt der Schaden dem Verlag zur Last.

2. Die Tatsache der Beschlagnahme hat der Abnehmer, der Schadensersatzansprüche geltend machen will, dem Verlag unverzüglich unter Bekanntgabe der Gründe und der Beschlagnahmeverfügung mitzuteilen.

3. Die Schadensersatzleistung des Verlages erstreckt sich auf die Erstattung des bei der Lieferung berechneten Nettopreises und der entstandenen Versandkosten, nicht dagegen auf die Vergütung eines entgangenen Gewinnes.

3 Wettbewerbsregeln des Börsenvereins des Deutschen Buchhandels*

Zur rechtlichen Bedeutung der nunmehr wirksam gewordenen Wettbewerbsregeln: Ihre Einhaltung gehört nach § 10 Abs. 1 Ziff. 3 der Satzung des Börsenvereins zu den Mitgliedspflichten. Verstöße gegen die Regeln können daher nunmehr nach § 15 der Satzung durch Verwarnung, Geldbuße oder Ausschließung geahndet werden. Vielleicht wichtiger noch ist die Bedeutung der Regeln für zivilrechtliche Auseinandersetzungen. Auch wenn die Gerichte formell nicht an die Regeln gebunden sind, wird man davon ausgehen können, dass sie, soweit es um den lauteren Wettbewerb geht, die Regeln als Konkretisierung der Generalklauseln des Gesetzes gegen den unlauteren Wettbewerb ansehen werden.

Präambel

Leistungsorientierter Wettbewerb im Rahmen der sozialen Marktwirtschaft ist die Basis des geschäftlichen Verkehrs im Buchhandel. Die Grundsätze lauteren Wettbewerbs sind einzuhalten. Zu unterlassen sind Handlungen, die den guten kaufmännischen Sitten zuwiderlaufen. Den Maßstab für den Begriff der kaufmännischen Sitten bildet die allgemeine Verkehrsauffassung in Verbindung mit den Handelsbräuchen und der Berufsauffassung des deutschen Buchhandels.

I. Vertrieb von preisgebundenen Verlagserzeugnissen**

Beim Vertrieb preisgebundener Verlagserzeugnisse verstößt ein Verlag gegen die Grundsätze lauteren Wettbewerbs:

- wenn er buchhändlerische Abnehmer oder eine Abnehmergruppe ohne sachlich gerechtfertigten Grund dadurch benachteiligt, dass er diese erst zu einem späteren Zeitpunkt über seine Neuerscheinungen unterrichtet und/oder beliefert als andere Abnehmer;
- wenn er Verlagserzeugnisse an Endabnehmer im Direktverkehr zu anderen Preisen anbietet oder verkauft, als er sie für den Verkauf an Endabnehmer durch den Verbreitenden Buchhandel festgesetzt hat;
- wenn er es unterläßt, dem Verbreitenden Buchhandel etwaige Mengenpreise (die für Endabnehmer gelten) generell oder auf Anfrage bekanntzugeben.

---

* Seit Dezember 2006 ist beim Bundeskartellamt ein förmliches Anmeldeverfahren anhängig. Eine Entscheidung steht bis heute aus. Wir weisen darauf hin, dass die von den Gremien des Börsenvereins verabschiedeten Wettbewerbsregeln noch nicht förmlich in Kraft sind.

** Siehe Verkehrsordnung für den Buchhandel.

II. Mitteilungspflicht bei Parallelausgaben

Erscheint neben der preisgebundenen Originalausgabe eines Werks eine inhaltlich identische oder geringfügig veränderte Parallelausgabe unter demselben oder einem anderen Titel als Sonderausgabe, bibliophile Ausgabe, Taschenbuchausgabe, Buchgemeinschaftsausgabe oder dergleichen, so ist der Verlag der Originalausgabe verpflichtet, darüber den Verbreitenden Buchhandel rechtzeitig zu unterrichten. Soweit die Parallelausgabe über den Buchhandel vertrieben wird, hat der Verlag seine Mitteilungspflicht erfüllt, wenn der die Parallelausgabe veranstaltende Verlag in seinen Programmankündigungen oder auf eine andere geeignete Weise darauf hinweist. Sofern die Rechte zur Herausgabe einer Buchgemeinschaftsausgabe einer Buchgemeinschaft eingeräumt werden, hat der Verlag seiner Mitteilungspflicht genügt, wenn die Buchgemeinschaft die Redaktion des Börsenblatts für den Deutschen Buchhandel über das Erscheinen von Lizenztiteln durch Übersendung der ersten Exemplare der Programmzeitschrift, in denen diese Neuerscheinungen angekündigt werden, unterrichtet.

III. Werbung mit dem niedrigeren Preis

Wird ein bereits erschienenes Werk auch von einer Buchgemeinschaft herausgegeben, so darf mit dem niedrigeren Preis der Buchgemeinschaftsausgabe nicht geworben werden - insbesondere nicht durch Gegenüberstellung des Preises der Originalausgabe mit dem der Buchgemeinschaft, wenn nicht klargestellt ist, dass der Erwerb der Buchgemeinschaftsausgabe im Rahmen einer Mitgliedschaft erfolgt.

IV. Änderung oder Aufhebung von Ladenpreisen

Die Bekanntgabe von Änderungen und der Aufhebung von gebundenen Ladenpreisen muß im Börsenblatt für den Deutschen Buchhandel mindestens 14 Tage vor Inkrafttreten der Änderung oder der Aufhebung des Ladenpreises erfolgen.

V. Werbung für nicht mehr preisgebundene Verlagserzeugnisse
(Modernes Antiquariat, Mängelexemplare, Sonderausgaben)

1. Verlagserzeugnisse, für die der Verleger die Preisbindung aufgehoben hat, oder preisgebundene Verlagserzeugnisse, die wegen materieller Mängel nicht mehr zum gebundenen Preis verkäuflich sind (Mängelexemplare), dürfen nur so angeboten werden, dass beim Publikum nicht der Eindruck entsteht, es würden gebundene Preise unterschritten. In den Schaufenstern, Prospekten, Katalogen, Anzeigen und anderen Werbemitteln für solche Verlagserzeugnisse muß deshalb deutlich auf den jeweils zutreffenden Grund für die Herabsetzung des Preises

hingewiesen werden (zum Beispiel „Modernes Antiquariat", „antiquarisch", „Ladenpreis aufgehoben", „Auflagenrest", „vorletzte Auflage" einerseits oder „Mängelexemplare" andererseits).

2. In Schaufenstern und Werbemitteln, durch die ausschließlich Werke gemäß Abs. 1 angeboten werden, genügt ein genereller Hinweis auf den Grund der Preisherabsetzung an deutlich sichtbarer Stelle. Werden dagegen sowohl preisgebundene als auch nicht mehr preisgebundene Werke in einem Schaufenster oder Werbemittel angeboten, so muß bei jedem einzelnen preisermäßigten Titel der Grund für die Herabsetzung deutlich vermerkt sein.

3. Die Preise von Nach- und Neudrucken ehemals preisgebundener Verlagserzeugnisse dürfen dem früher gebundenen Ladenpreis der Originalausgabe nur gegenübergestellt werden, wenn sie nach Inhalt, Ausstattung und Qualität mit der Originalausgabe absolut identisch sind, bei fehlender Identität in Text, Inhalt, Qualität oder Ausstattung nur dann, wenn die wesentlichen Unterschiede genannt werden.

4. Remittierte preisgebundene Verlagserzeugnisse dürfen nur verbilligt abgegeben werden, wenn sie Mängel im Sinne von Abs 1 aufweisen*.

VI. Abonnenten-, Direktkunden-, Adressenschutz

Unlauter handelt, wer

1. die von einem buchhändlerischen Unternehmen selbst oder von Dritten geworbenen Abonnenten dazu veranlaßt, bei ihrem bisherigen Vertragspartner abzubestellen, um die Belieferung selbst direkt oder indirekt zu übernehmen, indem er vervielfältigte Vollmachten oder Kündigungsschreiben zur Verfügung stellt oder die Kündigungsformalitäten für den Abonnenten durchführt;

2. als Verlag die ihm von einer Buchhandlung zur Direktbelieferung bzw. -einweisung anvertrauten Kundenadressen ohne deren Zustimmung verwendet, z.B. an Dritte weitergibt.

VII. Schaufenster-, Schaukasten- und Regalmiete, Anzapfen

1. Wer Verlagserzeugnisse in Schaufenstern, Schaukästen, Regalen usw. zur Schau stellt, darf dafür von Lieferanten keine Sonderleistungen verlangen oder annehmen.

---

* Siehe Verkehrsordnung § 11 (Seite 31).

2. Eine Buchhandlung handelt unlauter, wenn sie unter Zufügung oder Androhung von Nachteilen bare oder unbare Zuschüsse oder Geschenke, beispielsweise für Geschäftseröffnungen, zum Umbau oder zu Jubiläen oder für die Aufnahme von Verlagserzeugnissen in einen Werbekatalog oder Werbeprospekt, Werbekostenbeiträge in Bargeld, Belegstücken, Inseraten usw. verlangt.

VIII. Schaufensteraktionen

Schaufensteraktionen zur Werbung für Verlagserzeugnisse verstoßen gegen die Grundsätze des lauteren Wettbewerbs, wenn übermäßig hohe und/oder viele Preise, Prämien oder sonstige unangemessen hohe Gegenleistungen gewährt werden oder wenn die erhöhte Gefahr einer Behinderung, Verdrängung oder eines Ausschlusses der Verlagserzeugnisse anderer Mitbewerber besteht, beispielsweise durch die Reservierung von Schaufenstern für einen unangemessen langen Zeitraum. Unlauter handelt daher:

1. wer Schaufensteraktionen veranstaltet, bei denen die Belegdauer der Schaufenster 14 Tage übersteigt, bei denen der erste Preis einen höheren Marktwert als 2.000 Mark* hat oder bei dem die Gesamtheit der Preise einen Marktwert von 10.000 Mark* übersteigt oder bei dem Mitmachpräsente oder Display-Artikel mit Zweitnutzen mit einem höheren Marktwert als 150 DM* für alle Teilnehmer abgegeben werden;

2. wer sich als Verbreitender Buchhändler an solchen unlauteren Schaufensteraktionen beteiligt.

IX. Veranstaltungen der Verlage für ihre Handelspartner und deren Mitarbeiter

Verlage verstoßen gegen den lauteren Wettbewerb, wenn sie für ihre Handelspartner oder deren Mitarbeiter Gewinnspiele, Preisausschreiben, Reisen oder ähnliche Veranstaltungen mit unangemessen hohen Preisen oder unangemessen hohem Wert durchführen, um Bestellungen oder eine besondere Behandlung ihrer Verlagserzeugnisse herbeizuführen oder den Verkauf von Verlagserzeugnissen anderer Lieferanten zu unterbinden oder zu beeinträchtigen.

X. Mindestbestellgrößen

Sind preisgebundene Verlagserzeugnisse generell oder im Einzelfall nur beim Verlag oder bei der Verlagsauslieferung direkt beziehbar, so dürfen keine Mindestbestellgrößen gefordert werden.

---

* In dieser Fassung steht der Wert immer noch in DM.

4 Preisbindungsgesetz Deutschland*

Gesetz über die Preisbindung für Bücher (Buchpreisbindungsgesetz – BuchPrG) in der Fassung vom 14. Juli 2006
[Auszug]

§ 1 Zweck des Gesetzes

Das Gesetz dient dem Schutz des Kulturgutes Buch. Die Festsetzung verbindlicher Preise beim Verkauf an Letztabnehmer sichert den Erhalt eines breiten Buchangebots. Das Gesetz gewährleistet zugleich, dass dieses Angebot für eine breite Öffentlichkeit zugänglich ist, indem es die Existenz einer großen Zahl von Verkaufsstellen fördert.

§ 2 Anwendungsbereich

(1) Bücher im Sinne dieses Gesetzes sind auch
1. Musiknoten,

2. kartographische Produkte,

3. Produkte, die Bücher, Musiknoten oder kartographische Produkte reproduzieren oder substituieren und bei Würdigung der Gesamtumstände als überwiegend verlags- oder buchhandelstypisch anzusehen sind sowie

4. kombinierte Objekte, bei denen eines der genannten Erzeugnisse die Hauptsache bildet.

(2) Fremdsprachige Bücher fallen nur dann unter dieses Gesetz, wenn sie überwiegend für den Absatz in Deutschland bestimmt sind.

(3) Letztabnehmer im Sinne dieses Gesetzes ist, wer Bücher zu anderen Zwecken als dem Weiterverkauf erwirbt.

§ 3 Preisbindung

Wer gewerbs- oder geschäftsmäßig Bücher an Letztabnehmer verkauft, muss den nach § 5 festgesetzten Preis einhalten. Dies gilt nicht für den Verkauf gebrauchter Bücher.

§ 4 Grenzüberschreitende Verkäufe

(1) Die Preisbindung gilt nicht für grenzüberschreitende Verkäufe innerhalb des Europäischen Wirtschaftsraumes.

---

* In Österreich und der Schweiz regeln eigene Gesetze die Preisbindung für Bücher.

§ 5 Preisfestsetzung

(1) Wer Bücher verlegt oder importiert, ist verpflichtet, einen Preis einschließlich Umsatzsteuer (Endpreis) für die Ausgabe eines Buches für den Verkauf an Letztabnehmer festzusetzen und in geeigneter Weise zu veröffentlichen. Entsprechendes gilt für Änderungen des Endpreises.

(2) Wer Bücher importiert, darf zur Festsetzung des Endpreises den vom Verleger des Verlagsstaates für Deutschland empfohlenen Letztabnehmerpreis einschließlich der in Deutschland jeweils geltenden Mehrwertsteuer nicht unterschreiten. Hat der Verleger keinen Preis für Deutschland empfohlen, so darf der Importeur zur Festsetzung des Endpreises den für den Verlagsstaat festgesetzten oder empfohlenen Nettopreis des Verlegers für Endabnehmer zuzüglich der in Deutschland jeweils geltenden Mehrwertsteuer nicht unterschreiten ...

(4) Verleger oder Importeure können folgende Endpreise festsetzen:
1. Serienpreise,

2. Mengenpreise,

3. Subskriptionspreise,

4. Sonderpreise für Institutionen, die bei der Herausgabe einzelner bestimmter Verlagswerke vertraglich in einer für das Zustandekommen des Werkes ausschlaggebenden Weise mitgewirkt haben,

5. Sonderpreise für Abonnenten einer Zeitschrift beim Bezug eines Buches, das die Redaktion dieser Zeitschrift verfasst oder herausgegeben hat und

6. Teilzahlungszuschläge.

(5) Die Festsetzung unterschiedlicher Endpreise für einen bestimmten Titel durch einen Verleger oder Importeur oder deren Lizenznehmer ist zulässig, wenn dies sachlich gerechtfertigt ist.

§ 6 Vertrieb

(1) Verlage müssen bei der Festsetzung ihrer Verkaufspreise und sonstigen Verkaufskonditionen gegenüber Händlern den von kleineren Buchhandlungen erbrachten Beitrag zur flächendeckenden Versorgung mit Büchern sowie ihren buchhändlerischen Service angemessen berücksichtigen. Sie dürfen ihre Rabatte nicht allein an dem mit einem Händler erzielten Umsatz ausrichten.

(2) Verlage dürfen branchenfremde Händler nicht zu niedrigeren Preisen oder günstigeren Konditionen beliefern als den Buchhandel.

(3) Verlage dürfen für Zwischenbuchhändler keine höheren Preise oder schlechteren Konditionen festsetzen als für Letztverkäufer, die sie direkt beliefern.

§ 7 Ausnahmen

(1) § 3 gilt nicht beim Verkauf von Büchern:

1. an Verleger oder Importeure von Büchern, Buchhändler oder deren Angestellte und feste Mitarbeiter für deren Eigenbedarf,

2. an Autoren selbständiger Publikationen eines Verlages für deren Eigenbedarf,

3. an Lehrer zum Zwecke der Prüfung einer Verwendung im Unterricht,

4. die auf Grund einer Beschädigung oder eines sonstigen Fehlers als Mängelexemplare gekennzeichnet sind;

(2) Beim Verkauf von Büchern können wissenschaftlichen Bibliotheken, die jedem auf ihrem Gebiet wissenschaftlich Arbeitenden zugänglich sind, bis zu 5 Prozent, jedermann zugänglichen kommunalen Büchereien, Landesbüchereien und Schülerbüchereien sowie konfessionellen Bereichen und Truppenbüchereien der Bundeswehr und des Bundesgrenzschutzes bis zu 10 Prozent Nachlaß gewährt werden.

(3) Bei Sammelbestellungen von Büchern für den Schulunterricht, die zu Eigentum der öffentlichen Hand, eines Beliehenen oder allgemein bildender Privatschulen, die den Status staatlicher Ersatzschulen besitzen, angeschafft werden, gewähren die Verkäufer Nachlässe. Soweit Schulbücher von den Schulen im Rahmen eigener Budgets angeschafft werden, ist stattdessen ein genereller Nachlass von 12 Prozent für alle Sammelbestellungen zu gewähren.

§ 8 Dauer der Preisbindung

(1) Verleger und Importeure sind berechtigt, durch Veröffentlichung in geeigneter Weise die Preisbindung für Buchausgaben aufzuheben, deren erstes Erscheinen länger als achtzehn Monate zurück liegt.

(2) Bei Büchern, die in einem Abstand von weniger als achtzehn Monaten wiederkehrend erscheinen oder deren Inhalt mit dem Erreichen eines bestimmten Datums oder Ereignisses erheblich an Wert verlieren, ist eine Beendigung der Preisbindung durch den Verleger oder Importeur ohne Beachtung der Frist gemäß Absatz 1 nach Ablauf eines angemessenen Zeitraums seit Erscheinen möglich.

§ 9 Schadensersatz- und Unterlassungsansprüche

(1) Wer den Vorschriften dieses Gesetzes zuwiderhandelt, kann auf Unterlassung in Anspruch genommen werden. Wer vorsätzlich oder fahrlässig handelt, ist zum Ersatz des durch die Zuwiderhandlung entstandenen Schadens verpflichtet.

5 Gesetz gegen Wettbewerbsbeschränkungen (GWB) *

Bekanntmachung der Neufassung vom 15. Juli 2005
[Auszug]

Erster Teil Wettbewerbsbeschränkungen

Erster Abschnitt Wettbewerbsbeschränkende Vereinbarungen, Beschlüsse und abgestimmte Verhaltensweisen

§ 1 Verbot wettbewerbsbeschränkender Vereinbarungen

Vereinbarungen zwischen Unternehmen, Beschlüsse von Unternehmensvereinigungen und aufeinander abgestimmte Verhaltensweisen, die eine Verhinderung, Einschränkung oder Verfälschung des Wettbewerbs bezwecken oder bewirken, sind verboten.

§ 2 Freigestellte Vereinbarungen

(1) Vom Verbot des § 1 freigestellt sind Vereinbarungen zwischen Unternehmen, Beschlüsse von Unternehmensvereinigungen oder aufeinander abgestimmte Verhaltensweisen, die unter angemessener Beteiligung der Verbraucher an dem entstehenden Gewinn zur Verbesserung der Warenerzeugung oder -verteilung oder zur Förderung des technischen oder wirtschaftlichen Fortschritts beitragen, ohne dass den beteiligten Unternehmen

1. Beschränkungen auferlegt werden, die für die Verwirklichung dieser Ziele nicht unerlässlich sind, oder

2. Möglichkeiten eröffnet werden, für einen wesentlichen Teil der betreffenden Waren den Wettbewerb auszuschalten.

Zweiter Abschnitt Marktbeherrschung, wettbewerbsbeschränkendes Verhalten

§ 19 Missbrauch einer marktbeherrschenden Stellung

(1) Die missbräuchliche Ausnutzung einer marktbeherrschenden Stellung durch ein oder mehrere Unternehmen ist verboten.

---

* Dieses Gesetz dient der Einhaltung eines ungehinderten und möglichst vielgestaltigen Wettbewerbs und bekämpft den Missbrauch der Marktmacht. Das betrifft auch den Bereich der Printmedien und der elektronischen Medien.

(3) Es wird vermutet, dass ein Unternehmen marktbeherrschend ist, wenn es einen Marktanteil von mindestens einem Drittel hat. Eine Gesamtheit von Unternehmen gilt als marktbeherrschend, wenn sie 1. aus drei oder weniger Unternehmen besteht, die zusammen einen Marktanteil von 50 vom Hundert erreichen, oder 2. aus fünf oder weniger Unternehmen besteht, die zusammen einen Marktanteil von zwei Dritteln erreichen,

Fünfter Abschnitt Sonderregeln für bestimmte Wirtschaftsbereiche

§ 30 Preisbindung bei Zeitungen und Zeitschriften

(1) § 1 gilt nicht für vertikale Preisbindungen, durch die ein Unternehmen, das Zeitungen oder Zeitschriften herstellt, die Abnehmer dieser Erzeugnisse rechtlich oder wirtschaftlich bindet, bei der Weiterveräußerung bestimmte Preise zu vereinbaren oder ihren Abnehmern die gleiche Bindung bis zur Weiterveräußerung an den letzten Verbraucher aufzuerlegen. Zu Zeitungen und Zeitschriften zählen auch Produkte, die Zeitungen oder Zeitschriften reproduzieren oder substituieren und bei Würdigung der Gesamtumstände als überwiegend verlagstypisch anzusehen sind, sowie kombinierte Produkte, bei denen eine Zeitung oder eine Zeitschrift im Vordergrund steht.

6   Wettbewerbsregeln für den Vertrieb von abonnierbarer Tages- und Wochenzeitungen

– in der Fassung vom 10. Januar 2002 –

I. Allgemeine Grundsätze der Werbung

Die Zeitungsverlage haben in der Vertriebswerbung alles zu vermeiden, was das Ansehen des Zeitungsverlagswesens in der Öffentlichkeit herabsetzt.

1. Werbeexemplare
   Werbeexemplare sind Zeitungen, die unentgeltlich geliefert oder verteilt werden, um die Empfänger als Bezieher zu gewinnen.

   Zur Vermeidung einer Marktverstopfung dürfen Tageszeitungen an dieselben Empfänger in der Regel nicht länger als zwei Wochen, Wochenzeitungen nicht mehr als 4 Ausgaben geliefert werden. Zwischen zwei Werbelieferungen muss ein zeitlicher Abstand von mindestens einem Kalendermonat liegen.

   Beim Angebot eines kostenlosen Probezugs dürfen keine Anreize geschaffen werden, die einen psychologischen Kaufzwang bewirken. Deshalb sollte der Wert des Anreizes die Höhe des Wochenbezugspreises nicht überschreiten, wobei die Rückforderung des Präsents auf jeden Fall ausgeschlossen ist.

2. Pramienwerbung
   Prämienwerbung ist die Auslobung einer Prämie über eine Anzeige [auch im Internet], Beilage oder ein Prospekt für die Vermittlung eines neuen Abonnenten. Die Stückelung einer Prämie ist zulässig, wenn die Einzelstücke der Prämie in einem inneren Zusammenhang stehen. Der Wert der für die Vermittlung eines neuen Abonnenten gewährten Prämie (Ladenverkaufspreis) darf bei zwölfmonatiger und einer darüber hinausgehenden Verpflichtungsdauer des Geworbenen den sechsfachen monatlichen Bezugspreis nicht übersteigen. Bei einer Mindestverpflichtungszeit unter einem Jahr darf der Prämienwert die Hälfte des zu entrichtenden Abonnemententgeltes nicht überschreiten. Wenn der Werber im Rahmen eines Gesamtprämienangebots eine Wahlmöglichkeit unter mehreren Prämien hat, dann ist ein kleiner Teil von Prämien mit Zuzahlung zulässig. Die Zuzahlung sollte erheblich unter dem zulässigen Prämienwert liegen.

3. Verpflichtungsdauer
   Die erstmalige Verpflichtungsdauer für den geworbenen Abonnenten darf 2 Jahre nicht überschreiten. Wird in den Bestellvertrag eine Verlängerungsklausel

aufgenommen, kann die stillschweigende Verlängerung des Abonnementvertrages maximal 1 Jahr betragen. Die Möglichkeit, dass nach Ablauf der Verpflichtungszeit der Abonnementvertrag unbefristet weitergeführt wird, bleibt davon unberührt.

4. Außendienst-Mitarbeiter
Die Unternehmen müssen Außendienst-Mitarbeiter vertraglich zur Einhaltung der folgenden Regeln verpflichten:
Der Außendienst-Mitarbeiter darf nicht versuchen, durch die Erregung von Mitleid, insbesondere durch Vorspiegelung von Bedürftigkeit oder unter dem Vorwand besonderer Förderungswürdigkeit seiner Person oder des von ihm vertretenen Unternehmens Abonnenten zu gewinnen. Der Außendienst-Mitarbeiter darf ferner nicht in irreführender Weise mit dem Hinweis werben, der Erlös oder ein Teil des Erlöses aus dem Abonnement fließe gemeinnützigen oder mildtätigen Zwecken zu.

Die Unternehmen sind verpflichtet, die Vertragstexte auf den Bestellscheinen nach den bestehenden gesetzlichen Bestimmungen zu gestalten. Der Außendienst-Mitarbeiter muss dem Besteller eine vollständige Durchschrift des Bestellscheines aushändigen. Der Bestellschein muss außer der eigenhändigen Unterschrift des Neubeziehers auch die Unterschrift des Außendienst-Mitarbeiters tragen, die durch einen vollen Namen in Stempel oder Druckschrift ergänzt werden muss. Im Bestellschein müssen Preis, Erscheinungsweise, Laufzeit des Abonnements, Kündigungsfrist, Widerrufsfrist und Widerrufsadresse sowie die Bezugsbedingungen angegeben werden. Der Bestellschein und die dem Neubezieher auszuhändigende und belassene Durchschrift müssen gleichlautend sein und die genannten Angaben vollständig und übersichtlich enthalten.

5. Studenten-Abonnements
Verbilligte Abonnements für Studierende, Zivildienstleistende und Wehrpflichtige sind ebenfalls zulässig, wenn die Voraussetzungen nachgewiesen werden. In diesem Fall ist eine regelmäßige Überprüfung der Berechtigung erforderlich. Wegen der Umgehungsmöglichkeiten des Rabattgesetzes sollten keine verbilligten Schüler-Abonnenments abgeschlossen werden.

6. Kurzabonnements, Mitarbeiterexemplare, Mengennachlässe
Ebenfalls zulässig sind:

• Kurzabonnements bis zu drei Monaten bei einer maximalen Rabattierung von 35 Prozent des Normalpreises, sofern diese für den Besteller nicht beliebig oft wiederholbar sind;

- Mitarbeiterexemplare;
- Mengennachlässe für Großabnehmer, wenn diese die Zeitung für ihren Gewerbebetrieb nutzen.

7. Eigenbestellung

Von Prämien, die im Zusammenhang mit Eigenbestellungen gegeben werden, darf kein wettbewerbswidriger Lockeffekt ausgehen. Bei einer zwölfmonatigen oder darüber hinausgehenden Verpflichtungsdauer darf der Wert der Prämie (Ladenverkaufspreis) einen Monatsbezugspreis nicht übersteigen. Der Besteller ist in jedem Fall darauf hinzuweisen, dass er die Prämie auch dann behalten darf, wenn er von seinem Widerrufsrecht Gebrauch macht

7   Publizistische Grundsätze (Pressekodex)

Richtlinien für die publizistische Arbeit nach den Empfehlungen des Deutschen Presserats*; Fassung vom 3. Dezember 2008
[Auszug]

Präambel

Die im Grundgesetz der Bundesrepublik verbürgte Pressefreiheit schließt die Unabhängigkeit und Freiheit der Information, der Meinungsäußerung und der Kritik ein. Verleger, Herausgeber und Journalisten müssen sich bei ihrer Arbeit der Verantwortung gegenüber der Öffentlichkeit und ihrer Verpflichtung für das Ansehen der Presse bewusst sein. Sie nehmen ihre publizistische Aufgabe fair, nach bestem Wissen und Gewissen, unbeeinflusst von persönlichen Interessen und sachfremden Beweggründen wahr.

Die publizistischen Grundsätze konkretisieren die Berufsethik der Presse. Sie umfasst die Pflicht, im Rahmen der Verfassung und der verfassungskonformen Gesetze das Ansehen der Presse zu wahren und für die Freiheit der Presse einzustehen.

Die Regelungen zum Redaktionsdatenschutz gelten für die Presse, soweit sie personenbezogene Daten zu journalistisch-redaktionellen Zwecken erhebt, verarbeitet oder nutzt. Von der Recherche über Redaktion, Veröffentlichung, Dokumentation bis hin zur Archivierung dieser Daten achtet die Presse das Privatleben, die Intimsphäre und das Recht auf informationelle Selbstbestimmung des Menschen.

Die Berufsethik räumt jedem das Recht ein, sich über die Presse zu beschweren. Beschwerden sind begründet, wenn die Berufsethik verletzt wird.

Diese Präambel ist Bestandteil der ethischen Normen.

---

*   Als freiwillige Selbstkontrolle der Presse beschäftigt sich der Deutsche Presserat grundsätzlich mit zwei großen Zielen: der Lobbyarbeit für die Pressefreiheit in Deutschland und dem Bearbeiten von Beschwerden aus der Leserschaft.

Ziffer 1 – Wahrhaftigkeit und Achtung der Menschenwürde*

Die Achtung vor der Wahrheit, die Wahrung der Menschenwürde [GG Artikel 1] und die wahrhaftige Unterrichtung der Öffentlichkeit sind oberste Gebote der Presse.

Jede in der Presse tätige Person wahrt auf dieser Grundlage das Ansehen und die Glaubwürdigtkeit der Medien.

Richtlinie 1.1 – Exklusivverträge
Die Unterrichtung der Öffentlichkeit über Vorgänge oder Ereignisse, die nach Bedeutung, Gewicht und Tragweite für die Meinungs- und Willensbildung wesentlich sind, darf nicht durch Exklusivverträge mit den Informationsträgern oder durch deren Abschirmung eingeschränkt oder verhindert werden. Wer ein Informationsmonopol anstrebt, schließt die übrige Presse von der Beschaffung von Nachrichten dieser Bedeutung aus und behindert damit die Informationsfreiheit.

Richtlinie 1.2 – Wahlkampfberichterstattung
Zur wahrhaftigen Unterrichtung der Öffentlichkeit gehört, dass die Presse in der Wahlkampfberichterstattung auch über Auffassungen berichtet, die sie selbst nicht teilt.

Richtlinie 1.3 – Pressemitteilungen
Pressemitteilungen, die von Behörden, Parteien, Verbänden, Vereinen oder anderen Interessenvertretungen herausgeben werden, müssen als solche gekennzeichnet werden, wenn sie ohne Bearbeitung durch die Redaktion veröffentlicht werden.

Ziffer 2 – Sorgfalt

Recherche ist unverzichtbares Instrument journalistischer Sorgfalt. Zur Veröffentlichung bestimmte Informationen in Wort, Bild und Grafik sind mit der nach den Umständen gebotenen Sorgfalt auf ihren Wahrheitsgehalt zu prüfen und wahr-

---

* Im Einzelnen verbergen sich hinter diesen zwei großen Aufgaben folgende Ziele:
  a) Eintreten für die Pressefreiheit
  b) Eintritt für den ungehinderten Zugang zu Nachrichtenquellen
  c) Wahrung des Ansehens der deutschen Pressefreiheit
  d) Aufstellen und Fortschreiben von publizistischen Grundsätzen sowie Richtlinien für die redaktionelle Arbeit (Pressekodex)
  e) Beseitigung von Missständen im Pressewesen
  d) Behandlung von Beschwerden über redaktionelle Veröffentlichungen und journalistische Verhaltens weisen auf der Basis des Pressekodex
  e) Selbstregulierung des Redaktionsdatenschutzes
  f) Ansprechpartner für Leser, Journalisten und Verleger.
  Grundsätzlich hat jeder Bürger, jede Institution etc. die kostenlose Möglichkeit, sich beim Deutschen Presserat über Veröffentlichungen in der deutschen Presse zu beschweren.

heitsgetreu wiederzugeben. Ihr Sinn darf durch Bearbeitung, Überschrift oder Bildbeschriftung weder entstellt noch verfälscht werden. Unbestätigte Meldungen, Gerüchte und Vermutungen sind als solche erkennbar zu machen. Symbolfotos müssen als solche kenntlich sein oder erkennbar gemacht werden.

Richtlinie 2.1 – Umfrageergebnisse

Bei der Veröffentlichung von Umfrageergebnissen teilt die Presse die Zahl der Befragten, den Zeitpunkt der Befragung, den Auftraggeber sowie die Fragestellung mit. Zugleich muss mitgeteilt werden, ob die Ergebnisse repräsentativ sind.

Sofern es keinen Auftraggeber gibt, soll vermerkt werden, dass die Umfragedaten auf die eigene Initiative des Meinungsbefragungsinstituts zurückgehen.

Richtlinie 2.2 – Symbolfoto

Kann eine Illustration, insbesondere eine Fotografie, beim flüchtigen Lesen als dokumentarische Abbildung aufgefasst werden, obwohl es sich um ein Symbolfoto handelt, so ist eine entsprechende Klarstellung geboten. So sind

- Ersatz- oder Behelfsillustrationen (gleiches Motiv bei anderer Gelegenheit, anderes Motiv bei gleicher Gelegenheit etc.)
- symbolische Illustrationen (nachgestellte Szene, künstlich visualisierter Vorgang zum Text etc.)
- Fotomontagen oder sonstige Veränderungen deutlich wahrnehmbar in Bildlegende bzw. Bezugstext als solche erkennbar zu machen.

Richtlinie 2.3 – Vorausberichte

Die Presse trägt für von ihr herausgegebene Vorausberichte, die in gedrängter Fassung den Inhalt einer angekündigten Veröffentlichung wiedergeben, die publizistische Verantwortung. Wer Vorausberichte von Presseorganen unter Angabe der Quelle weiterverbreitet, darf sich grundsätzlich auf ihren Wahrheitsgehalt verlassen. Kürzungen oder Zusätze dürfen nicht dazu führen, dass wesentliche Teile der Veröffentlichung eine andere Tendenz erhalten oder unrichtige Rückschlüsse zulassen, durch die berechtigte Interessen Dritter verletzt werden.

Richtlinie 2.4 – Interview

Ein Wortlautinterview ist auf jeden Fall journalistisch korrekt, wenn es das Gesagte richtig wiedergibt.

Wird ein Interview ganz oder in wesentlichen Teilen im Wortlaut zitiert, so muss die Quelle angegeben werden. Wird der wesentliche Inhalt der geäußerten Gedanken mit eigenen Worten wiedergegeben, entspricht eine Quellenangabe journalistischem Anstand.

Richtlinie 2.5 – Grafische Darstellungen

Die Sorgfaltspflicht verlangt, bei grafischen Darstellungen irreführende Verzerrungen auszuschließen.

Richtlinie 2.6 – Leserbriefe

(1) Bei der Veröffentlichung von Leserbriefen sind die Publizistischen Grundsätze zu beachten. Es dient der wahrhaftigen Unterrichtung der Öffentlichkeit, im Leserbriefteil auch Meinungen zu Wort kommen zu lassen, die die Redaktion nicht teilt.

(2) Zuschriften an Verlage oder Redaktionen können als Leserbriefe veröffentlicht werden, wenn aus Form und Inhalt erkennbar auf einen solchen Willen des Einsenders geschlossen werden kann. Eine Einwilligung kann unterstellt werden, wenn sich die Zuschrift zu Veröffentlichungen des Blattes oder zu allgemein interessierenden Themen äußert. Der Verfasser hat keinen Rechtsanspruch auf Abdruck seiner Zuschrift.

(3) Es entspricht einer allgemeinen Übung, dass der Abdruck mit dem Namen des Verfassers erfolgt. Nur in Ausnahmefällen kann auf Wunsch des Verfassers eine andere Zeichnung erfolgen. Die Presse verzichtet beim Abdruck auf die Veröffentlichung von Adressangaben, es sei denn, die Veröffentlichung der Adresse dient der Wahrung berechtigter Interessen. Bestehen Zweifel an der Identität des Absenders, soll auf den Abdruck verzichtet werden. Die Veröffentlichung fingierter Leserbriefe ist mit der Aufgabe der Presse unvereinbar.

(4) Änderungen oder Kürzungen von Zuschriften ohne Einverständnis des Verfassers sind grundsätzlich unzulässig. Kürzungen sind jedoch möglich, wenn die Rubrik Leserzuschriften einen regelmäßigen Hinweis enthält, dass sich die Redaktion bei Zuschriften, die für diese Rubrik bestimmt sind, das Recht der sinnwahrenden Kürzung vorbehält. Verbietet der Einsender ausdrücklich Änderungen oder Kürzungen, so hat sich die Redaktion, auch wenn sie sich das Recht der Kürzung vorbehalten hat, daran zu halten oder auf den Abdruck zu verzichten.

(5) Alle einer Redaktion zugehenden Leserbriefe unterliegen dem Redaktionsgeheimnis. Sie dürfen in keinem Fall an Dritte weitergegeben werden.

Ziffer 3 – Richtigstellung

Veröffentlichte Nachrichten oder Behauptungen, insbesondere personenbezogener Art, die sich nachträglich als falsch erweisen, hat das Publikationsorgan, das sie gebracht hat, unverzüglich von sich aus in angemessener Weise richtigzustellen.

Richtlinie 3.1 – Anforderungen

Für den Leser muss erkennbar sein, dass die vorangegangene Meldung ganz oder zum Teil unrichtig war. Deshalb nimmt eine Richtigstellung bei der Wiedergabe des korrekten Sachverhalts auf die vorangegangene Falschmeldung Bezug. Der wahre Sachverhalt wird geschildert, auch dann, wenn der Irrtum bereits in anderer Weise in der Öffentlichkeit eingestanden worden ist.

Ziffer 4 – Grenzen der Recherche

Bei der Beschaffung von Nachrichten, Informationsmaterial und Bildern dürfen keine unlauteren Methoden angewandt werden.

Richtlinie 4.1 – Grundsätze der Recherchen

Journalisten geben sich grundsätzlich zu erkennen. Unwahre Angaben des recherchierenden Journalisten über seine Identität und darüber, welches Organ er vertritt, sind grundsätzlich mit dem Ansehen und der Funktion der Presse nicht vereinbar. Verdeckte Recherche ist im Einzelfall gerechtfertigt, wenn damit Informationen von besonderem öffentlichen Interesse beschafft werden, die auf andere Weise nicht zugänglich sind. Bei Unglücksfällen und Katastrophen beachtet die Presse, dass Rettungsmaßnahmen für Opfer und Gefährdete Vorrang vor dem Informationsanspruch der Öffentlichkeit haben.

Richtlinie 4.2 – Recherche bei schutzbedürftigen Personen

Bei der Recherche gegenüber schutzbedürftigen Personen ist besondere Zurückhaltung geboten. Dies betrifft vor allem Menschen, die sich nicht im Vollbesitz ihrer geistigen oder körperlichen Kräfte befinden oder einer seelischen Extremsituation ausgesetzt sind, aber auch Kinder und Jugendliche. Die eingeschränkte Willenskraft oder die besondere Lage solcher Personen darf nicht gezielt zur Informationsbeschaffung ausgenutzt werden.

Richtlinie 4.3 – Sperrung oder Löschung personenbezogener Daten

Personenbezogene Daten, die unter Verstoß gegen den Pressekodex erhoben wurden, sind von dem betreffenden Publikationsorgan zu sperren oder zu löschen.

Ziffer 5 – Berufsgeheimnis

Die Presse wahrt das Berufsgeheimnis, macht vom Zeugnisverweigerungsrecht Gebrauch und gibt Informanten ohne deren ausdrückliche Zustimmung nicht preis. Die vereinbarte Vertraulichkeit ist grundsätzlich zu wahren.

Richtlinie 5.1 – Vertraulichkeit

Hat der Informant die Verwertung seiner Mitteilung davon abhängig gemacht, dass er als Quelle unerkennbar oder ungefährdet bleibt, so ist diese Bedingung zu respektieren. Vertraulichkeit kann nur dann nicht bindend sein, wenn die Information ein Verbrechen betrifft und die Pflicht zur Anzeige besteht. Vertraulichkeit muss nicht gewahrt werden, wenn bei sorgfältiger Güter- und Interessenabwägung gewichtige staatspolitische Gründe überwiegen, insbesondere wenn die verfassungsmäßige Ordnung berührt oder gefährdet ist. Über als geheim bezeichnete Vorgänge und Vorhaben darf berichtet werden, wenn nach sorgfältiger Abwägung festgestellt wird, dass das Informationsbedürfnis der Öffentlichkeit höher rangiert als die für die Geheimhaltung angeführten Gründe.

Richtlinie 5.2 – Nachrichtendienstliche Tätigkeit
Nachrichtendienstliche Tätigkeiten von Journalisten und Verlegern sind mit den Pflichten aus dem Berufsgeheimnis und dem Ansehen der Presse nicht vereinbar.

Richtlinie 5.3 – Datenübermittlung
Alle von Redaktionen zu journalistisch-redaktionellen Zwecken erhobenen, verarbeiteten und genutzten personenbezogenen Daten unterliegen dem Redaktionsgeheimnis. ...

Ziffer 6 – Trennung von Tätigkeiten

Journalisten und Verleger üben keine Tätigkeiten aus, die die Glaubwürdigkeit der Presse in Fragen stellen könnten.

Richtlinie 6.1 – Doppelfunktionen
Übt ein Journalist oder Verleger neben seiner publizistischen Tätigkeit eine Funktion, beispielsweise in einer Regierung, einer Behörde oder in einem Wirtschaftsunternehmen aus, müssen alle Beteiligten auf strikte Trennung dieser Funktionen achten. Gleiches gilt im umgekehrten Fall.

Ziffer 7 – Trennung von Werbung und Redaktion

Die Verantwortung der Presse gegenüber der Öffentlichkeit gebietet, dass redaktionelle Veröffentlichungen nicht durch private oder geschäftliche Interessen Dritter oder durch persönliche wirtschaftliche Interessen der Journalistinnen und Journalisten beeinflusst werden. Verleger und Redakteure wehren derartige Versuche ab und achten auf eine klare Trennung zwischen redaktionellem Text und Veröffentlichungen zu werblichen Zwecken. Bei Veröffentlichungen, die ein Eigeninteresse des Verlages betreffen, muss dieses erkennbar sein.

Richtlinie 7.1 – Trennung von redaktionellem Text und Anzeigen
Bezahlte Veröffentlichungen müssen so gestaltet sein, dass sie als Werbung für den Leser erkennbar ist. Die Abgrenzung vom redaktionellen Teil kann durch Kenn-

zeichnung und/oder Gestaltung erfolgen. Im übrigen gelten die werberechtlichen Regelungen.

Richtlinie 7.2 – Schleichwerbung

Redaktionelle Veröffentlichungen, die auf Unternehmen, ihre Erzeugnisse, Leistungen oder Veranstaltungen hinweisen, dürfen nicht die Grenze zur Schleichwerbung überschreiten. Eine Überschreitung liegt insbesondere nahe, wenn die Veröffentlichung über ein begründetes öffentliches Interesse oder das Informationsinteresse der Leser hinausgeht oder von dritter Seite bzw. durch geldwerte Vorteile belohnt wird...

Richtlinie 7.4 – Wirtschafts- und Finanzmarktberichterstattung

Journalisten und Verleger, die Informationen im Rahmen ihrer Berufsausübung recherchieren oder erhalten, nutzen diese Informationen vor ihrer Veröffentlichung ausschließlich für publizistische Zwecke und nicht zum eigenen persönlichen Vorteil oder zum persönlichen Vorteil anderer...

Ziffer 8 – Persönlichkeitsrechte

Die Presse achtet das Privatleben und die Intimsphäre des Menschen. Berührt jedoch das private Verhalten öffentliche Interessen, so kann es im Einzelfall in der Presse erörtert werden. Dabei ist zu prüfen, ob durch eine Veröffentlichung Persönlichkeitsrechte Unbeteiligter verletzt werden. Die Presse achtet das Recht auf informationelle Selbstbestimmung und gewährleistet den redaktionellen Datenschutz.

Richtlinie 8.1 – Nennung von Namen/Abbildungen

(1) Bei der Berichterstattung über Unglücksfälle, Straftaten, Ermittlungs- und Gerichtsverfahren (siehe auch Ziffer 13 des Pressekodex) veröffentlicht die Presse in der Regel keine Informationen in Wort und Bild, die eine Identifizierung von Opfern und Tätern ermöglichen würden. Immer ist zwischen dem Informationsinteresse der Öffentlichkeit und dem Persönlichkeitsrecht des Betroffenen abzuwägen. Sensationsbedürfnisse können ein Informationsinteresse der Öffentlichkeit nicht begründen.

(2) Opfer von Unglücksfällen oder von Straftaten haben Anspruch auf besonderen Schutz ihres Namens. Ausnahmen können bei Personen der Zeitgeschichte oder bei besonderen Begleitumständen gerechtfertigt sein.

(3) Bei Familienangehörigen und sonstigen Betroffenen, die mit dem Unglücksfall oder der Straftat nichts zu tun haben, sind Namensnennung und Abbildung grundsätzlich unzulässig.

(4) Die Nennung des vollständigen Namens und/oder die Abbildung von Tatverdächtigen, die eines Kapitalverbrechens beschuldigt werden, ist ausnahmsweise dann gerechtfertigt, wenn dies im Interesse der Verbrechensaufklärung liegt und Haftbefehl beantragt ist oder wenn das Verbrechen unter den Augen der Öffentlichkeit begangen wird.

Liegen Anhaltspunkte für eine mögliche Schuldunfähigkeit eines Täters vor, sollen Namensnennung und Abbildung unterbleiben.

(5) Bei Amts- und Mandatsträgern können Namensnennung und Abbildung zulässig sein, wenn ein Zusammenhang zwischen Amt und Mandat und einer Straftat gegeben ist. Gleiches trifft auf Personen der Zeitgeschichte zu, wenn die ihnen zur Last gelegte Tat im Widerspruch steht zu dem Bild, das die Öffentlichkeit von ihnen hat.

Richtlinie 8.2 – Schutz des Aufenthaltsortes
Der private Wohnsitz sowie andere Orte der privaten Niederlassung, wie z. B. Krankenhaus-, Pflege-, Kur-, Haft- oder Rehabilitationsorte, genießen besonderen Schutz.

Richtlinie 8.4 – Erkrankungen
Körperliche und psychische Erkrankungen oder Schäden fallen grundsätzlich in die Geheimsphäre des Betroffenen. Mit Rücksicht auf ihn und seine Angehörigen soll die Presse in solchen Fällen auf Namensnennung und Bild verzichten und abwertende Bezeichnungen der Krankheit oder Krankenanstalt, auch wenn sie im Volksmund anzutreffen sind, vermeiden. Auch Personen der Zeitgeschichte genießen über den Tod hinaus den Schutz vor diskriminierenden Enthüllungen.

Richtlinie 8.5 – Selbsttötung
Die Berichterstattung über Selbsttötung gebietet Zurückhaltung. Dies gilt insbesondere für die Nennung von Namen und die Schilderung näherer Begleitumstände...

Richtlinie 8.7 – Jubiläumsdaten
Die Veröffentlichung von Jubiläumsdaten solcher Personen, die sonst nicht im Licht der Öffentlichkeit stehen, bedingt, dass sich die Redaktion vorher vergewissert hat, ob die Betroffenen mit der Veröffentlichung einverstanden sind oder vor öffentlicher Anteilnahme geschützt sein wollen.

Richtlinie 8.8 – Auskunft
Wird jemand durch eine Berichterstattung in der Presse in seinem Persönlichkeitsrecht beeinträchtigt, so hat das verantwortliche Publikationsorgan dem Betroffenen auf Antrag Auskunft über die der Berichterstattung zugrunden liegenden, zu seiner Person gespeicherten Daten zu erstatten...

Ziffer 9 – Schutz der Ehre

Es widerspricht journalistischer Ethik, mit unangemessenen Darstellungen in Wort und Bild Menschen in ihrer Ehre zu verletzen.

Ziffer 10 – Religion, Weltanschauung, Sitte

Die Presse verzichtet darauf, religiöse, weltanschauliche oder sittliche Überzeugungen zu schmähen [GG Artikel 3].

Ziffer 11 – Sensationsberichterstattung, Jugendschutz

Die Presse verzichtet auf eine unangemessen sensationelle Darstellung von Gewalt, Brutalität und Leid. Die Presse beachtet den Jugendschutz.

Richtlinie 11.1 – Unangemessene Darstellung

Unangemessen sensationell ist eine Darstellung, wenn in der Berichterstattung der Mensch zum Objekt, zu einem bloßen Mittel, herabgewürdigt wird. Dies ist insbesondere dann der Fall, wenn über einen sterbenden oder körperlich oder seelisch leidenden Menschen in einer über das öffentliche Interesse und das Informationsinteresse der Leser hinausgehenden Art und Weise berichtet wird.

Bei der Platzierung bildlicher Darstellungen von Gewalttaten und Unglücksfällen auf Titelseiten beachtet die Presse die möglichen Wirkungen auf Kinder und Jugendliche.

Richtlinie 11.2 – Berichterstattung über Gewalttaten

Bei der Berichterstattung über Gewalttaten, auch angedrohte, wägt die Presse das Informationsinteresse der Öffentlichkeit gegen die Interessen der Opfer und Betroffenen sorgsam ab. Sie berichtet über diese Vorgänge unabhängig und authentisch, lässt sich aber dabei nicht zum Werkzeug von Verbrechern machen. Sie unternimmt keine eigenmächtigen Vermittlungsversuche zwischen Verbrechern und Polizei...

Richtlinie 11.3 – Unglücksfälle und Katastrophen

Die Berichterstattung über Unglücksfälle und Katastrophen findet ihre Grenze im Respekt vor dem Leid von Opfern und den Gefühlen von Angehörigen. Die vom Unglück Betroffenen dürfen grundsätzlich durch die Darstellung nicht ein zweites Mal zu Opfern werden.

Richtlinie 11.4 – Abgestimmtes Verhalten mit Behörden/Nachrichtensperre

Nachrichtensperren akzeptiert die Presse grundsätzlich nicht. Ein abgestimmtes Verhalten zwischen Medien und Polizei gibt es nur dann, wenn Leben und Gesundheit von Opfern und anderen Beteiligten durch das Handeln von Journalisten geschützt oder gerettet werden können...

Richtlinie 11.6 – Drogen
Veröffentlichungen in der Presse dürfen den Gebrauch von Drogen nicht verharmlosen.

Ziffer 12 – Diskriminierungen

Niemand darf wegen seines Geschlechts, einer Behinderung oder seiner Zugehörigkeit zu einer ethnischen, religiösen, sozialen oder nationalen Gruppe diskriminiert werden [GG Artikel 3].

Richtlinie 12.1 – Berichterstattung über Straftaten
In der Berichterstattung über Straftaten wird die Zugehörigkeit der Verdächtigen oder Täter zu religiösen, ethnischen oder anderen Minderheiten nur dann erwähnt, wenn für das Verständnis des berichteten Vorgangs ein begründbarer Sachbezug besteht. Besonders ist zu beachten, dass die Erwähnung Vorurteile gegenüber schutzbedürftigen Gruppen schüren könnte.

Ziffer 13 – Unschuldsvermutung

Die Berichterstattung über Ermittlungsverfahren, Strafverfahren und sonstige förmlichen Verfahren muss frei von Vorurteilen erfolgen. Der Grundsatz der Unschuldsvermutung gilt auch für die Presse.

Richtlinie 13.1 – Vorverurteilung – Folgeberichterstattung
Die Berichterstattung über Ermittlungs- und Gerichtsverfahren dient der sorgfältigen Unterrichtung der Öffentlichkeit über Straftaten und andere Rechtsverletzungen, deren Verfolgung und richterliche Bewertung. Sie darf dabei nicht vorverurteilen. Die Presse darf eine Person als Täter bezeichnen, wenn sie ein Geständnis abgelegt hat und zudem Beweise gegen sie vorliegen oder wenn sie die Tat unter den Augen der Öffentlichkeit gegangen hat...

Zwischen Verdacht und erwiesener Schuld ist in der Sprache der Berichterstattung deutlich zu unterscheiden.

Richtlinie 13.2 – Folgeberichterstattung
Hat die Presse über eine noch nicht rechtskräftige Verurteilung eines Betroffenen berichtet, soll sie auch über einen rechtskräftig abschließenden Freispruch bzw. über eine deutliche Minderung des Strafvorwurfs berichten...

Richtlinie 13.3 – Straftaten Jugendlicher

Bei der Berichterstattung über Straftaten Jugendlicher sowie über ihr Auftreten vor Gericht soll die Presse mit Rücksicht auf die Zukunft der Betroffenen besondere Zurückhaltung üben.

Ziffer 14 – Medizin-Berichterstattung

Bei Berichten über medizinische Themen ist eine unangemessen sensationelle Darstellung zu vermeiden, die unbegründete Befürchtungen oder Hoffnungen beim Leser erwecken könnte. Forschungsergebnisse, die sich in einem frühen Stadium befinden, sollten nicht als abgeschlossen oder nahezu abgeschlossen dargestellt werden.

Ziffer 15 – Vergünstigungen

Die Annahme von Vorteilen jeder Art, die geeignet sein könnten, die Entscheidungsfreiheit von Verlag und Redaktion zu beeinträchtigen, ist mit dem Ansehen, der Unabhängigkeit und der Aufgabe der Presse unvereinbar. Wer sich für die Verbreitung oder Unterdrückung von Nachrichten bestechen lässt, handelt unehrenhaft und berufswidrig.

Richtlinie 15.1 – Einladungen und Geschenke

Schon der Anschein, die Entscheidungsfreiheit von Verlag und Redaktion könne beeinträchtigt werden, ist zu vermeiden. Journalisten nehmen daher keine Einladungen oder Geschenke an, deren Wert das im gesellschaftlichen Verkehr übliche und im Rahmen der beruflichen Tätigkeit notwendige Maß übersteigt...

Ziffer 16 – Rügenabdruck

Es entspricht fairer Berichterstattung, vom Deutschen Presserat öffentlich ausgesprochene Rügen zu veröffentlichen, insbesondere in den betroffenen Publikationsorganen bzw. Telemedien.

Richtlinie 16.1 – Inhalt der Rügenveröffentlichung

Der Leser muss den Sachverhalt der gerügten Veröffentlichung erfahren und informiert werden, welcher publizistische Grundsatz durch die Veröffentlichung verletzt wurde.

Richtlinie 16.2 – Art und Weise der Rügenveröffentlichung

Rügen sind in den betroffenen Publikationsorganen bzw. Telemedien in angemessener Form zu veröffentlichen. Die Rügen müssen in Telemedien mit dem gerügten Beitrag verknüpft werden.

8   Deutscher Werberat *

[Auszug]

Kernbereiche der Tätigkeit

Kernbereich der Tätigkeit des Werberats ist die Behandlung von Beschwerden über einzelne Werbemaßnahmen. Geht eine Beschwerde ein, fordert der Werberat das betroffene Unternehmen und/oder dessen Werbeagentur zur Stellungnahme auf. Hält der Werberat eine Werbemaßnahme für nicht beanstandenswert, wird dies dem Beschwerdeführer mitgeteilt. Ist der Werbungtreibende nicht bereit, eine beanstandete Werbung einzustellen oder zu ändern, wird der Vorgang allen Mitgliedern des Werberats zur Beurteilung zugeleitet. Soweit der Werbungtreibende nicht zu einem Einlenken bereit ist, kann der Werberat die von ihm beanstandete Werbung öffentlich rügen.

Selbstregulierung

Werbeselbstdisziplin muss ihrer Natur nach staatsfrei sein. Staatliche Eingriffe in die Werbung widersprechen dem Schutz der Informations- und Meinungsfreiheit sowie der Freiheit der Berufsausübung. So sind auch Werbemaßnahmen politischer Parteien, staatlicher Instanzen, der Kirchen, der Gewerkschaften oder anderer sozialer Einrichtungen nicht der selbstdisziplinären Arbeit der Deutschen Werberats unterworfen.

Durch das Konzept der Selbstregulierung will die Werbewirtschaft im Rahmen der kommerziellen Kommunikation auftretende Probleme durch Kooperation statt durch detaillierte Vorschriften lösen... Die Schiedsfunktion bei der Konfliktregelung zwischen Konsumenten und gesellschaftlichen Gruppen einerseits und der werbenden Industrie andererseits kommt beiden Seiten zugute:

• Die Verbraucher haben die Möglichkeit, gegebenenfalls unmittelbar in das Werbegeschehen eingreifen zu können. Eine einzige begründete Beschwerde kann ausreichen, eine gesamte Werbekampagne zu stoppen.
• Die von Beschwerden betroffenen werbenden Unternehmen, Werbeagenturen und Medien werden bei ungerechtfertigter Kritik geschützt.

---

* Der vom Zentralverband der deutschen Werbewirtschaft (ZAW) gegründete Deutsche Werberat arbeitet als Konfliktregler zwischen Beschwerden der Bevölkerung und der Werbeunternehmen. Er soll vor allem Missstände feststellen und beseitigen.

Vier zentrale Maßstäbe bilden die Grundlage für seine Entscheidung:

1. die allgemeinen Gesetze

2. die werberechtlichen Vorschriften; sie verbieten Unlauterkeit und Irreführung in der Werbung

3. die Verhaltensregeln des Deutschen Werberats: für die Werbung mit und vor Kindern im Fernsehen und Hörfunk, für die Bewerbung von alkoholischen Getränken (auch Tabakwaren)

4. die aktuell herrschende Auffassung in der Gesellschaft über Sitte, Anstand und Moral.

9 Richtlinien für redaktionelle Hinweise in Zeitungen und Zeitschriften

[Auszug]

Um die im Interesse der Öffentlichkeit, der Werbungstreibenden, aber auch der Zeitungen und Zeitschriften selbst unbedingt notwendige klare Abgrenzung der Textteile und der Anzeigenteile der periodischen Druckwerke voneinander zu erreichen, sind die an der Herausgabe beteiligten Verbände* übereingekommen, ihren Mitgliedern dringend nahezulegen, die folgenden Richtlinien anzuwenden... Die Redakteure sollen sich von dem Grundsatz leiten lassen, dass der Textteil unter keinen Umständen die Gegenleistung der Zeitung oder Zeitschrift für gleichzeitig oder vorher oder nachher veröffentlichte Anzeigen sein darf.

Vorwort

Verleger und Redakteure (Journalisten) wirken bei der Gestaltung der öffentlichen Meinung mit. Um ihre publizistische Aufgabe erfüllen zu können, brauchen sie das Vertrauen ihrer Leser. Dieses Vertrauen kann insbesondere dann nicht entstehen oder erhalten bleiben, wenn die Leser in den Textteilen der Zeitungen und Zeitschriften redaktionelle Hinweise finden, die, ohne äußerlich als bezahlte Wirtschaftswerbung in Erscheinung zu treten, privatwirtschaftlichen Belangen dienen. Als Teil der Textgestaltung gehören die redaktionellen Hinweise zum Verantwortungsbereich der Schriftleitung. Aufgabe des Redakteurs ist es daher, aus der Berichterstattung über ein Unternehmen und seine Leistung alles auszusondern, was über den Rahmen einer sachlichen Unterrichtung hinausgeht.

a) Amtliche Bekanntmachungen und Verlautbarungen
   Bekanntmachungen und Verlautbarungen, die Behörden, Körperschaften, Innungen usw. durch die Presse verbreiten wollen, gehören in der Regel in den Anzeigenteil. Ein Hinweis auf solche Bekanntmachungen usw. im Textteil ist zulässig.
b) Veranstaltungen, Sport, Mode, Theater, Film u. a.
   Für Veranstaltungen unterhaltender Art (Theater, Lichtspielhäuser, Varietés, Zirkus, Konzerte und Vorträge) sowie für alle Veranstaltungen kultureller, religiöser und vaterländischer Art gilt der Grundsatz, dass eine einmalige

---

* Herausgeber: Arbeitsgemeinschaft Zeitschriftenverlage (AGZV) im Börsenverein des Deutschen Buchhandels, Bundesverband Deutscher Zeitschriftenverleger (BDZV), Verband Deutscher Zeitungsverleger (VDZ) in Zusammenarbeit mit dem Deutschen Journalisten-Verband und dem Zentralverband der Deutschen Werbewirtschaft (ZAW).

Vorbesprechung gestattet ist, sofern in ihr alles Geschäftliche bzw. Vortragsfolge, ausführliche Angaben über Eintrittspreise, Kartenverkaufsstellen, Vorverkauf usw. vermieden wird. Diesen Zwecken dienende Bekanntmachungen und Werbeaufrufe gehören in den Anzeigenteil. Auf wichtige Veranstaltungen kann hingewiesen werden, sofern der Redakteur der Überzeugung ist, dass die Mehrzahl der Leser über ihre Bedeutung aufgeklärt werden muß. Über gelegentliche und kleinere Varieté-Vorstellungen in Gaststätten können Betrachtungen erscheinen. Ob und wann das zutrifft, hat jede Redaktion im Einzelfall selbst zu entscheiden. Hinweise auf sonstige Veranstaltungen von Gaststätten und Bars gehören in den Anzeigenteil. Bei Wohltätigkeitsveranstaltungen ist darauf zu achten, dass jede Werbung für den Veranstalter oder einen bestimmten Kreis vermieden wird. Die Gemeinnützigkeit muß in Zweifelsfällen durch Rückfrage bei den Behörden festgestellt werden. Firmenwerbung in Veröffentlichungen über gemeinnützige Veranstaltungen ist zu unterlassen.

c) Programmübersichten u. ä.

Die Veröffentlichung von Programmübersichten für Theater, Lichtspielhäuser, Konzerte, Vorträge usw. im Textteil ist unter Vermeidung aller geschäftlichen Angaben zulässig. Sie muß sich auf das Allernotwendigste (wenige Zeilen) zur Unterrichtung der Leserschaft beschränken, denn sie soll für den Veranstalter kein Ersatz für die Anzeige sein. Gottesdienstordnungen werden im Anzeigenteil veröffentlicht, ebenso die Bekanntmachung über den Sonntags- und Nachtdienst der Ärzte, Zahnärzte, Apotheker, Kraftfahrzeughandwerker usw.

d) Kurorte, Vergnügungsreisen usw.

Über Bäder-, See-, Bahn- und Autoreisen, Vergnügungsveranstaltungen kann berichtet werden unter Fernhaltung all dessen, was in den Anzeigenteil gehört, z. B. Kurtaxen, Bäderpreise, Eintrittspreise usw.

e) Sportliche Veranstaltungen

Im besonderen Falle, wie bei Programmänderungen und größeren sportlichen Veranstaltungen (z. B. Meisterschaften, internationalen Kämpfen, Autorennen, tourensportlichen Kraftfahrzeugwettbewerben) können auch mehrmalige, verschieden gehaltene Vorbesprechungen veröffentlicht werden. Dies gilt auch von örtlichen Sportveranstaltungen, falls für sie im Verbreitungsgebiet des betreffenden Blattes ein allgemeines öffentliches Interesse besteht.

f) Theater, Film und andere Veranstaltungen

Von den beteiligten Künstlern oder den Veranstaltern verfaßte Vorberichte oder Rezensionen dürfen nur mit deutlicher Quellenangabe übernommen werden.

g) Textil-Modegewerbe

Die Berichterstattung über dieses Fachgebiet soll der Förderung des modischen Schaffens allgemein dienen und nicht der Werbung für einzelne Unternehmungen. Berichte über Modeschauen und Kollektionsbesichtigungen müssen eigene Arbeit der Redakteure oder deren Mitarbeiter sein ... Die Hervorhebung von Firmennamen, Stoffbezeichnungen oder Marken in einer Weise, dass die Berichterstattung zur Reklame wird, widerspricht diesen Richtlinien und wird daher abgelehnt.

h) Lotterien

Vollständige Gewinnlisten von Lotterien sollen nicht im Textteil veröffentlicht werden. Es bleibt den Zeitungen und Zeitschriften jedoch überlassen, Auszüge aus Gewinnlisten (größere Gewinne) zu veröffentlichen.

i) Versteigerungen

Vor- und Nachbesprechungen über Versteigerungen von Kunstwerken und Sammlungen sind gestattet, sofern es sich um Gegenstände von besonderem Kunstwert handelt und dabei Firmen nicht genannt werden.

11. Veranstaltungen von Firmen und Verbänden

Berichte über Firmenveranstaltungen sind zulässig, wenn sie von allgemeinem Interesse sind.

12. Allgemeine Entwicklung der Wirtschaft, Technik u. ä.

Es ist eine Aufgabe der Redaktion, über die allgemeine Entwicklung in Industrie, Handwerk, Handel, Kredit- und Versicherungswesen, Gewerbe und Technik zu berichten. Solche Berichte (auch Bildveröffentlichungen) werden vielfach zur versteckten Wirtschaftswerbung benutzt. Wirtschaftswerbung gehört aber in den Anzeigenteil.

Wenn Redaktionen Erzeugnisse der gewerblichen Wirtschaft fotografieren oder zeichnen lassen, darf in der Bildbeschriftung (Bildunterschrift, textliche Erklärung zum Bild) nur dann der Name der Herstellerfirma genannt werden (aber ohne typografische Hervorhebung), wenn es sich um eine Neuheit oder Sonderleistung handelt, die ein öffentliches oder besonderes fachliches Interesse beansprucht.

Bilder oder Zeichnungen, die von Herstellerfirmen der dargestellten Gegenstände selbst angefertigt worden sind, oder für die sie die ausschließlichen Werknutzungsrechte erworben haben, müssen den Bildurhebervermerk „Werkaufnahme" oder „Werkzeichnung" tragen.

14. Messen und Ausstellungen
Eine Berichterstattung über Messen und Ausstellungen soll der Niederschlag eigener Überzeugung auf Grund persönlicher Besichtigung und Prüfung sein; dabei kann diese persönliche Besichtigung und Prüfung verantwortlich von Fachmitarbeitern oder Redaktionen der Korrespondenzbüros übernommen werden.

15. Berichterstattung über Neuheiten
Bei Neuheiten und neuen Verwendungszwecken ist die Nennung der Hersteller (aber nicht der Wiederverkäufer) zulässig. Als Neuheiten gelten solche Erzeugnisse oder Verwendungsarten, die für den Leserkreis des Blattes wichtig und bisher in dem Blatte noch nicht besprochen worden sind. Allgemeine Neuheiten, wie sie alltäglich durch wirtschaftlichen Wettbewerb und Fortschritt laufend entwickelt werden, sind keine wirklichen Neuheiten im Sinne des vorstehenden Absatzes.

Die Nennung des Preises, der Marke und der Herstellerfirma (nicht des Wiederverkäufers) ist zulässig bei Erfindungen, die ein öffentliches Interesse beanspruchen. Das gilt auch dann, wenn Neuschöpfungen zweifelsfrei als Sonderleistungen anzusprechen bzw. für das jeweilige Fachgebiet von ganz besonderer Bedeutung sind und der Redakteur zu der Überzeugung kommt, dass die Erwähnung des Preises und Herstellers in einem solchen Falle überragender Leistungen den allgemeinen binnen- und exportwirtschaftlichen Interessen dient.

17. Kraftfahrzeuge und Zubehör
Neue oder fortentwickelte Konstruktionen von Kraftfahrzeugen und solche Zubehörneuheiten, die den Fortschritt der Kraftfahrzeugtechnik augenfällig günstig beeinflussen, sind als Sonderleistungen im Sinne dieser Richtlinien zu betrachten. In anderen Bereichen, so bei Sportberichterstattung, ist die Nennung von Zubehörfirmen der Kraftfahrzeugwirtschaft unzulässig. Ausnahmen sind hier nur bei überragenden Sonderleistungen gemäß den Richtlinien gestattet, also wenn z.B. ein beschriebenes Erzeugnis aus einem neuen Werkstoff hergestellt worden ist oder wenn es sich um besondere Spezialrennreifen handelt. Zulässig ist auch die über Kraftfahrzeuge aller Art in der Fachpresse übliche Veröffentlichung von Prüfungsbetrachtungen (Teste), aber nur unter Einhaltung ganz bestimmter Richtlinien, die zur Sicherung notwendiger Sachlichkeit festgestellt werden müssen, weil die in jeder Prüfungsbetrachtung zum Ausdruck kommende fachliche Wertung auf den jeweiligen Leserkreis beeinflussend wirkt.

Sogenannte Typenbeschreibungen sind nur in Verbindung mit Prüfungsbetrachtungen, technischen Arbeitsanleitungen oder anderen technischen Aufklärungsartikeln unter Beachtung strengster Sachlichkeit zugelassen.

18. Jubiläen, Geburtstage usw. *

Redaktionelle Notizen über Jubiläen von Unternehmungen, Persönlichkeiten der Wirtschaft, verdienter Belegschaftsmitglieder dürfen nicht zu irgendwie gearteter Wirtschaftswerbung gebraucht werden. Anlaß zu solchen Notizen kann nur die 25., 50., 75. oder 100. Wiederkehr eines wichtigen Tages bieten. Sinngemäß gilt das Gleiche für Mitteilungen über Geburtstage.

Handelsnachrichten von Firmen, Neueintragungen im Handelsregister, Erteilung von Prokura, Vergleiche, Patentanmeldungen und Patenterteilungen, Auszeichnungen bei Ausstellungen usw. dürfen nur mit wenigen Zeilen gebracht werden, die sich auf das rein Sachliche und Tatsächliche zu beschränken haben.

Darstellungen des Lebens verdienter Persönlichkeiten und Entwicklungsgeschichten von Firmen mit allgemein wirtschaftsgeschichtlicher Bedeutung können unter selbstverständlicher Vermeidung jeglicher Wirtschaftswerbung veröffentlicht werden, wenn ein öffentlicher Anlaß dies ausreichend rechtfertigt.

19. Firmenveranstaltungen, Vorträge, Besichtigungen usw.

Einladungen zu Besichtigungen von Betrieben sind dann grundsätzlich abzulehnen, wenn die Absicht erkennbar ist, dass mit der Veröffentlichung eines Berichtes über die Besichtigung eine kostenlose Werbung erreicht werden soll.

23. Neubauten

Bei Würdigung neuer Bauten sowie bemerkenswerter Umbauten, die ein allgemein-öffentliches Interesse rechtfertigen, darf der Name des Architekten genannt werden. Dagegen ist die Aufzählung der am Bau beteiligten Lieferantenfirmen im Textteil unstatthaft; solche Werbung gehört in den Werbeteil.

24. Beilagenhinweise

Beilagenhinweise sollen nicht so aufgemacht werden, dass sie als Äußerung der Redaktion betrachtet werden können.

---

* Es sind die einschlägigen Vorschriften des Datenschutzes zu beachten .

10 Richtlinien für redaktionell gestaltete Anzeigen

(Herausgegeben vom Zentralverband der deutschen Werbewirtschaft (ZAW))

Anzeigen in Druckschriften (z. B. Zeitungen und Zeitschriften), die wie redaktionelle Mitteilungen gestaltet sind und nicht erkennen lassen, dass sie gegen Entgelt abgedruckt sind, erwecken beim unvoreingenommenen Leser den Eindruck unabhängiger redaktioneller Berichterstattung, während sie in Wirklichkeit Anzeigen darstellen. Wegen ihres irreführenden Charakters verstoßen sie gegen die Grundsätze lauterer Werbung und gefährden das Ansehen und die Unabhängigkeit der redaktionellen Arbeit; sie sind daher auch presserechtlich untersagt. Wahrheit und Klarheit der Werbung fordern die klare Unterscheidbarkeit von redaktionellem Text und Werbung.

Der Zentralverband der deutschen Werbewirtschaft stellt daher fest:

Ziffer 1: Nicht erkennbarer Anzeigencharakter

Eine Anzeige in einem Druckwerk, die durch ihre Anordnung, Gestaltung oder Formulierung wie ein Beitrag des redaktionellen Teils erscheint, ohne den Anzeigencharakter, d. h. den Charakter einer entgeltlichen Veröffentlichung, für den flüchtigen Durchschnittsleser erkennen zu lassen, ist irreführend gegenüber Lesern und unlauter gegenüber Mitbewerbern.

Ziffer 2: Kenntlichmachen einer Anzeige durch Gestaltung und Anordnung

Der Charakter als Anzeige kann durch eine vom redaktionellen Teil deutlich abweichende Gestaltung – Bild, Grafik, Schriftart und -grade, Layout und ähnliche Merkmale – und durch die Anordnung des Beitrages im Gesamtbild oder Gesamtzusammenhang einer Druckseite kenntlich gemacht werden.

Ziffer 3: Kennzeichnungspflicht als Anzeige bei Verwechslungsgefahr

Hat der Verleger eines Druckwerks oder der für den Anzeigenteil Verantwortliche für eine Veröffentlichung ein Entgelt erhalten, gefordert oder sich versprechen lassen und reichen die in Ziffer 2 genannten Elemente nicht aus, den Anzeigencharakter der Veröffentlichung für den flüchtigen Durchschnittsleser erkennbar werden zu lassen, ist diese Veröffentlichung deutlich mit dem Wort „Anzeige" zu kennzeichnen.

Ziffer 4: Beurteilung der Gestaltung, Anordnung und Text einer Anzeige durch den flüchtigen Durchschnittsleser

Die Frage, wann Anordnung, Gestaltung und Text einer Anzeige die Pflicht zu ihrer zusätzlichen Kennzeichnung begründet, beurteilt sich nach den Umständen de Einzelfalls. Maßgebend ist hierbei der Eindruck, den ein nicht völlig unbeachtlicher Teil der Leser, an die sich die Druckschrift richtet, bei ungezwungener Auffassung gewinnt. Ferner ist die Verwechslungsfähigkeit vom Standpunkt eines flüchtigen Lesers aus zu beurteilen. An die Aufmerksamkeit des Lesers, seine Erfahrung und Sachkunde ist ein Durchschnittsmaßstab anzulegen. Insgesamt ist daher der Gesamteindruck entscheidend, den die Anzeige bei ungezwungener Gesamtwürdigung durch den flüchtigen Durchschnittsleser macht. Dabei sind die Einzelelemente der Gestaltung, der Anordnung und des Textes der Anzeige zu berücksichtigen.

Ziffer 5: Beurteilung des Hinweises „Anzeige" durch den flüchtigen Durchschnittsleser

Eine deutliche Kennzeichnung liegt dann vor, wenn der Hinweis „Anzeige" – gemessen an dem Gesamt-Erscheinungsbild der Anzeige – durch Placierung, Schriftart, -grad und -stärke den Durchschnittsleser bereits bei flüchtiger Betrachtung auf den Anzeigencharakter der Veröffentlichung aufmerksam macht.

Ob im Einzelfall eine redaktionell gestaltete Anzeige, die nach den vorgenannten Grundsätzen der Kennzeichnungspflicht unterliegt, in ausreichender Weise durch die Hinzuführung des Wortes „Anzeige" bezeichnet ist, beurteilt sich nach der ungezwungenen Gesamtwürdigung eines flüchtigen Durchschnittslesers.

Ziffer 6: Hinweis an anderer Stelle nicht ausreichend

Ein Hinweis lediglich im Impressum oder an anderer Stelle genügt nicht zur Kennzeichnung des Werbecharakters einer Anzeige. Genügend ist stets nur die unmittelbare Kennzeichnung

Ziffer 7: Firmenbezeichnung nicht ausreichend

Die namentliche Nennung des werbenden Unternehmers, seiner Erzeugnisse oder Leistungen im redaktionell gestalteten werbenden Text genügt für sich allein nicht zur Kennzeichnung des Werbecharakters.

Ziffer 8: Verbot anderer Begriffe als „Anzeige"

Die Worte „PR-Anzeige", „PR-Mitteilung", „Public Relations", „Public-Relations-Reportage", „Werbereportage", „Verbraucherinformation" und ähnliche Ausdrücke genügen nicht zur Kennzeichnung des Werbecharakters, wenn nicht die Entgeltlichkeit der Veröffentlichung bereits aus anderen Merkmalen hervorgeht.

Ziffer 9: Verbot von redaktionellen Zugaben

Redaktionelle Beiträge in Bild und Text außerhalb des Anzeigenteils einer Druckschrift, die

(3) als zusätzliche Gegenleistung des Verlegers im Zusammenhang mit der Erteilung eines Anzeigenauftrages angeboten, gefordert oder veröffentlicht werden,

(4) dabei in Form günstiger Beurteilung oder mit dem Anschein der Objektivität den Anzeigenauftraggeber, seine Erzeugnisse, Leistungen oder Veranstaltungen erwähnen und

(5) hierdurch dem Erwerbstreben dienen, ohne diese Absicht erkennen zu lassen, sind unlauter und stellen außerdem einen Verstoß gegen die Zugabeverordnung dar. Diese Kopplungsangebote sind daher verboten.

11 Richtlinien über die Geheimhaltungspflicht bei Anzeigenaufträgen

(Herausgegeben vom Zentralverband der deutschen Werbewirtschaft (ZAW))

Bei der Abwicklung von Anzeigenkäufen sind alle Partner des Anzeigengeschäfts zur Geheimhaltung der ihnen in diesem Zusammenhang bekannten oder bekannt gewordenen Einzelheiten verpflichtet. Geregelt ist dies in der ZAW-Richtlinie „Geheimhaltung bei Anzeigenaufträgen" vom Januar 1967. Sie hat folgenden Wortlaut:

Der Zentralverband der deutschen Werbewirtschaft ZAW e. V. hat aufgrund der Beratungen im ZAW-Fachausschuß für Anzeigenwesen zum Problem der Geheimhaltung bei Anzeigenaufträgen folgende Feststellungen getroffen:

1. Zwischen allen Partnern des Anzeigengeschäftes besteht bei der Planung, Gestaltung, Vermittlung und Durchführung von Anzeigenaufträgen ein enges vertragsrechtliches Vertrauensverhältnis. Dieses Vertrauensverhältnis beherrscht alle zwischen den Beteiligten auftretenden Beziehungen und verpflichtet die Vertragspartner, alles zu unterlassen, was die allseitige vertrauensvolle Zusammenarbeit gefährden oder schädigen könnte.

2. Deshalb halten es alle am Anzeigengeschäft Beteiligten für ihre selbstverständliche Pflicht, Geschäfts- und Betriebsgeheimnisse ihrer Vertragspartner zu wahren, die ihnen im Rahmen eines Anzeigenauftrags anvertraut wurden oder zugänglich gemacht worden sind. Es entspricht der Auffassung aller Vertragspartner im Anzeigengeschäft, dass solche Kenntnisse nicht unbefugt verwertet oder Dritten mitgeteilt werden dürfen.

3. Zur gemeinsamen Überzeugung der Partner im Anzeigengeschäft gehört es ebenfalls, dass alles unterlassen wird, was darauf gerichtet ist, Geschäfts-, Betriebs- und Vertragsgeheimnisse Dritter mit wettbewerbsfremden Mitteln auszuforschen und weiterzugeben.

4. Das Vertragsverhältnis zwischen Auftraggeber und -nehmer verpflichtet die Verlage, die ihnen erteilten Anzeigenaufträge und deren Einzelheiten gegenüber allen Außenstehenden geheimzuhalten. Hierzu gehören insbesondere die Tatsache der Auftragserteilung, die Terminplanung, die Auftragsabwicklung und ihre Modalitäten sowie Inhalt und Gestaltung der Anzeigen. Desgleichen bewirkt dieses Vertrauensverhältnis, dass werbungstreibende und werbungsvermittelnde Auftraggeber es unterlassen, Verlage und deren selbständige oder unselbständige Repräsentanten über Anzeigenaufträge Dritter auszuforschen.

5. Die Vertragspartner im Anzeigengeschäft vertreten die Auffassung, dass im Rahmen ihrer rechtlichen Verantwortung die Einhaltung dieser Grundsätze stets auch ihren selbständigen oder unselbständigen Hilfspersonen zur Pflicht zu machen ist.

12 Allgemeine Geschäftsbedingungen für Anzeigen und Fremdbeilagen in Zeitungen und Zeitschriften*

(Herausgegeben vom Zentralverband der deutschen Werbewirtschaft (ZAW)*

Ziffer 1

„Anzeigenauftrag" im Sinn der nachfolgenden Allgemeinen Geschäftsbedingungen ist der Vertrag über die Veröffentlichung einer oder mehrerer Anzeigen eines Werbungtreibenden oder sonstigen Inserenten in einer Druckschrift zum Zweck der Verbreitung.

Ziffer 2

Anzeigen sind im Zweifel zur Veröffentlichung innerhalb eines Jahres nach Vertragsabschluß abzurufen. Ist im Rahmen eines Abschlusses das Recht zum Abruf einzelner Anzeigen eingeräumt, so ist der Auftrag innerhalb eines Jahres seit Erscheinen der ersten Anzeige abzuwickeln, sofern die erste Anzeige innerhalb der in Satz 1 genannten Frist abgerufen und veröffentlicht wird.

Ziffer 3

Bei Abschlüssen ist der Auftraggeber berechtigt, innerhalb der vereinbarten bzw. der in Ziffer 2 genannten Frist auch über die im Auftrag genannte Anzeigenmenge hinaus weitere Anzeigen abzurufen.

Ziffer 4

Wird ein Auftrag aus Umständen nicht erfüllt, die der Verlag nicht zu vertreten hat, so hat der Auftraggeber, unbeschadet etwaiger weiterer Rechtspflichten, den Unterschied zwischen dem gewährten und dem der tatsächlichen Abnahme entsprechenden Nachlaß dem Verlag zu erstatten.

Die Erstattung entfällt, wenn die Nichterfüllung auf höherer Gewalt im Risikobereich des Verlages beruht.

---

* Die Geschäftsbedingungen werden unverbindlich empfohlen. Es bleibt den Vertragspartnern überlassen, abweichende Vereinbarungen zu treffen.

Ziffer 5

Bei der Errechnung der Abnahmemengen werden Text-Millimeterzeilen dem Preis entsprechend in Anzeigen-Millimeter umgerechnet.

Ziffer 6

Aufträge für Anzeigen und Fremdbeilagen, die erklärtermaßen ausschließlich in bestimmten Nummern, bestimmten Ausgaben oder an bestimmten Plätzen der Druckschrift veröffentlicht werden sollen, müssen so rechtzeitig beim Verlag eingehen, dass dem Auftraggeber noch vor Anzeigenschluß mitgeteilt werden kann, wenn der Auftrag auf diese Weise nicht auszuführen ist. Rubrizierte Anzeigen werden in der jeweiligen Rubrik abgedruckt, ohne dass dies der ausdrücklichen Vereinbarung bedarf.

Ziffer 7

Textteil-Anzeigen sind Anzeigen, die mit mindestens drei Seiten an den Text und nicht an andere Anzeigen angrenzen. Anzeigen, die aufgrund ihrer redaktionellen Gestaltung nicht als Anzeigen erkennbar sind, werden als solche vom Verlag mit dem Wort „Anzeige" deutlich kenntlich gemacht.

Ziffer 8

Der Verlag behält sich vor, Anzeigenaufträge – auch einzelne Abrufe im Rahmen eines Abschlusses – und Beilagenaufträge wegen des Inhalts, der Herkunft oder der technischen Form nach einheitlichen, sachlich gerechtfertigten Grundsätzen des Verlages abzulehnen, wenn deren Inhalt gegen Gesetze oder behördliche Bestimmungen verstößt oder deren Veröffentlichung für den Verlag unzumutbar ist. Beilagen, die durch Format oder Aufmachung beim Leser den Eindruck eines Bestandteils der Zeitung oder Zeitschrift erwecken oder Fremdanzeigen enthalten, werden nicht angenommen. Die Ablehnung eines Auftrages wird dem Auftraggeber unverzüglich mitgeteilt.

Ziffer 9

Für die rechtzeitige Lieferung des Anzeigentextes und einwandfreier Druckunterlagen oder der Beilagen ist der Auftraggeber verantwortlich. Für erkennbar ungeeignete oder beschädigte Druckunterlagen fordert der Verlag unverzüglich Ersatz an.*

---

* Dies gilt sinngemäß auch für die elektronische Übermittlung der Anzeigendaten.

Der Verlag gewährleistet die für den belegten Titel übliche Druckqualität im Rahmen der durch die Druckunterlagen gegebenen Möglichkeiten.

Ziffer 10

Der Auftraggeber hat bei ganz oder teilweise unleserlichem, unrichtigem oder bei unvollständigem Abdruck der Anzeige Anspruch auf Zahlungsminderung oder eine einwandfreie Ersatzanzeige, aber nur in dem Ausmaß, in dem der Zweck der Anzeige beeinträchtigt wurde. Lässt der Verlag eine ihm hierfür gestellte angemessene Frist verstreichen oder ist die Ersatzanzeige erneut nicht einwandfrei, so hat der Auftraggeber ein Recht auf Zahlungsminderung oder Rückgängigmachung des Auftrages...

Dies gilt nicht für Vorsatz und grobe Fahrlässigkeit des Verlegers, seines gesetzlichen Vertreters und seines Erfüllungsgehilfen (Anzeigenvertreter, fest Angestellten). Eine Haftung des Verlages für Schäden wegen des Fehlens zugesicherter Eigenschaften bleibt unberührt.

Im kaufmännischen Geschäftsverkehr haftet der Verlag darüber hinaus auch nicht für grobe Fahrlässigkeit von Erfüllungsgehilfen; in den übrigen Fällen ist gegenüber Kaufleuten die Haftung für grobe Fahrlässigkeit dem Umfang nach auf den voraussehbaren Schaden bis zur Höhe des betreffenden Anzeigenentgelts beschränkt. Reklamationen müssen – außer bei nicht offensichtlichen Mängeln – innerhalb von vier Wochen nach Eingang von Rechnung und Beleg geltend gemacht werden.

Ziffer 11

Probeabzüge werden nur auf ausdrücklichen Wunsch geliefert. Der Auftraggeber trägt die Verantwortung für die Richtigkeit der zurückgesandten Probeabzüge. Der Verlag berücksichtigt alle Fehlerkorrekturen, die ihm innerhalb der bei der Übersendung des Probeabzuges gesetzten Frist mitgeteilt werden.

Ziffer 12

Sind keine besonderen Größenvorschriften gegeben, so wird die nach Art der Anzeige übliche, tatsächliche Abdruckhöhe der Berechnung zugrunde gelegt.

Ziffer 13

Falls der Auftraggeber nicht Vorauszahlung leistet, wird die Rechnung sofort, möglichst aber 14 Tage nach Veröffentlichung der Anzeige übersandt ... Etwaige Nachlässe für vorzeitige Zahlung werden nach der Preisliste gewährt.

Ziffer 14

Bei Zahlungsverzug oder Stundung werden Zinsen sowie die Einziehungskosten berechnet. Der Verlag kann bei Zahlungsverzug die weitere Ausführung des laufenden Auftrages bis zur Bezahlung zurückstellen und für die restlichen Anzeigen Vorauszahlung verlangen.

Bei Vorliegen begründeter Zweifel an der Zahlungsfähigkeit des Auftraggebers ist der Verlag berechtigt, auch während der Laufzeit eines Anzeigenabschlusses das Erscheinen weiterer Anzeigen ohne Rücksicht auf ein ursprünglich vereinbartes Zahlungsziel von der Vorauszahlung des Betrages und von dem Ausgleich offenstehender Rechnungsbeträge abhängig zu machen.

Ziffer 15

Der Verlag liefert mit der Rechnung auf Wusch einen Anzeigenbeleg. Je nach Art und Umfang des Anzeigenauftrages werden Anzeigenausschnitte, Belegseiten oder vollständige Belegnummern geliefert.

Ziffer 17

Aus einer Auflagenminderung kann bei einem Abschluß über mehrere Anzeigen ein Anspruch auf Preisminderung hergeleitet werden, wenn im Gesamtdurchschnitt des mit der ersten Anzeige beginnenden Insertionsjahres die in der Preisliste oder auf andere Weise genannte durchschnittliche Auflage oder wenn eine Auflage nicht genannt ist - die durchschnittlich verkaufte (bei Fachzeitschriften gegebenenfalls die durchschnittlich tatsächlich verbreitete) Auflage des vergangenen Kalenderjahres unterschritten wird. Eine Auflagenminderung ist nur dann ein zur Preisminderung berechtigter Mangel, wenn sie

- bei einer Auflage bis zu 50.000 Exemplaren 20 v. H.,
- bei einer Auflage bis zu 100.000 Exemplaren 15 v. H.,
- bei einer Auflage bis zu 500.000 Exemplaren 10 v. H.,
- bei einer Auflage über 500.000 Exemplaren 5 v. H.

beträgt.

Darüber hinaus sind bei Abschlüssen Preisminderungsansprüche ausgeschlossen, wenn der Verlag dem Auftraggeber von dem Absinken der Auflage so rechtzeitig Kenntnis gegeben hat, dass dieser vor Erscheinen der Anzeige vom Vertrag zurücktreten konnte.

Ziffer 18

Bei Ziffernanzeigen (Chiffreanzeigen) wendet der Verlag für die Verwahrung und rechtzeitige Weitergabe der Angebote die Sorgfalt eines ordentlichen Kaufmanns an. Einschreibebriefe und Eilbriefe auf Ziffernanzeigen werden nur auf dem normalen Postweg weitergeleitet ...

„Dem Verlag kann einzelvertraglich als Vertreter das Recht eingeräumt werden, die eingehenden Angebote anstelle und im erklärten Interesse des Auftraggebers zu öffnen. Briefe, die das zulässige Format DIN A 4 (Gewicht ... g) überschreiten, sowie Waren, Bücher-, Katalogsendungen und Päckchen sind von der Weiterleitung ausgeschlossen und werden nicht entgegengenommen.

Ziffer 19

Erfüllungsort ist der Sitz des Verlages.

Im Geschäftsverkehr mit Kaufleuten, juristischen Personen des öffentlichen Rechts oder bei öffentlich-rechtlichen Sondervermögen ist bei Klagen Gerichtsstand der Sitz des Verlages.

13 Gesetz zur Regelung der Rahmenbedingungen für Informations- und Kommunikationsdienste*

(Informations- und Kommunikationsdienste-Gesetz – IuKDG) vom 22. Juli 1997

[Auszug]

Artikel 1
Gesetz über die Nutzung von Telediensten (Teledienstegesetz – TDG)

§ 1 Zweck des Gesetzes

Zweck des Gesetzes ist es, einheitliche wirtschaftliche Rahmenbedingungen für die verschiedenen Nutzungsmöglichkeiten der elektronischen Informations- und Kommunikationsdienste zu schaffen.

§ 2 Geltungsbereich

(1) Die nachfolgenden Vorschriften gelten für alle elektronischen Informations- und Kommunikationsdienste, die für eine individuelle Nutzung von kombinierbaren Daten wie Zeichen, Bilder oder Töne bestimmt sind und denen eine Übermittlung mittels Telekommunikation zugrunde liegt (Teledienste).

(2) Teledienste im Sinne von Absatz 1 sind insbesondere
  a) Angebote im Bereich der Individualkommunikation (zum Beispiel Teleban-king, Datenaustausch),
  b) Angebote zur Information oder Kommunikation, soweit nicht die redaktio-nelle Gestaltung zur Meinungsbildung für die Allgemeinheit im Vordergrund steht (Datendienste, zum Beispiel Verkehrs-, Wetter-, Umwelt- und Börsen-daten, Verbreitung von Informationen über Waren und Dienstleistungsange-bote),
  c) Angebote zur Nutzung des Internets oder weiterer Netze,
  d) Angebote zur Nutzung von Telespielen,
  e) Angebote von Waren und Dienstleistungen in elektronisch abrufbaren Da-tenbanken mit interaktivem Zugriff und unmittelbarer Bestellmöglichkeit.

---

* Für den Bereich Multimedia/Neue Medien gibt es eine Vielzahl gesetzlicher Reglungen. Die wichtigsten sind der Staatsvertrag über Mediendienste (Mediendienste Staatsvertrag) und das Informations- und Kommu-nikationsdienste-Gesetz (IuKDG). Das IuKDG ist ein sog. Artikel-Gesetz. Es enthält ein Bündel verschiedener Regelungen, die auch auf andere Gesetze wie Strafgesetzbuch, Gesetz über die Verbreitung jugendgefährdender Schriften und das Urheberrechtsgesetz einwirken. Ein Schwerpunkt ist der Daten- und Verbraucherschutz. Es ist davon auszugehen, dass sich mit der Weiterentwicklung der elektronischen Medien auch die gesetzlichen Vorschriften ändern werden.

(3) Absatz 1 gilt unabhängig davon, ob die Nutzung der Teledienste ganz oder teilweise unentgeltlich oder gegen Entgelt möglich ist.

(4) Dieses Gesetz gilt nicht für
a) Telekommunikationsdienstleistungen und das geschäftsmäßige Erbringen von Telekommunikationsdiensten ...
b) Rundfunk im Sinne des § 2 des Rundfunkstaatsvertrages,
c) inhaltliche Angebote bei Verteildiensten und Abrufdiensten, soweit die redaktionelle Gestaltung zur Meinungsbildung für die Allgemeinheit im Vordergrund steht ...

(5) Presserechtliche Vorschriften bleiben unberührt.

§ 4 Zugangsfreiheit

Teledienste sind im Rahmen der Gesetze zulassungs- und anmeldefrei.

§ 5 Verantwortlichkeit

(1) Diensteanbieter sind für eigene Inhalte, die sie zur Nutzung bereithalten, nach den allgemeinen Gesetzen verantwortlich.

(2) Diensteanbieter sind für fremde Inhalte, die sie zur Nutzung bereithalten, nur dann verantwortlich, wenn sie von diesen Inhalten Kenntnis haben und es ihnen technisch möglich und zumutbar ist, deren Nutzung zu verhindern.

(3) Diensteanbieter sind für fremde Inhalte, zu denen sie lediglich den Zugang zur Nutzung vermitteln, nicht verantwortlich.

(4)Verpflichtungen zur Sperrung der Nutzung rechtswidriger Inhalte nach den allgemeinen Gesetzen bleiben unberührt, wenn der Diensteanbieter von diesen Inhalten Kenntnis erlangt und eine Sperrung technisch möglich und zumutbar ist.

§ 6 Anbieterkennzeichnung

Diensteanbieter haben für ihre geschäftsmäßigen Angebote anzugeben

1. Namen und Anschrift sowie

2. bei Personenvereinigungen und -gruppen auch Namen und Anschrift des Vertretungsberechtigten.

Artikel 2
Gesetz über den Datenschutz bei Telediensten (Teledienstedatenschutzgesetz – TDDSG)

§ 1 Geltungsbereich

(1) Die nachfolgenden Vorschriften gelten für den Schutz personenbezogener Daten bei Telediensten im Sinne des Teledienstegesetzes.

Soweit in diesem Gesetz nichts anderes bestimmt ist, sind die jeweils geltenden Vorschriften für den Schutz personenbezogener Daten anzuwenden, auch wenn die Daten nicht in Dateien verarbeitet oder genutzt werden.

§ 2 Begriffsbestimmungen

Im Sinne dieses Gesetzes sind
    a) „Diensteanbieter" natürliche oder juristische Personen oder Personenvereinigungen, die Teledienste zur Nutzung bereithalten oder den Zugang zur Nutzung vermitteln,
    b) „Nutzer" natürliche oder juristische Personen oder Personenvereinigungen, die Teledienste nachfragen.

§ 3 Grundsätze für die Bearbeitung personenbezogener Daten

(1) Personenbezogene Daten dürfen vom Diensteanbieter zur Durchführung von Telediensten nur erhoben, verarbeitet und genutzt werden, soweit dieses Gesetz oder eine andere Rechtsvorschrift es erlaubt oder der Nutzer eingewilligt hat.

(2) Der Diensteanbieter darf für die Durchführung von Telediensten erhobene Daten für andere Zwecke nur verwenden, soweit dieses Gesetz oder eine andere Rechtsvorschrift es erlaubt oder der Nutzer eingewilligt hat.

(3) Der Diensteanbieter darf die Erbringung von Telediensten nicht von einer Einwilligung des Nutzers in eine Verarbeitung oder Nutzung seiner Daten für andere Zwecke abhängig machen, wenn dem Nutzer ein anderer Zugang zu diesen Telediensten nicht oder in nicht zumutbarer Weise möglich ist.

(4) Die Gestaltung und Auswahl technischer Einrichtungen für Teledienste hat sich an dem Ziel auszurichten, keine oder so wenige personenbezogene Daten wie möglich zu erheben, zu verarbeiten und zu nutzen.

(5) Der Nutzer ist vor der Erhebung über Art, Umfang, Ort und Zwecke der Erhebung, Verarbeitung und Nutzung personenbezogener Daten zu unterrichten. Bei

automatisierten Verfahren, die eine spätere Identifizierung des Nutzers ermöglichen und eine Erhebung, Verarbeitung oder Nutzung personenbezogener Daten vorbereiten, ist der Nutzer vor Beginn dieses Verfahrens zu unterrichten. Der Inhalt der Unterrichtung muß für den Nutzer jederzeit abrufbar sein.

(6) Der Nutzer ist vor Erklärung seiner Einwilligung auf sein Recht auf jederzeitigen Widerruf mit Wirkung für die Zukunft hinzuweisen.

(7) Die Einwilligung kann auch elektronisch erklärt werden, wenn der Diensteanbieter sicherstellt, dass

- sie nur durch eine eindeutige und bewußte Handlung des Nutzers erfolgen kann,
- sie nicht unerkennbar verändert werden kann,
- ihr Urheber erkannt werden kann,
- die Einwilligung protokolliert wird und
- der Inhalt der Einwilligung jederzeit vom Nutzer abgerufen werden kann.

§ 4 Datenschutzrechtliche Pflichten des Diensteanbieters

(1) Der Diensteanbieter hat dem Nutzer die Inanspruchnahme von Telediensten und ihre Bezahlung anonym oder unter Pseudonym zu ermöglichen, soweit dies technisch möglich und zumutbar ist. Der Nutzer ist über diese Möglichkeiten zu informieren.

(2) Der Diensteanbieter hat durch technische und organisatorische Vorkehrungen sicherzustellen, dass der Nutzer seine Verbindung mit dem Diensteanbieter jederzeit abbrechen kann, die anfallenden personenbezogenen Daten über den Ablauf des Abrufs oder Zugriffs oder der sonstigen Nutzung unmittelbar nach deren Beendigung gelöscht werden.

(3) Die Weitervermittlung zu einem anderen Diensteanbieter ist dem Nutzer anzuzeigen.

§ 5 Bestandsdaten

(1) Der Diensteanbieter darf personenbezogene Daten eines Nutzers erheben, verarbeiten und nutzen, soweit sie für die Begründung, inhaltliche Ausgestaltung oder Änderung eines Vertragsverhältnisses mit ihm über die Nutzung von Telediensten erforderlich sind (Bestandsdaten).

(2) Eine Verarbeitung und Nutzung der Bestandsdaten für Zwecke der Beratung, der Werbung, der Marktforschung oder zur bedarfsgerechten Gestaltung der Teledienste ist nur zulässig, soweit der Nutzer in diese ausdrücklich eingewilligt hat.

§ 6 Nutzungs- und Abrechnungsdaten

(1) Der Diensteanbieter darf personenbezogene Daten über die Inanspruchnahme von Telediensten nur erheben, verarbeiten und nutzen, soweit dies erforderlich ist,

   a) um dem Nutzer die Inanspruchnahme von Telediensten zu ermöglichen (Nutzungsdaten) oder

   b) um die Nutzung von Telediensten abzurechnen (Abrechnungsdaten).

(2) Zu löschen hat der Diensteanbieter

   a) Nutzungsdaten frühestmöglich, spätestens unmittelbar nach Ende der jeweiligen Nutzung, soweit es sich nicht um Abrechnungsdaten handelt,

(3) Die Übermittlung von Nutzungs- oder Abrechnungsdaten an andere Diensteanbieter oder Dritte ist unzulässig. Die Befugnisse der Strafverfolgungsbehörden bleiben unberührt Der Diensteanbieter ... darf anderen Diensteanbietern, deren Teledienste der Nutzer in Anspruch genommen hat, lediglich übermitteln

- anonymisierte Nutzungsdaten zu Zwecken deren Marktforschung,
- Abrechnungsdaten, soweit diese zum Zwecke der Einziehung einer Forderung erforderlich sind.

§ 7 Auskunftsrecht des Nutzers

Der Nutzer ist berechtigt, jederzeit die zu seiner Person oder zu seinem Pseudonym gespeicherten Daten unentgeltlich beim Diensteanbieter einzusehen. Die Auskunft ist auf Verlangen des Nutzers auch elektronisch zu erteilen. Das Auskunftsrecht ist im Falle einer kurzfristigen Speicherung im Sinne des Bundesdatenschutzgesetzes ausgeschlossen.

Artikel 7
Änderung des Urheberrechtsgesetzes *

§ 4 Sammelwerke und Datenbankwerke

(1) Sammlungen von Werken, Daten oder anderen unabhängigen Elementen, die aufgrund der Auswahl oder Anordnung der Elemente eine persönliche geistige

---

* In das Gesetz über das Urheberrecht und verwandter Schutzrechte (Urheberrechtsgesetz) müssen immer wieder die technischen Möglichkeiten berücksichtigt werden, die die Elektronik von Jahr zu Jahr anbietet. Es wird daher dringend empfohlen, im Internet die aktuellen Änderungen aufzurufen und aufmerksam zu lesen. In der Fasssung 2008 kamen die Vorschriften für das Brennen von CDs und für Downloads hinzu. Sie sind unter dem Oberbegriff des Kopierschutzes zu sehen. Die Kenntnis des Gesetzes in der aktuellen Fassung ist für das gesamte Medienwesen von enormer wirtschaftlicher Bedeutung.

Schöpfung sind (Sammelwerke), werden, unbeschadet eines an den einzelnen Elementen gegebenenfalls bestehenden Urheberrechts oder verwandten Schutzrechts, wie selbständige Werke geschützt.

(2) Datenbankwerk im Sinne dieses Gesetzes ist ein Sammelwerk, dessen Elemente systematisch oder methodisch angeordnet und einzeln mit Hilfe elektronischer Mittel oder auf andere Weise zugänglich sind. Ein zur Schaffung des Datenbankwerkes oder zur Ermöglichung des Zugangs zu dessen Elementen verwendetes Computerprogramm ist nicht Bestandteil des Datenbankwerkes.

§ 87 b Rechte des Datenbankherstellers

Der Datenbankhersteller hat das ausschließliche Recht, die Datenbank insgesamt oder einen nach Art oder Umfang wesentlichen Teil der Datenbank zu vervielfältigen, zu verbreiten und öffentlich wiederzugeben.

§ 87 c Schranken des Rechts des Datenbankherstellers

(1) Die Vervielfältigung eines nach Art oder Umfang wesentlichen Teils einer Datenbank ist zulässig

a) zum privaten Gebrauch; dies gilt nicht für eine Datenbank, deren Elemente einzeln mit Hilfe elektronischer Mittel zugänglich sind,

b) zum eigenen wissenschaftlichen Gebrauch, wenn und soweit die Vervielfältigung zu diesem Zweck geboten ist und der wissenschaftliche Gebrauch nicht zu gewerblichen Zwecken erfolgt,

c) zum eigenen Gebrauch im Schulunterricht, in nichtgewerblichen Einrichtungen der Aus- und Weiterbildung sowie in der Berufsbildung in der für eine Schulklasse erforderlichen Anzahl.

§ 87 d Dauer der Rechte

Die Rechte des Datenbankherstellers erlöschen fünfzehn Jahre nach der Veröffentlichung der Datenbank

14 Bundesdatenschutzgesetz (BDSG)*

[Auszug]

§ 1 Zweck und Anwendungsbereich des Gesetzes **

(1) Zweck dieses Gesetzes ist es, den Einzelnen davor zu schützen, dass er durch den Umgang mit seinen personenbezogenen Daten in seinem Persönlichkeitsrecht beeinträchtigt wird.

(2) Dieses Gesetz gilt für die Erhebung, Verarbeitung und Nutzung personenbezogener

Daten durch

1. öffentliche Stellen des Bundes,

2. öffentliche Stellen der Länder, soweit der Datenschutz nicht durch Landesgesetz geregelt ist ... und soweit sie
   b) als Organe der Rechtspflege tätig werden.

3. nicht-öffentliche Stellen***, soweit sie die Daten unter Einsatz von Datenverarbeitungsanlagen verarbeiten, nutzen oder dafür erheben oder die Daten in oder aus nicht automatisierten Dateien verarbeiten, nutzen oder dafür erheben, es sei denn, die Erhebung, Verarbeitung oder Nutzung der Daten erfolgt ausschließlich für persönliche oder familiäre Tätigkeiten.

§ 3 Weitere Begriffsbestimmungen

(1) Personenbezogene Daten sind Einzelangaben über persönliche oder sachliche Verhältnisse einer bestimmten oder bestimmbaren natürlichen Person (Betroffener).

(2) Automatisierte Verarbeitung ist die Erhebung, Verarbeitung oder Nutzung personenbezogener Daten unter Einsatz von Datenverarbeitungsanlagen. Eine nicht automatisierte Datei ist jede nicht automatisierte Sammlung personenbezogener

---

* Eine Kenntnis der wichtigsten Vorschriften des Datenschutzgesetzes ist vor allem für diejenigen notwendig, die im Bereich der Werbung, des Vertriebs und der Redaktionen tätig sein ist.

** Dieses Gesetz dient zum Schutz natürlicher Personen bei der Verarbeitung personenbezogener Daten und zum freien Datenverkehr. Es sind hier nur diejenigen Paragrafen aufgeführt, die für das Medienwesen von Bedeutung sind.

*** Nicht öffentliche Stellen sind natürliche und juristische Personen, Gesellschaften und andere Personenvereinigungen des privaten Rechts, also auch Verlage.

Daten, die gleichartig aufgebaut ist und nach bestimmten Merkmalen zugänglich ist und ausgewertet werden kann.

(3) Erheben ist das Beschaffen von Daten über den Betroffenen.

(4) Verarbeiten ist das Speichern, Verändern, Übermitteln, Sperren und Löschen personenbezogener Daten.

(9) Besondere Arten personenbezogener Daten sind Angaben über die rassische und ethnische Herkunft, politische Meinungen, religiöse oder philosophische Überzeugungen, Gewerkschaftszugehörigkeit, Gesundheit oder Sexualleben.

§ 4 Zulässigkeit der Datenerhebung, -verarbeitung und -nutzung

(1) Die Erhebung, Verarbeitung und Nutzung personenbezogener Daten sind nur zulässig, soweit dieses Gesetz oder eine andere Rechtsvorschrift dies erlaubt oder anordnet oder der Betroffene eingewilligt hat.

(2) Personenbezogene Daten sind beim Betroffenen zu erheben. Ohne seine Mitwirkung dürfen sie nur erhoben werden, wenn

1. eine Rechtsvorschrift dies vorsieht oder zwingend voraussetzt oder

2. a) die zu erfüllende Verwaltungsaufgabe ihrer Art nach oder der Geschäftszweck eine Erhebung bei anderen Personen oder Stellen erforderlich macht oder

   b) die Erhebung beim Betroffenen einen unverhältnismäßigen Aufwand erfordern würde und keine Anhaltspunkte dafür bestehen, dass überwiegende schutzwürdige Interessen des Betroffenen beeinträchtigt werden.

§ 4a Einwilligung

(1) Die Einwilligung ist nur wirksam, wenn sie auf der freien Entscheidung des Betroffenen beruht. Er ist auf den vorgesehenen Zweck der Erhebung, Verarbeitung oder Nutzung sowie, soweit nach den Umständen des Einzelfalles erforderlich oder auf Verlangen, auf die Folgen der Verweigerung der Einwilligung hinzuweisen. Die Einwilligung bedarf der Schriftform, soweit nicht wegen besonderer Umstände eine andere Form angemessen ist.

§ 4f Beauftragter für den Datenschutz

(1) Öffentliche und nicht öffentliche Stellen, die personenbezogene Daten automatisiert verarbeiten, haben einen Beauftragten für den Datenschutz schriftlich zu bestellen.

(4) Der Beauftragte für den Datenschutz ist zur Verschwiegenheit über die Identität des Betroffenen sowie über Umstände, die Rückschlüsse auf den Betroffenen zulassen, verpflichtet, soweit er nicht davon durch den Betroffenen befreit wird.

§ 19 Auskunft an den Betroffenen

(1) Dem Betroffenen ist auf Antrag Auskunft zu erteilen über

1. die zu seiner Person gespeicherten Daten, auch soweit sie sich auf die Herkunft dieser Daten beziehen,

2. die Empfänger oder Kategorien von Empfängern, an die die Daten weitergegeben werden, und

3. den Zweck der Speicherung.

§ 19 a Benachrichtigung

(1) Werden Daten ohne Kenntnis des Betroffenen erhoben, so ist er von der Speicherung, der Identität der verantwortlichen Stelle sowie über die Zweckbestimmungen der Erhebung, Verarbeitung oder Nutzung zu unterrichten.

(2) Eine Pflicht zur Benachrichtigung besteht nicht, wenn

1. der Betroffene auf andere Weise Kenntnis von der Speicherung oder der Übermittlung erlangt hat,

2. die Unterrichtung des Betroffenen einen unverhältnismäßigen Aufwand erfordert oder

3. die Speicherung oder Übermittlung der personenbezogenen Daten durch Gesetz ausdrücklich vorgesehen ist.

§ 20 Berichtigung, Löschung und Sperrung von Daten; Widerspruchsrecht

(5) Personenbezogene Daten dürfen nicht für eine automatisierte Verarbeitung oder Verarbeitung in nicht automatisierten Dateien erhoben, verarbeitet oder genutzt werden, soweit der Betroffene dieser bei der verantwortlichen Stelle widerspricht und eine Prüfung ergibt, dass das schutzwürdige Interesse des Betroffenen wegen seiner besonderen persönlichen Situation das Interesse der verantwortlichen Stelle an dieser Erhebung, Verarbeitung oder Nutzung überwiegt.

§ 21 Anrufung des Bundesbeauftragten für den Datenschutz und die Informationsfreiheit

Jedermann kann sich an den Bundesbeauftragten für den Datenschutz und die Informationsfreiheit wenden, wenn er der Ansicht ist, bei der Erhebung, Verarbeitung oder Nutzung seiner personenbezogenen Daten durch öffentliche Stellen des Bundes in seinen Rechten verletzt worden zu sein. Für die Erhebung, Verarbeitung oder Nutzung von personenbezogenen Daten durch Gerichte des Bundes gilt dies nur, soweit diese in Verwaltungsangelegenheiten tätig werden.

§ 28 Datenerhebung, -verarbeitung und -nutzung für eigene Zwecke

(1) Das Erheben, Speichern, Verändern oder Übermitteln personenbezogener Daten oder ihre Nutzung als Mittel für die Erfüllung eigener Geschäftszwecke ist zulässig

1. wenn es der Zweckbestimmung eines Vertragsverhältnisses oder vertragsähnlichen Vertrauensverhältnisses mit dem Betroffenen dient,

2. soweit es zur Wahrung berechtigter Interessen der verantwortlichen Stelle erforderlich ist und kein Grund zu der Annahme besteht, dass das schutzwürdige Interesse des Betroffenen an dem Ausschluss der Verarbeitung oder Nutzung überwiegt, oder

3. wenn die Daten allgemein zugänglich sind oder die verantwortliche Stelle sie veröffentlichen dürfte, es sei denn, dass das schutzwürdige Interesse des Betroffenen an dem Ausschluss der Verarbeitung oder Nutzung gegenüber dem berechtigten Interesse der verantwortlichen Stelle offensichtlich überwiegt.

Bei der Erhebung personenbezogener Daten sind die Zwecke, für die die Daten verarbeitet oder genutzt werden sollen, konkret festzulegen.

(3) Die Übermittlung oder Nutzung für einen anderen Zweck ist auch zulässig:

1. soweit es zur Wahrung berechtigter Interessen eines Dritten oder

2. zur Abwehr von Gefahren für die staatliche und öffentliche Sicherheit sowie zur Verfolgung von Straftaten erforderlich ist, oder

3. für Zwecke der Werbung, der Markt-und Meinungsforschung, wenn es sich um listenmäßig oder sonst zusammengefasste Daten über Angehörige einer Personengruppe handelt, die sich auf
   a) eine Angabe über die Zugehörigkeit des Betroffenen zu dieser Personengruppe,
   b) Berufs-, Branchen-oder Geschäftsbezeichnung,
   c) Namen,

d) Titel,

e) akademische Grade,

f) Anschrift und

g) Geburtsjahr

beschränken und kein Grund zu der Annahme besteht, dass der Betroffene ein schutzwürdiges Interesse an dem Ausschluss der Übermittlung oder Nutzung hat, oder

4. wenn es im Interesse einer Forschungseinrichtung zur Durchführung wissenschaftlicher Forschung erforderlich ist, das wissenschaftliche Interesse an der Durchführung des Forschungsvorhabens das Interesse des Betroffenen an dem Ausschluss der Zweckänderung erheblich überwiegt und der Zweck der Forschung auf andere Weise nicht oder nur mit unverhältnismäßigem Aufwand erreicht werden kann.

(4) Widerspricht der Betroffene bei der verantwortlichen Stelle der Nutzung oder Übermittlung seiner Daten für Zwecke der Werbung oder der Markt-oder Meinungsforschung, ist eine Nutzung oder Übermittlung für diese Zwecke unzulässig.

§ 29 Geschäftsmäßige Datenerhebung und -speicherung zum Zweck der Übermittlung

(1) Das geschäftsmäßige Erheben, Speichern oder Verändern personenbezogener Daten zum Zweck der Übermittlung, insbesondere wenn dies der Werbung, der Tätigkeit von Auskunfteien, dem Adresshandel oder der Markt-und Meinungsforschung dient, ist zulässig, wenn

1. kein Grund zu der Annahme besteht, dass der Betroffene ein schutzwürdiges Interesse an dem Ausschluss der Erhebung, Speicherung oder Veränderung hat, oder

2. die Daten aus allgemein zugänglichen Quellen entnommen werden können oder die verantwortliche Stelle sie veröffentlichen dürfte, es sei denn, dass das schutzwürdige Interesse des Betroffenen an dem Ausschluss der Erhebung, Speicherung oder Veränderung offensichtlich überwiegt.

(3) Die Aufnahme personenbezogener Daten in elektronische oder gedruckte Adress-, Telefon-, Branchen-oder vergleichbare Verzeichnisse hat zu unterbleiben, wenn der entgegenstehende Wille des Betroffenen aus dem zugrunde liegenden elektronischen oder gedruckten Verzeichnis oder Register ersichtlich ist.

§ 34 Auskunft an den Betroffenen

(1) Der Betroffene kann Auskunft verlangen über

1. die zu seiner Person gespeicherten Daten, auch soweit sie sich auf die Herkunft dieser Daten beziehen,

2. Empfänger oder Kategorien von Empfängern, an die Daten weitergegeben werden, und

3. den Zweck der Speicherung.

§ 35 Berichtigung, Löschung und Sperrung von Daten

(1) Personenbezogene Daten sind zu berichtigen, wenn sie unrichtig sind.

(2) Personenbezogene Daten können jederzeit gelöscht werden. Personenbezogene Daten sind zu löschen, wenn

1. ihre Speicherung unzulässig ist,

2. es sich um Daten über die rassische oder ethnische Herkunft, politische Meinungen, religiöse oder philosophische Überzeugungen oder die Gewerkschaftszugehörigkeit, über Gesundheit oder das Sexualleben, strafbare Handlungen oder Ordnungswidrigkeiten handelt und ihre Richtigkeit von der verantwortlichen Stelle nicht bewiesen werden kann,

3. sie für eigene Zwecke verarbeitet werden, sobald ihre Kenntnis für die Erfüllung des Zwecks der Speicherung nicht mehr erforderlich ist, oder

4. sie geschäftsmäßig zum Zweck der Übermittlung verarbeitet werden und eine Prüfung jeweils am Ende des vierten Kalenderjahres beginnend mit ihrer erstmaligen Speicherung ergibt, dass eine längerwährende Speicherung nicht erforderlich ist.

15 Recht am eigenen Bild *

[Auszug]

Gesetz betreffend das Urheberrecht an Werken der bildenden Künste und der Photographie KunstUrhG (KUG)

§ 22 Das Recht am eigenen Bild

Bildnisse dürfen nur mit Einwilligung des Abgebildeten verbreitet oder öffentlich zur Schau gestellt werden. Die Einwilligung gilt im Zweifel als erteilt, wenn der Abgebildete dafür, dass er sich abbilden ließ, eine Entlohnung erhielt. Nach dem Tode des Abgebildeten bedarf es bis zum Ablaufe von 10 Jahren der Einwilligung der Angehörigen des Abgebildeten. Angehörige im Sinne dieses Gesetzes sind der überlebende Ehegatte oder Lebenspartner und die Kinder des Abgebildeten und, wenn weder ein Ehegatte oder Lebenspartner noch Kinder vorhanden sind, die Eltern des Abgebildeten.

§ 23 Ausnahmen

(1) Ohne die nach § 22 erforderliche Einwilligung dürfen verbreitet und zur Schau gestellt werden:

1. Bildnisse aus dem Bereiche der Zeitgeschichte;

2. Bilder, auf denen die Personen nur als Beiwerk neben einer Landschaft oder sonstigen Örtlichkeit erscheinen;

3. Bilder von Versammlungen, Aufzügen und ähnlichen Vorgängen, an denen die dargestellten Personen teilgenommen haben;

4. Bildnisse, die nicht auf Bestellung angefertigt sind, sofern die Verbreitung oder Schaustellung einem höheren Interesse der Kunst dient.

(2) Die Befugnis erstreckt sich jedoch nicht auf eine Verbreitung und Schaustellung, durch die ein berechtigtes Interesse des Abgebildeten oder, falls dieser verstorben ist, seiner Angehörigen verletzt wird.

---

* Das Recht am eigenen Bild (Bildnisrecht) ist eine besondere Ausprägung des allgemeinen Persönlichkeitsrechts. Es besagt, dass jeder Mensch grundsätzlich selbst darüber bestimmen darf, ob und in welchem Zusammenhang Fotos von ihm veröffentlicht werden. Die Einwilligung ist nur erforderlich, wenn der Abgebildete individuell erkennbar ist.

§ 24 (Ausnahmen im öffentlichen Interesse)

Für Zwecke der Rechtspflege und der öffentlichen Sicherheit dürfen von den Behörden Bildnisse ohne Einwilligung des Berechtigten sowie des Abgebildeten oder seiner Angehörigen vervielfältigt, verbreitet und öffentlich zur Schau gestellt werden.

Stichwortverzeichnis zum Fragenkatalog

A

Abonnement 96, 99, 127
Abonnentenwerbung 126
Absatzhonorar 88
Absatzrisiko 197
Abschnittanzeige 135
AIDA-Formel 120
Alleinauslieferungsrecht 97
allgemeine Handlungskosten 198
Alterungsbeständigkeit 181, 192
Ästhetikprogpramm 158, 166
AMF 133, 140
Amtliche Bekanntmachung 63
anaxilaler Satz 168
Andruck 176, 187
Angebote 149
Anhang 171
Anonym 84f.
Anthologie 66
Antiqua 165
Anzeigen-Copy-Test 142
Anzeigenarten 134f.
Anzeigenblätter 61
Anzeigengeschäft 195
Anzeigenleiter 55
Anzeigenkennzeichnung 133
Anzeigenkollektiv 139
Anzeigenportale 134

Anzeigenpreis 145
Anzeigenpreisliste 143, 145
Anzeigensplitting 136
Anzeigenumbruch 136
Anzeigenverbund 140
Anzeigenvertreter 140, 142
Anzeigenverwaltung 143
Anzeigenwerbung 128
Auflagenarten 148
auflagenfixe Kosten 202
auflagenvariable Kosten 201
Aufschlagverhalten 192
Aufsichtsvorlagen 175
Ausschießen 158, 185
Ausschließprogramm 158
Ausschnittanzeige 135
Ausstattung 79, 86
Auszeichnungen 168
Autor 48, 75ff., 78, 81, 84, 90, 162
Autorenpflege 73
Autorkorrektur 162f.
axialer Satz 168

B

Bahnhofsbuchhandel 68
Banner-Werbung 134
Barsortiment 69, 103ff., 106
Bedingtgeschäfte 105
Berner Übereinkunft 91f.

Berufsständische Verbände 50f.
Beschaffungsmanagement 149
Beschaffungszeit 150
Besorgungsgeschäft 105
Bestellmenge 150
Bestellpunkt-Verfahren 150
Bestellrhythmus-Verfahren 150
Bezugsbedingungen 112
Bezugsformen 107, 109f.
Bezugskosten 152
Bezugsquellen 149
Bildbearbeitungsprogramme 158
Bildredakteur 72
Bildschirmzeitung 69
Bildunterschriften 172
Blocksatz 168
Bogengewicht 183
Bonus 112f.
Booklet 70f.
Börsenverein 51f. 106
Boulevardzeitung 61, 73, 127
Broschur 191f.
Bruttowarenwert 202
Buch 66
Buchbinderbogen 185, 192
Buchblock 190, 192f.
Buchhandel 67
Buchmesse 52

Buchtitel 78f.
Buchschleife 193
Buchverlag 67f.
Bundespressekonferenz
    49
Büchersammelverkehr
    106

C
CD-ROM 67, 70, 105f.,
    162, 197
Chefredakteur 54, 71
Chef vom Dienst 71
Chiffreanzeige 136, 145
CIP-Einheitsaufnahme
    77, 171
chlorfrei gebleichte
    Papiere 180
CMP 160
Computer-to-Plate 157,
    186
Computer-to-Print 186
Copyright-Vermerk 92
Corporate Behavior 173
Corporate Communi-
    cation 173
Corporate Design 170,
    173
Corporate Identity 173
Cross Media Publishing
    156

D
Datenbank 161
Datenfernübertragung
    160
Datenmehrfachnutzung
    160
Deckenbände 191

Deckungsauflage 204
Deckungsbeitrag 198,
    204
Deutscher Journalisten-
    verband 51
Deutsche National-
    bibliografie 94
Deutscher Presserat 49
Dickte 165f.
Digitaldrucker 156f.,
    160, 186, 188
Digitale Anzeige 133
Digitalkamera 175
Digitalproof 177
DIN-Norm 16511 163
DIN-Norm 16518 164f.
Direktwerbung 118
Disc-on-Demand-Her-
    stellung 198
Dispositionsrecht 97
dpi 157
Drittelsatz 168
Druckauflage 100
Druckbogen 184
Druckkostenzuschüsse
    207
Druckschriften 164
Druckveredelung 190,
    194
DTP 156, 165, 172, 189
Duktus 165
Durchschuss 166
Durchsichtsvorlagen
    175
DVD-Authoring 173

E
EAN-Strichcode 92,
    116, 194

Eckanzeige 135
Eigenanzeige 137
Einzeltitelkalkulation
    200
Einzelverkaufswerbung
    126
Einzug 168
elektronische Bildgestal-
    tung 175
Elektronische Bücher
    67, 70
elektronische Druck-
    überwachung 190
elektronisches Manu-
    skript 172
Englische Broschur 193
Enthaltungspflicht 86

F
Fachbuch 66
Fachbuchhandlung 69
Fachzeitschrift 65
Fadenheftung 191f.
Fahnenkorrektur 163
Farbfilter 176
Farbfotos 175f.
Farbkontrollstreifen
    172, 190
Farbschnitt 191
Flattermarke 193
Flattersatz 168
Fortsetzungswerke 66
Fotografien 87, 91, 171,
    174
Fotokopien 88f.
Freiexemplare 80
Fremdauslieferung 103
Fremdbeilage 139
Fremdlagerung 151

Frontispiz 170f.
Full-Service-Agentur
138
Fußnote 172

G

Ganzstück-Remission
101
Garantiehonorar 88
Gebietsmonopol 98
gebundene Bücher 191
Gegendarstellung 55f.
Gemeinschaftswerbung
121
gestrichenes Papier 179
gewandelte Überzeugung
78
Gewinn 205
Ghostwriter 75
Grafikprogramme 158
Grundschrift 164, 167

H

Halbtonbild 174, 181,
189
Haupttitel 170
Haupttitelrückseite170f.
Hauskorrektur 162
Herausgeber 48, 75, 84
Herstellungskosten 201,
203
Hifi-Insetting-Anzeige
137
holzfreies Papier 178
holzhaltiges Papier 178
Honorar 76, 80
Human Relations 117

I

Impressum 55, 77, 93
Imprimatur 162
Infografik 159
Initial 166
Inselanzeige 135
Insertionspreis 146
Interessenverbände 50
Intermediaselektion 119
Intermediavergleich 119
Internet-Anzeigen 134
Internetwerbung 134
Irisdruck 188
ISBN 94f., 171
ISSN 94
IVW-Auflagenkontrolle
100

J

Journalist 72
Just-in-Time-Produktion
155

K

Kapitälchen 167
Kassette 194
Kennzifferzeitschriften
133
Klebebindung 186, 191f.
Kolumnentitel 171
Kommissionsverlag 76,
85
Komplettservice 207
Konditionspolitik 109
Konsultationsgröße 165
Kopfanzeige 135
Kopierschutz 71
Koproduktion 85

körperlose Remission
102
Korrekturen 163
Korrekturlesen 81, 157,
163, 173
Korrespondenten 72
Kostendeckung 205f.
Kostenrisiko 197, 202
Kreditliste 113
Kundenzeitschriften 65
Kursive Schriften 167
Kuponanzeige 133, 136

L

Lacke 190
Ladenpreis 77, 82, 86,
107, 130, 173,197f.,
206
Lagerbestand 154
Lagerdauer 154f.
Lagerhaltung 151
Lagerkosten 155
Lagerumschlaghäufigkeit
153f.
Lagerverwaltung 150
Laminierung 194
Laserdrucker 156f.
Laserstrahlbelichter 157,
176
Laufrichtung 181, 184
Lay-Flat-Verfahren 192
Layoutprogramme 156,
158
Leineneinband 193
Leitartikel 73
Lektor 73ff.
Lesbarkeit 172
Lesefertigkeit 168
Lesegröße 165

Leseranalyse 125
Leser-Blatt-Bindung 127
Leserbrief 63
Leser pro Ausgabe 124
Leser pro Exemplar 121,
    123
Leser werben Leser 127f.
Les-ezirkel 96, 98
Lieferantenkartei 149
Lizenzgeschäft 81, 83,
    90
Lokalzeitung 61, 139
LWC-Papier 182

M
Mail Order 130
Makulieren 82
Malstaffel 143, 145
Mängelrügen 110
Manuskript 74, 77, 80
Marginalien 172
Marketingziele 122
Marktforschung 117
maschinenglatte Papiere
    180
Mediaanalyse 121f.
Mediaunterlagen 121
Mediaforschung 120
Mediamix 119Mediaun-
    terlagen 138
Mediävalziffern 167
Medienprivileg 58
Mehrwertsteuer 195f.
Meldebestand 152
Meldeziffern 106
Mengenstaffel 143, 145
Mindestbestand 153
Mindestladenpreis 199
Mischkalkulation 200

Mittelachse 168
Miturheberschaft 88
Moirè 174
Monatskonto 114
Multiplikatoren 128

N
Nachdruck 80, 87
Nachkalkulation 197f.
Nachrichtenagentur 64,
    72
Negativ-Option 99
Nettoreichweite 125
Nettowarenwert 202
neutrale Lichtquelle
    176f.
Nielsen 138, 142
Non-Books 67, 195
Normalziffern 167
Nutzen 183, 185
Nutzungsrecht 76, 88,
    90, 92

O
Öffentlichkeitsarbeit
    108, 117
Offline-Eingabe 159f.
Offsetdruck 157, 163,
    174, 182, 187ff.
Online-Eingabe 159
Online-Redakteur 72
Opazität 180
Open-Type-Schriften 164
Optionsvertrag 74, 77

P
Panel 120
Panorama-Anzeige 135
Papierauswahl 178

Papierformate 181
Papiergewicht 182ff.,
    190
Papierqualität 178
Papierrohstoffe 178, 180
Papiervolumen 182, 190
Partiebezug 113
Passer 177, 190
Pauschalhonorar 81,
    87f.
PDF 159
Pflicht-Publizierung 64
Pixel 157, 161f., 175
Plagiat 83
Postscript 161
Preisauszeichnung 116
Preisbindung 82, 114ff.,
    131
Preisnachlässe 152
Pressefreiheit 49, 53, 97
Pressegesetze 54f., 57
Pressegrossist 96ff.
Pressekonzentration 49
Presserat 49f.
Pressevertriebsgesell-
    schaft 99
Primärerhebung 118
Print on Demand 157
Produktpolitik 125
Produktrelaunch 127
Pseudonym 84f.
Publikumszeitschriften
    65, 96
Publizistische Leitlinie
    72

R

Rabatte 108, 111, 113, 200
Rahmenpreise 206
Raster 174, 177, 189
Raubdruck 82
Rechnungen 207
Recht am eigenen Bild 57
Recht am geistigen Eigentum 86
Rechtschreibprogramm 156f.
Recyclingpapier 179
Redakteur 48, 71f., 74, 86
Redaktionsstatut 48
Register 171
Registerhaltung 188
Reichweite 121, 124f.
Reisebuchhandlung 68
Remissionsrecht 101
Remittenden 104, 107
Reportage 73, 170
Reprovorlage 175, 177
Ressorts 55, 62f., 71f.
Revision 163
Rezension 129f.
Rollenpapier 183
Rubrik 169
Rubizierte Anzeigen 135, 137
Rückenheftung 191ff.

S

säurefreies Papier 180f.
Sachbuch 66
Sammelwerk 84
Satinage 178f.

Satzspiegel 172
Scanner 159f.
Scanntechnik 176
Schlagzeilen 169
Schriftart 164
Schriftgrad 164
Schuber 194
Schutzumschlag 191
Schön- und Widerdruck 185, 188
See-and-Write-Anzeigen 137
Selbstkosten 201
Selbstverlag 76
Serifen 165
Siebdruck 189f., 193
Silbentrennprogramm 158
Skonti 114f., 145, 152, 205
Sonderbeilage 139
Sonderinsertion 147
Sonderpreise 131
Sonderveröffentlichung 139
Sorgfaltspflicht der Presse 54,
Spaltenzahl 169
Spiralheftung 191
Sponsoren 86, 200
Standing Order 110
Standortzeitung 62
Steuerschuld 195
Streifenanzeige 135, 147
Streuplanung 126
Streuverlust 126, 142
Strichstärke 165
Stückhonorar 87f.
Stückkosten 205

Subskritionspreis 112, 115, 131
Supplement 63

T

Tageszeitung 62f.
Tausend-Kontakt-Preis 123
Tendenzbetriebe 47, 53
Text-/Bildbearbeitung 160
Text-/Bildtransfer 160
Textteil-Anzeige 135
Tiefdruck 188f.
Tiefdruckpapier 178
Tintenstrahldrucker 156f., 177
Titelei 170
Titelkopf-Anzeigen 135
Titelschutz 79

U

Überlauf 169
Übersetzer 77, 80
Übersetzungen 83
Umbruch 172
Umsatz 199
Umschlaghäufigkeit 100
Urheberrecht 58, 76, 86, 90f.

V

Verbandszeitschriften 65
Verbände im Medienwesen 50f.
Verbreitete Auflage 100
verkaufte Auflage 100
Verlag 47, 69

Verlagsanteil 199
Verlagsauslieferung 69,
    102, 106
Verlagslizenz 87
Verlagsprofil 68
Verlagsprogramm 74f.,
    92, 128
Verlagsrecht 85
Verlagsvertreter 108,
    112
Verleger-Inkasso-Stelle
    114
Verramschung 81f.
Versalien 167
Versandkosten 102
Vertreterprovision 205
Verwertungsgesell-
    schaften 52
Verzeichnis lieferbarer
    Bücher 94, 105
Videotext 70

Vierfarbendruck 176f.
Volltonbild 174
Vorkalkulation 197
Versandkosten 102
Vorsatz 190, 193

W

Wahlanzeigen 56, 137f.
Warenwirtschaftssystem
    105
Welturheberrechtsab-
    kommen 91
Werbeagentur 138, 146
Werbeaktion 108
Werbeetat 120
Werbeplanung 119ff.,
    120, 122, 126
Werbeträgeranalyse 121
Werkdruckpapiere 179
Wochenzeitung 62

X

Xerografie 157, 187

Z

Zeitschrift 48, 64
Zeitung 48, 60f., 190
Zeitungsformate 60f.
Zeitungskopf 170
Zeitungspapier 178
Zeitungstext 169
Zeugnisverweigerungs-
    recht 58
Zielgruppe 117, 122,
    125f., 128, 138
Zitat 89
Zuschuss 181f., 185f.
Zuschlagskalkulation
    197f.